잃어버린 대한민국의 시간

KI신서 6900

잃어버린 대한민국의 시간

1판 1쇄 인쇄 2017년 2월 13일
1판 1쇄 발행 2017년 2월 20일

지은이 정두언
펴낸이 김영곤
펴낸곳 (주)북이십일 21세기북스

인문기획팀장 정지은 **책임편집** 장보라 조윤정
디자인 표지 박선향 본문 제이알컴
출판사업본부장 신승철 **영업본부장** 신우섭
출판영업팀 이경희 이은혜 권오권
출판마케팅팀 김홍선 배상현 신혜진
프로모션팀 김한성 최성환 김주희 김선영 정지은
홍보팀 이혜연 최수아 홍은미 백세희 김솔이
제작팀 이영민

출판등록 2000년 5월 6일 제406-2003-061호
주소 (10881) 경기도 파주시 회동길 201(문발동)
대표전화 031-955-2100 **팩스** 031-955-2151
이메일 book21@book21.co.kr

ISBN 978-89-509-6900-4 03340
책값은 뒤표지에 있습니다.

(주)북이십일 경계를 허무는 콘텐츠 리더

21세기북스 채널에서 도서 정보와 다양한 영상자료, 이벤트를 만나세요!
북이십일과 함께하는 팟캐스트 '**[북팟21] 이게 뭐라고**'
페이스북 facebook.com/21cbooks   **블로그** b.book21.com
인스타그램 instagram.com/21cbooks   **홈페이지** www.book21.com

MB부터 박근혜까지,
난세에 희망의 정치를 말하다

정두언 지음

잃어버린
대한민국의
시간

21세기북스

차례

벌거숭이 임금님의 나라에서
큰 바위 얼굴을 기다리며

"무슨 정치를
드라마 쓰듯 해요?"   몇 해 전 유력 일간지 주필 한 분과
저녁식사를 함께한 일이 있다. 그 자리에서 그분이 이렇게 말씀하
셨다.

"정 의원은 드라마 피디를 했어야 하는데….."

내심 뜨끔했다. 방송 피디가 내 적성에 훨씬 더 맞았을 것이라 후
회하던 중이었기 때문이다. 나는 놀라서 되물었다.

"어떻게 아셨어요?"

하지만 돌아온 대답은 내 예상을 벗어났다.

"아니, 무슨 정치를 드라마 쓰듯이 해요?"

언제부터인가 나에겐 풍운아라는 꼬리표가 붙어 다닌다. 어쨌든
조용하지 않다는 말이다. 나는 20여 년의 공직생활을 접고 정치에

뛰어들었다. 그리고 정치 입문 후 10여 년은 참 요란했다.

　낙선, 좌절과 방황, 이명박 서울시장 당선과 서울시 부시장, 국회의원 당선, 안국포럼 주도, 이명박 경선 승리와 대통령 당선, 이명박 정부 출범 직후 이상득 불출마 55인 사건 주동 등 곡절을 겪었다. 그것으로 끝나지 않았다.

　그 후로도 줄곧 권력 사유화를 비판하며 탄압을 받았다. 한나라당 쇄신파 리더로 나서야 했으며, 감세 철회와 외고 개혁을 외치며 보수 혁신에 앞장섰다. 그리고 저축은행 사건으로 구속되었다가 무죄 판결을 받았다. 그 외에도 수많은 일들이 벌어졌다. 팔자소관으로 돌리기에는 너무 다사다난했다.

　왜 나는 꼬리에 꼬리를 무는 부침을 겪어야 했을까?

　무엇보다 나는 고분고분하지 못하다. 2008년 초 권력 사유화 비판 파동 후 의원총회에서 나는 이렇게 말했다.

　"나는 내가 손해 보는 일은 참아도 사리에 안 맞는 일은 못 참습니다."

　언론은 이런 나를 향해 매번 "권력 투쟁한다"고 썼다. 그게 언론의 속성이다. 늘 싸움 모드로 몰고 간다. 하지만 대통령과 대통령 친형을 상대로 권력 투쟁하는 사람이 있을까. 만약 내가 그리했다면 나야말로 정말 대단한 인간이 아닌가.

　정치야 어차피 욕먹으며 하는 거라고들 한다. 하지만 나는 너무도 많은 오해를 받았으며 또한 억울한 적도 많았다. 벌거숭이 임금님을 보고 벌거벗었다고 외쳤건만, 모두 나를 향해 조용히 하라고 손가락질하는 것 같았다.

그러다 감옥에 있으면서 많은 걸 깨달았다. 항상 당당했고 스스로 떳떳하다고 자부하며 살았지만, 내 속에는 늘 경멸과 증오가 깔려 있었다. 그것이 바로 교만이었다. 신이 가장 싫어한다는 교만 말이다. 어디 그뿐인가. 감옥에서의 10개월 동안 나를 짓누른 것은 억울함이나 분노가 아니었다. 지난 날 내가 잘못한 일들이 끊임없이 되살아나며 마음을 짓눌렀다. '내가 이렇게 나쁜 인간이었다니' 자책하며 몸서리를 쳤다. 나중에는 '내가 여기서 이렇게 당하고 있어도 싸다'는 생각마저 들었다.

개국공신의 명암

"정두언, 입 닥쳐라. 너는 이명박을 대통령으로 만든 거 하나만으로 입이 열 개라도 할 말이 없는 놈이다."

나를 따라다니는 악플 중 가장 흔한 것이다. 그렇다. 나는 '이명박 정부의 개국 공신'이라는 이름표를 떼지 못했다.

국회의원 선거에 낙선하고 고단한 세월을 보내던 중 병상에서 이명박을 만났다. 그리고 혈혈단신 이명박 후보의 서울시장 선거에 뛰어들어 승리를 엮어냈다. 제17대 한나라당 대통령 후보 경선 때도 이명박과 처음부터 함께한 현역 의원은 내가 유일했다.

나는 '좋은 정부'를 만들겠다는 꿈에 부풀어 정말 신들린 듯 일했고, 정권을 잡는 데 일익을 담당했다. 그러나 내 꿈은 거기서 끝났다. 처음부터 모든 게 엉망으로 돌아갔다. '이게 아닌데.' 나는 온몸에 소름이 돋았다. 정권을 만드는 데 참여했으면 당연히 그 정권의 성공에 책임이 있다. 하지만 권력 주변은 정권을 잡은 사람이 아니라 이권을 잡은 사람들 위주로 돌아갔다. 임금님을 향해 벌거벗었다고 외치는 사람이 아무도 없었다.

나라도 이야기해야겠다고 결심했다. 그때부터 춥고 외로운 길을 걸었다. 그럼에도 정태근, 남경필, 김용태 등이 함께해주어 큰 힘이 되었다. 하지만 모든 일은 결과로 이야기해야 한다. 지금까지 나는 이명박 정부가 성공했다는 평가를 들은 적이 없다. 이명박 본인만 그렇게 말한다. 긴 이야기해봐야 구질구질하다. 한마디로 이명박 정부는 실패한 것이 맞다. 그렇다면 나도 실패한 것이다.

'온갖 불이익을 감수하고 끝까지 비판의 입장을 고수했다'고 해봐야 소용없다. 그걸로 내 책임을 피할 수 있으리라고 생각하지 않는다. 나 역시 정권의 실패에 대해 깊이 참회해야 할 사람임이 분명하다.

우리 정부는 왜 매번 실패하는가?

그렇다면 이명박 정부는 왜 실패했는가? 잘잘못을 따지자는 게 아니다. 그 원인과 이유를 살펴서 다시는 그런 전철을 밟지 말자는 뜻이다. 거기에서 교훈을 얻어야 한다. 이것이 정권 실패에 책임이 있는 내가 할 수 있는 최소한의 도리라 생각한다.

그간의 일을 하나하나 되짚다보니 자연스럽게 그 이전 정권과 비교도 하게 되었다. 이른바 87년 체제 이후 노태우, 김영삼, 김대중, 노무현 정권 모두 공통적으로 말로가 안 좋았다. 모두 실패했다는 이야기다. 그런데 놀랍게도 모든 정권의 실패 과정이 판박이처럼 비슷했다. 한두 번도 아니고 모두가 그렇다면, 이건 우연이 아니다. 뭔가 구조적인 요인이 있다는 뜻이다.

대선자금과 친인척:
정치자금 문제

그것은 무엇일까. 요약한다면 이렇다. 모든 정권은 집권과정에서 모든 문제를 잉태한다. 그리하여 집권하면 그 문제들을 출산한다. 그런데 그 집권과정이 유사하다. 따라서 산출하는 문제들도 유사하다. 집권과정에서 잉태되는 문제의 핵심은 대선자금이다. 대선자금의 규모는 계속 줄어들었지만, 늘 법의 범위를 초과할 수밖에 없었다. 그래서 위험한 대선자금은 친인척이 관리하게 된다. 대선 과정에서 그 친인척 주변으로 돈과 사람이 몰리고, 그 사람은 자연스럽게 실세가 되었다. 그리고 집권 후 견제받지 않는 권력이 된다. 주변 인사들은 그의 곁에서 호가호위하며 낙하산 인사의 원인이 되고 국정농단의 주역들이 된다. 앞서 이야기했듯이 매 정권마다 늘상 되풀이되는 일이었다. 지극히 단순화해서 말하면, 이 모든 일은 결국 정치자금 제도의 문제로 귀결된다.

왕조 시대의 권력관:
권력의 사유화

또 다른 구조적인 요인 중 하나는 지도자의 권력관이다. 민주국가에서 권력은 국민으로부터 나온다. 국민은 권력을 직접 행사할 수 없기에 선거를 통해 대통령, 국회의원 등을 뽑고 그들에게 권력을 위임한다. 그냥 위임하는 건 아니고 법을 통해 위임한다. 대통령은 법에 근거해 권력을 행사한다.

이것이 법치주의다. 그래서 권력은 공공재public goods다. 그런데 우리 지도자들은 권력을 사유물private goods로 생각하는 경향이 강하다. 일단 권력을 잡으면 위임받은 게 아니라 자기 것이라 생각한다. 그 대표적인 게 인사권 행사다. 능력에 따라 적재적소에 인사하기보다는 인연에 얽매인 자기 사람 심기가 횡행한다. 심지어 청와대가 장관의 인사권을 무시하고 정부 부처의 인사까지 주무른다.

노무현 정부 이전에는 청와대에 인사수석비서관이라는 자리가 존재한 적이 없었다. 오히려 거꾸로 가고 있다. 대통령의 권한이 법에 근거하듯이 장관의 권한도 그렇다. 따라서 대통령의 장관 인사권 침해는 엄밀히 말해 위헌이고 위법이다. '너는 내가 임명했으니 네 권한은 내 권한'이라는 식으로 권력을 사유물로 인식하는 것은 절대왕조식 사고다. 이는 우리나라가 군정 종식은 이미 했으나, 아직 왕정 종식이 완전히 안 되고 있다는 증거다.

지도자의 오만과 독선

대선 방정식의 전 세계적 대세는 '중간층 잡기'다. 대권을 얻으려면 좌는 우클릭, 우는 좌클릭해야 한다. 이것은 이미 상식이다. 그래서 이명박은 '중도실용'을, 박근혜는 '경제 민주화'를 내걸지 않았던가. 하지만 문재인은 거꾸로 진보와의 연대를 꾀했다. 그 결과 정권 심판이라는 유리한 상황에서 패할 수밖에 없었다.

그런데 문제는 집권 후에 벌어진다. 어떤 정권이든 집권 후에는 중도를 떠나 좌든 우든 자기 길을 고집한다. 그러다가 도중에 레임덕을 만나 무기력한 정권으로 전락하고 만다. 국정 운영을 지속적인 선거전, 즉 퍼머넌트 캠페인Permanent Campaign으로 볼 때 당연한 귀결이다. 국가의 장래를 위해 소신 있는 국정 운영을 하느라 인기에 연연하지 않고 자기 길을 갈 수도 있다. 독일 재탄생의 초석을 다졌다고 평가받는 슈뢰더Gerhard Schroder의 경우가 그렇다. 결과적으로 독일은 지금 유럽의 맹주로 돌아오지 않았는가. 그러나 87년 체제 이후 우리 지도자들 대부분은 소신보다는 개인적인 오만과 독선으로 자기 길을 가다가 몰락했다. 따라서 이 역시 정권 실패의 구조적인 요인 중 하나라 할 수 있다.

이명박 정부의 실패와 나의 책임

이명박 정부는 대선자금 문제에서 전임자들의 경로를 답습했다. 아니 답습한 정도가 아니라, 정권 출범 전부터 역대 최강의 실세 친인척이 등장했다. 그러니 갈 길은 명약관화했다. 나는 정권 초에 이른바 '55인 반란 사건'을 주동하며 이를 저지하려 했지만 결국 실패하고 말았다. 그 이후에도 온갖 탄압 속에서 계속 '형님 권력'을 견제하고 비판했다. 그럼에도 임기 중 대통령 친형의 사법처리라는 초유의 사태를 막지 못했다.

애초에 시도했던 '동반 불출마'를 실행에 옮기지 못한 것은 결국 나의 용기 부족 탓이었다. 이후에도 권력 투쟁이라는 오해를 불러일으키며, 여권 내 갈등만 야기하고 말았다. 이것은 내가 공적인 일을 도모하면서 사사로운 경멸과 증오를 버리지 못한 때문이라 자성한다.

이명박 전 대통령은 기업가 출신인 만큼 권력의 공공성에 유난히 취약했다. 권력을 마치 사유재산처럼 여긴 것 같다. 오죽하면 내부에서조차 "국정 운영을 패밀리 비즈니스처럼 한다"는 냉소가 터져 나왔을까.

정권의 일등공신이라는 찬사까지 받은 나는 '권력의 사유화'라는 용어를 만들면서까지 공개적인 비판을 서슴지 않았다. 하지만 정작 내부적으로 절실하고 처절하게 대통령을 설득하려는 노력은 거의 하지 못했다. 나의 훗날 정치적 입지를 늘 의식하고 있었다는 점을 결코 부인할 수 없다.

이명박은 서울시장 후보 시절부터 대통령 당선 때까지 '친서민 중도실용 노선'을 일관되게 견지했다. 대선 승리의 첫째 요인이 노무현 전 대통령의 실정이라 한다면, 이 점은 두 번째 요인 정도라 할 수 있다. 그런데 이명박은 집권하자마자 종부세 폐지를 시작으로 감세정책 등 이미 사양길에 들어선 꼴통 신자유주의로 복귀해 버렸다. 그 후 그는 '친서민 중도실용'이니 '공정사회'니 '동반성장'이니 하는 구호만 내걸고 내용은 친기업 반서민정책으로 일관했다. 이명박 정부는 2008년 외환위기의 극복을 치적으로 내세운다. 하지만 이것은 중산·서민층의 희생에 바탕을 둔 고환율정책의 결과일 뿐이었다. 530만 표 차이의 승리를 가능케 해준 서민 대중을 우습게 여긴 오만과 독선의 산물이라 하지 않을 수 없다.

나는 외고 개혁과 감세 철회, 그리고 나아가 소득세 증세 등 이명박 정부의 노선에 정면으로 배치되는 친서민 정책들을 주도했다. 하지만 정권과의 공조를 이루지 못했다. 그 대신 대중적 지지를 배경으로 한 압박을 통해 우격다짐하듯이 관철시켰다. 그 결과 이명박 정부의 친서민 이미지 고양에 아무런 도움을 주지 못했다. 이 역시 나의 개인적 소영웅주의 또는 업적주의라는 비난에서 결코 자유롭지 못하다.

박근혜 비대위를 기안하다

2011년 후반기에 접어들 무렵, 한나라당은 다음해 총선을 앞두고 패배감에 휩싸여 있었다. 이명박 정부의 실패에 따른 정권 심판론이 대세로 자리 잡은 가운데, 전당대회 돈 봉투 사건, 디도스 사건 등 잇단 악재가 터져 나왔기 때문이다. 당시 우리 소장파 의원들은 황우여 원내대표 체제를 탄생시킨 여파를 몰아 홍준표 대표 체제의 사퇴와 함께 2012년 총선의 박근혜 책임론을 들고 나왔다. 즉 박근혜가 대통령을 하려면 일단 한나라당의 총선 승리에 앞장서야 한다고 주장했다.

당시만 해도 박근혜 역시 총선 패배에 대한 우려로 주저하고 있었다. 그래서 나를 비롯한 남경필, 정태근, 김성식 등이 강하게 밀어붙여 박근혜 비대위가 출범했다. 세종시 수정안 실패를 계기로 결정적 레임덕에 빠져들던 이명박의 권력이 통째로 박근혜에게 넘어가는 순간이었다. 이것은 이명박 정권의 무력함을 극명하게 보여주는 사건이며, 한국 정치사에 유례가 없는 일종의 정당 내 명예혁명이었다.

그리고 박근혜 비대위는 총선을 돌파했고, 그 여세를 몰아 대권까지 거머쥐었다. 이리하여 이명박 정부의 개국공신이었던 나는, 본의 아니게 박근혜 체제를 탄생시키는 주역이 되어버렸다.

광야 생활과
귀환

19대 총선에서 나는 수도권의 참패 속에서도 가까스로 살아남았다. 그러나 그런 나를 기다리고 있었던 것은 이미 다 꺼져가는 권력의 음험한 보복이었다. 저축은행 사건의 수사로 덜미가 잡힌 이상득 구속을 계기로 나에 대한 물타기, 짜 맞추기 표적 수사가 시작되었다. 검찰 자진출두, 구속영장 청구, 체포동의안 국회 부결, 이례적인 법정 구속, 10개월간의 수감 생활, 대법원의 무죄 확정까지 악몽 같은 2년 반의 시간이 흘렀다. 나는 한순간에 모든 걸 빼앗기고, 세상의 밑바닥으로 곤두박질쳤다.

하지만 2년 반의 광야 생활은 결과적으로 나에게 축복이었다. 나는 끝 모를 절망 속에서 몸부림치면서도 희망의 끈을 놓지 않았다. 무죄를 받아내겠다는 의도가 아니었다. 끊임없는 죽음의 유혹에서도 어떻게든 무너지지 말아야겠다는 생각뿐이었다. 내가 처한 상황은 이미 내가 바꿀 수 없는 단계였다. 그렇다면 나 자신을 바꾸는 수밖에 없었다. 처절한 사투 끝에 광야 생활이 끝나자, 나는 이미 이전의 내가 아님을 깨달았다. 고난은 내게 많은 것을 주었다. 무엇보다도 현실에 순종하며, 관용하고 인내하는 법을 가르쳐 주었다. 나는 고난을 통해 매우 많은 것을 얻었기에 그 세월이 전혀 억울하지 않고 오히려 고마울 뿐이다. 다만, 교만 덩어리였던 예전의 나로 다시 돌아갈까 봐 걱정이다.

나는 정치를 하면서 늘 당당하고 떳떳함을 유지하려 무진 애를 썼다. 그러다 보니 항상 편치 못했다. 그렇다고 적당히 숙이고, 적당히 눈 감으며 살 수도 없었다. 더 불행해지기 때문이다. 나는 앞으로도 계속 "임금님은 벌거숭이"라 외치며 이 사회의 잘못된 우상과 싸울 것이다. 하지만 경멸과 증오가 아니라 관용과 인내의 자세로 할 것이다. 그러면서 이 땅에 진정한 큰 바위 얼굴이 나타나기를 기다릴 것이다.

우연한
승리는
없다

01

MB 서울시장 만들기

재기의 발판이 된
청계천 복원 사업

　　　　　　　　　　　　　1999년은 MB에게 일생일대의 위
기가 닥친 해였다. 그 해 MB는 법정 선거 비용을 초과 사용한 혐의
가 인정되어 국회의원직을 잃었다. 1996년 4월 국회에 입성한 지
3년이 지난 시점이었다. 이런 상황에서 그가 미국 워싱턴에 있는 조
지워싱턴대학으로 유학을 떠난 것은 불가피한 선택이었다. 새로운
환경에서 재충전을 해 새 출발을 모색하자는 생각이었을 것이다.

　워싱턴은 한국 정치인들에게 옛 로마와 같은 곳이다. 선거에서
떨어진 정치인들은 너도나도 미국으로 향하는데, MB도 그들 가운
데 한 명이었다. 남들과 달랐던 점이 있다면 그가 조지워싱턴대학
에서 공부를 하는 도중에 잠시 들렀던 보스턴에서 '빅딕 프로젝트
Big-Dig Project'를 목도한 것이다. 빅딕 프로젝트는 보스턴 시의 고가도

로를 철거하고, 외곽과 도심을 잇는 5.6km의 지하차도를 건설하는 대형 도로공원화 사업이다. 1982년 논의가 시작돼 1991년 착공에 들어간 후 2007년 12월에야 공사가 마무리됐다. 이 프로젝트를 본 MB의 머리에 반짝 불이 켜졌던 것 같다. 서울의 고가도로들을 철거하고 콘크리트로 덮여있는 청계천을 복원하면 어떨까 하는 아이디어가 떠오른 것이다. 훗날 서울시장 선거공약으로 등장하는 '청계천 프로젝트'는 이렇게 시작됐다.

정치인에게 있어 이슈를 선점하는 것은 결정적인 정치적 기회를 잡는 것이다. 고건 시장 시절에도 청계천을 복원하자는 이야기가 있었다. 그러나 고건 시장은 감히 현실화할 생각을 못했다. 그러나 MB는 했다. 그것이 두 사람의 차이였다.

미국에서 귀국한 MB는 2001년 가을 한나라당에 국가혁신위원회가 만들어지면서 미래분과위원장을 맡아 정계에 복귀했다. 관료적인 발상에서 만든 국가혁신위원회는 이름은 거창했지만 사실 대통령 선거에는 별 도움이 안 됐다. 엄청난 인력과 자금을 동원해 국가혁신 종합대책을 내놓았지만 지금 그것을 기억하는 사람은 아무도 없다. 늘 그렇듯 큰 선거에서의 승부는 논쟁적인 담론 이슈 한두 개를 누가 내놓느냐에 따라 갈린다. 내 경험으로 보건대 선거에서 '선거공약집'으로 승부를 거는 것만큼 멍청한 일도 없다. 그러나 청계천 프로젝트는 선거 판세를 결정지은 위닝샷Winning shot으로, 전형적인 담론 이슈였다. 돌이켜보면 MB는 청계천 프로젝트를 구상하는 순간 이미 서울시장이 되었고, 대통령까지 된 것이라 해도 과언이 아니다.

서울시장 선거에
MB와 한 조를 이루다

MB는 2002년 지방선거에서 서울 시장을 노리고 있었다. 한나라당 서울시장 후보를 향한 경쟁은 2001년 하반기부터 달아올랐다. MB의 경쟁 상대는 홍사덕이었다. 홍사덕 쪽으로 세력이 결집하는 흐름이 뚜렷했기에 모두들 홍사덕이 후보가 될 것이라고 생각했다.

당시 한나라당 서대문을 지구당 위원장을 맡고 있던 나는 교통사고를 당해 강북삼성병원에 입원해 있었다. 홍사덕, MB 두 후보 모두 문병을 왔지만, 스타일은 서로 달랐다. 홍사덕은 인사치레 식으로 잠깐 다녀갔다. 하지만 MB는 병원 침상에 걸터앉아 한 시간 동안 나와 이야기를 나눴다. 내가 MB를 개인적으로 만난 것은 이 때가 처음이었다. 정치를 하니 이런 사람과도 만나게 되는구나 생각했다. 현대사를 그린 TV 드라마의 주인공으로도 등장했던, 대한민국의 고도성장 시대를 대표하는 걸출한 주역과의 첫 대면이었다.

그때는 국민참여경선이나 여론조사 같은 것을 하지 않고 정당의 대의원들만 모여서 서울시장 후보를 뽑았다. 따라서 후보가 서울 지역의 전체 지구당 위원장 가운데 몇 명을 확보했느냐에 따라 승패가 결정됐다. 당시 MB를 돕는 위원장은 한 명도 없었다. 이회창 총재도 홍사덕을 밀고 있다는 소문이 파다했다. 그러나 내 경험상 누군가로부터 낙점받아 후보로 출마한 사람은 선거에서 유리하기는커녕 오히려 불리하다. 특히 큰 선거일 때 그렇다. 유권자들은 남의 도움을 받아 크는 사람을 싫어한다. 국민들은 어려움 속에서도 자신의 힘으로 난관을 돌파해 스스로 성장한 정치인을 심정적으로 지지한다.

 MB가 내게 공을 들였던 이유는 무엇일까. 몇 가지 이유가 있었다. 우선 나는 당시 한나라당 총재였던 이회창이 국무총리로 일하던 시절 총리실에 근무했던 '이회창파'였다. 내가 공직생활 도중에 사표를 내고 정치에 뛰어든 것은 2000년 총선 당시 이회창의 측근이었던 윤여준이 "총재가 꼭 (정두언을 출마)시키라는데" 하며 내게 출마를 종용했기 때문이었다. 당시만 해도 이심^{추신}이 누구에게 있느냐가 후보 경선에서 중요한 변수라고 다들 생각할 때였다. 또한 나는 홍사덕과 대학 동문(서울대)인데다가, 친 홍사덕 성향이 대부분이었던 한나라당 미래연대에 속해 있었다. 더구나 나는 고향도 호남이어서, 영남 출신으로 고려대를 나온 MB의 취약한 부분을 이래저래 보완해 줄 수 있는 장점을 두루 갖추고 있었다. 명석한 MB가 이런 점들을 감안해 나를 선택했던 게 아닐까.

 두 달 만에 퇴원을 하고 나오자 MB로부터 다시 만나자는 연락이 왔다. 그러나 나는 그 전부터 홍사덕과 이런저런 인연이 있었기에, 그 인연을 쉽게 끊고 MB 캠프에 갈 수는 없었다. 그래서 선거 캠프에 합류해 달라는 MB의 제안을 요리조리 피해 다녔다. 그랬더니 어느 날은 아내를 통해 연락을 해왔다. 부부 동반으로 식사를 하자는 제안이었다. 더 이상 피하기가 힘들었던 나는 결국 부부 동반으로 하얏트 호텔 중식당에서 MB와 만났다. MB는 식사를 하며 내게 넌지시 러닝메이트를 제안했다. 자신이 서울시장에 당선되면 내게 정무부시장을 맡기겠다는 것이었다.

절대 불리의 예상을 뒤엎고
시장 경선에서 승리

MB의 제안을 듣고 고민하던 나는 정치적 멘토였던 윤여준에게 어떻게 하는 것이 좋을지 의견을 구했다. "당연히 해야지. 손해 볼 게 뭐 있어. 밑져야 본전 아닌가. 경험도 되고." 며칠 후 MB의 캠프가 있는 동아시아연구원으로 갔다. 내가 들어가자 회의를 주재하던 MB는 "어, 정 위원장 왔네!" 하며 기뻐했다. 나는 MB 서울시장 선거 캠프에 합류한 첫 번째 지구당 위원장이었다. 그 후에도 두 명 정도가 더 합류했을 뿐이다.

나는 먼저 밑바닥 민심이 어떤지 보기 위해 현장을 훑었고, 곧바로 MB가 이길 것 같다는 감이 왔다. 지구당 위원장을 확보한 숫자로만 보면 MB는 홍사덕과 게임이 되지 않았다. 하지만 밑바닥 분위기는 달랐다. 나는 자신감이 생겼다. 경선 막바지 무렵 〈중앙일보〉에서 미리 확보한 대의원 자료로 사전 여론조사를 해서 보도했는데 결과가 놀라웠다. 거의 3 : 7로 홍사덕이 지는 것으로 나왔다. 그러자 경선 분위기는 급반전됐다. 승리를 자신하던 홍사덕 후보는 충격이 컸는지 조사 결과가 보도된 다음 날 말없이 잠적했다. 경선도 치루기 전에 게임이 끝난 것이다. 사람들은 정두언이 들어오고 나서 전세를 뒤집었다며 칭찬했지만, 사실은 그게 아니었다. 밑바닥 민심은 이미 MB쪽으로 기울어 있었는데, 모두가 그 흐름을 읽지 못했던 것이다. 나는 그저 '고위험 고수익' 투자를 했을 뿐인데, 마치 승리의 주역인 것처럼 되어버렸다.

한나라당 대의원들은 왜 홍사덕이 아닌 MB를 선택했을까. 지금은 많이 달라졌지만 당시만 해도 한나라당 대의원들 대부분은 공화계나 민정계로. 수십 년간 당을 지켜온 사람들이었다. 이들은 홍사덕을 야당 성향 인사라고 생각했다. 그런 사람들이 누구를 찍겠는가. 최병렬과 서청원이 당권을 두고 맞붙었을 때는 최병렬, 이재오와 강재섭이 경쟁했을 때는 강재섭이 이겼다. 두 번 다 민정계가 이긴 것이다. 2007년 박근혜와 MB가 대선 후보를 놓고 경선했을 때도 당원 투표에서는 공화계라 할 수 있는 박근혜가 이겼다. MB가 최종 승자가 될 수 있었던 것은 당원 투표만이 아니라 여론조사와 국민참여경선이 도입되었기 때문이다. 그러나 세월의 흐름은 어쩔 수 없다. 2014년 새누리당 전당대회는 김무성과 서청원, 두 민주계의 대결이었다. 공화계, 민정계는 어느덧 비주류 소수파가 되었다.

MB 서울시장 당선

MB의 서울시장 선거 상대는 민주당의 김민석이었다. 그러나 MB는 이미 '청계천 복원' 공약으로 큰 그림을 그려놓은 상태였다. 서울시장 선거 같은 큰 선거에서 지역 구석구석을 일일이 찾아다니며 표를 모으는 것은 "나, 아마추어요." 하고 자백하는 꼴이다. TV 토론 역시 변수가 되지 못했다. 상대 후보였던 김민석은 똑똑하고 말도 잘했다. 반면 MB는 눌변에 유창하지 못한 스타일이었다. 하지만 어느 토론이건 말 잘하는 사람이 반드시 이기는 것은 아니다. 어떤 이미지를 주느냐가 중요하다. '말 잘하는' 김민석은 신뢰감을 주지 못해 토론에서 오히려 손해를 보았다. 승리의 추는 점점 MB로 기울었다.

MB는 선거 초기 나에게 "선거대책본부장을 누구에게 맡겼으면 좋겠느냐"고 물었다. 나는 "이재오가 좋겠다"고 답했다. 이재오는 차기 서울시장에 뜻이 있으니 맡기면 자기 일처럼 열심히 할 것이며, 더구나 중도표를 흡수하기 위해서는 이재오 같은 재야 이미지를 가진 인물이 필요하다는 것이 그를 추천한 이유였다. 내 추천이 받아들여진 것인지는 알 수 없지만 이재오가 선거대책본부장을 맡았다. 이기는 선거, 여유 있는 선거였기에 캠프 분위기는 선거 운동 기간 내내 밝고 즐거웠다.

천신만고 끝에 따낸
정무부시장 자리

정작 선거에서 이기고 서울시 인수위원회가 가동되기 시작하면서부터 어처구니없는 일이 벌어졌다. 후보 비서실장으로서 선거를 주관하다시피 했던 내가 인수위 구성 작업에서 배제된 것이다. 선거 날은 모처럼 아무 생각 없이 푹 쉬었는데, 다음 날 출근해보니 사무실은 깨끗이 정리되어 있었고, 내 책상도 사라지고 없었다. 나중에 안 일이지만 진작부터 나를 시기하고 질투하던 이들이 나를 계획적으로 배제시키면서 벌인 일이었다. 나를 포함한 인수위원 명단도 이미 짜여 있었다. MB 당선자 역시 내게 일언반구 말도 없었다. 순식간에 왕따를 당한 나는 황당했다. 그러나 이럴 때 화를 내면 적의 의도에 말려들 수 있으니 '일단 조용히 있자!'고 마음을 다잡았다. 나는 아무런 내색을 하지 않고 회의에만 참석했다.

그런데 인수위가 잘 안 돌아갔다. 하루는 MB가 내게 "와서 회의 좀 챙겨!"라며 지나가는 말 하듯이 했을 정도였다. 한편, 서울시장 취임일이 다가오는데도 MB는 정무부시장을 임명하지 못하고 있었다. 물밑에서 정무부시장 자리를 노리는 자들이 많았고, 어떤 이는 당을 휘젓고 다니며 노골적으로 운동을 하기도 했다. 이들이 나를 배제하기 위해 내세운 논리는 '대통령 선거가 얼마 안 남았는데 정두언 같은 지구당 위원장이 자기 소관 지역을 비우면 되느냐'는 것이었다. 이런 분위기 때문인지 이회창 총재는 내가 정무부시장으로 가는 것에 동의하지 않았다. 당을 비롯한 여러 곳에서 이런저런 압력이 들어오자 이미 내게 정무부시장 자리를 약속했던 MB도 흔들리고 있었다.

마침 천안연수원에서 당 행사가 있었는데, MB는 그곳에서 이회창 총재와 만나 정무부시장 문제에 대해 결론을 짓겠다고 했다. 나는 10년 묵은 체증이 내려가는 기분이었다.

그날 밤 9시쯤 서울로 올라온 MB와 롯데호텔 커피숍에서 만났다. 커피를 마시는 MB의 표정은 단호해 보였다. "총재가 완강하다. 정두언은 안 된다고 한다. 그러니…" 거기까지 말했을 때 내가 말을 막았다. "잠깐만요, 시장님. 그러면 제가 총재님 만나서 담판 짓겠습니다." 어디서 그런 기지가 나왔는지 모르지만 돌이켜보면 정말 잘한 일이었다. 내가 그 자리에서 아무리 항변해봐야 이미 내려진 결정이 바뀔 리 없었다. 오히려 내가 설득당할 공산이 컸다. 그러니 일단 그 자리를 모면한 것이었다. 그날 집에 돌아온 나는 온갖 상념으로 밤을 꼬박 새우다시피 했다.

다음 날 아침 일찍 종로구 옥인동에 있는 이회창 총재의 자택으로 찾아가서는 안으로 들어오라는 것을 사양하고 대문 앞에서 기다렸다. 식사를 마친 이 총재가 나오자 나는 이 총재의 차에 올라탔다. 그리고 "제가 정무부시장으로 가면 대선에 지장이 있다는데, 그렇지 않다. 더 잘 챙길 수 있다. 내 지역구뿐 아니라 서울시 전체까지 챙기겠다"며 간곡하게 말했다. 그러나 이 총재는 "그런 이야기라면 할 필요가 없어요. 내리세요!" 하고 화를 내며 차를 세우라고 했다. 나는 졸지에 토사구팽 신세가 되었다. 하지만 이대로 물러설 수는 없었다. 곧장 택시를 잡아타고 한나라당 당사에 있던 서청원 대표에게 가서 자초지종을 이야기했다. 서 대표는 "내가 잘 말해볼게" 하면서 위층으로 올라갔다. 한참 있다가 내려온 서 대표는 나와 눈을 마주치지 않으려고 했다. 잘 안됐다는 이야기였다.

여기까지 왔는데 포기할 수는 없었다. 나는 다시 이회창 총재의 방으로 가서 방 앞에 계속 서 있었다. 점심때가 되니 이 총재가 밖으로 나왔다.

"총재님, 허락하실 때까지 이곳에 서 있겠습니다."

"서 대표에게 다 이야기했어요!"

이 총재는 또 화를 내며 수행원들과 엘리베이터를 타고 가버렸다. 마지막 희망마저 사라졌다고 생각한 나는 온몸에 힘이 쭉 빠졌다. 다리가 후들거려 어떻게 내려왔는지도 모르게 간신히 계단을 내려왔다. 당사 앞에서 안 피우던 담배를 피우는데, 갑자기 아내의 얼굴이 떠올랐다. 그때 전화가 걸려 왔다. 이회창 총재의 전화였다.

"열심히 하실 거죠?"

"그럼요. 총재님, 저 잘 아시잖아요."

"알았어요. 서 내표한테 다시 이야기할게요."

극적인 반전이었다. 소위 앵벌이 작전이 성공한 것이다. 나는 MB에게 전화를 걸었다. "정두언입니다. 이 총재를 만나 정무부시장 문제를 해결했습니다." 전화기 너머 MB는 말이 없었다. "서 대표한테 곧 연락이 올 겁니다" 하자, 그제야 "아, 그래요?" 했다. 나는 이런 우여곡절 끝에 서울시 정무부시장이 되었다.

정무부시장은 내가 선망하던 자리였다. 차관급으로서 경력 관리와 함께 지역구 관리도 할 수 있으며 보수도 넉넉한, 그야말로 당시 내 처지에서 생각할 수 있는 최고의 자리였기 때문이다. 나는 정무부시장으로 첫 출근을 한 날 서울시청 현관 앞 계단을 오르며 과연 이게 현실인가 싶었다.

두 번씩이나
나를 부인한 MB

정무부시장이 된 지 한 달 반 정도 지났을 때였다. 대통령 선거를 앞두고 한나라당은 지구당 정비에 나섰다. 내 지역구인 서대문을 지구당은 나중에 내가 다시 지역구로 돌아갈 것에 대비해 사무국장을 하던 사람이 위원장 대리를 맡고 있었다. 그러자 당장 한나라당에서 제동을 걸었다. 대리를 맡고 있는 사람이 지구당 위원장 역할을 하기에는 너무 약하다는 것이었다. 김기배 서울시당 위원장은 내게 "정무부시장에서 물러나 지역구로 돌아가라, 돌아가지 않으면 다른 사람을 위원장으로 임명하겠다"고 엄포를 놓았다. 나는 김기배를 찾아가 강력 항의했다. 나는 자신이 있었다. 지역구 관리가 탄탄했기 때문에 아무나 내 지역구에 들어올 수 없다는 것을 알고 있었기 때문이다. 그러자 얼마 뒤에는 김영일 사무총장으로부터 전화가 왔다. 그는 "시장과 다 이야기했다. 안 가면 다른 사람 보낸다"고 말했다. 내 저항도 만만치 않았다. "마음대로 하세요. 내 지역에 아무나 보냈다가는 대선 앞두고 사고 지구당이 될 수도 있어요. 총장님이 책임지셔야 됩니다." 결국 그는 다시 내게 전화를 해 "나도 생각해 볼 테니 너도 생각해보라"라며 한발 물러섰다. 나는 MB에게 자초지종을 설명한 뒤 "김영일 총장을 설득시켰습니다. 이제는 더 이상 저보고 그만두라고 하지 않을 것입니다"라고 말했다. 이때도 MB는 어안이 벙벙한 듯 말이 없었다. 훗날 강승규에게 들은 이야기로는 그때 MB가 강승규에게 정두언의 후임을 물색해보라 했다고 한다. MB는 연거푸 두 차례나 나를 포기했던 것이다. 그럼에도 불구하고 나는 그때 정무부시장의 꿈을 현실화시켜 준 MB에게 충정을 다하자, 그리고 그를 대통령으로 만들자고 스스로에게 다짐했다. 그것이 그의 은혜에 보답하는 길이고, 또 나 자신을 위한 길이라 생각했기 때문이다.

서울시 부시장 노릇
제대로 하기

서울시 부시장은 세 명이다. 제1부시장은 일반행정, 제2부시장은 건설행정, 정무부시장은 대외관계를 맡는다. 나의 서울시 경험은 서울시 중구청에서 행정사무관 시보 생활 6개월 한 것이 전부로 당연히 서울시 행정에는 문외한이었다. 그런 내가 시장 다음 가는 최고위직이 된 것이다.

서울시 업무를 잘 모르다 보니 부시장 업무를 제대로 수행하기가 쉽지 않았다. 예를 들면, 외부에서 각종 민원이나 제안 등이 많이 들어오는데, 해당 부서에 검토를 시키면 열에 아홉은 어렵다, 안 된다, 곤란하다는 반응이 돌아왔다. 내 생각에는 괜찮은 제안이고, 억울한 민원인데 다 문제가 있다고만 하니 업무를 잘 모르는 나로서는 참으로 답답한 노릇이었다. 도대체 되는 일이 없으니, 이러다가는 허수아비 노릇만 하다가 나갈 것 같은 생각마저 들었다.

고민 끝에 한 가지 꾀를 냈다. 평소에 눈 여겨 보았던 감사관실 조사과장에게 그간의 나의 고민을 이야기하면서 각 부서에서 내게 올라오는 보고서 중에 내가 의문을 품는 부분에 대한 진위를 별도로 확인해 달라고 부탁했다.

그렇게 하고 나니 각 부서에서 올리는 보고 중에 엉터리들이 꽤 많다는 사실이 드러났다. 그런 이후로는 내게 허위 보고를 하는 경우 따끔하게 야단을 쳐서 돌려보내는 일이 가능해졌다. 이런 일이 반복되다 보니, 정무부시장에게 엉터리 보고를 했다가는 금방 들통이 난다는 소문이 자연스레 퍼졌다. 그 후로 공무원들이 내게 보고를 할 때는 매우 조심스러워하는 기색이 역력했다.

또 이런 일도 있었다. 평소 가까운 후배가 내게 전화를 했다. 고향 후배가 서기관 승진 대상인데 아주 훌륭한 공직자라며 도와달라는 이야기였다. 마침 행정국장이 보고 차 왔기에 "이런 친구가 있다는데, 평가가 어떤가" 하고 물었다. 그랬더니 "그 친구는 근무평점도 1위고, 다면평가도 1위여서 승진 1순위입니다"라는 답이 돌아왔다. 그래서 내가 그 후배에게 전화해서 "아니, 승진 1순위인 사람을 부탁하는 경우가 어디 있냐. 그건 부탁도 아니다." 그랬더니 그 후배 왈, "인사란 게 그렇게 공정하게만 이루어지면 왜 걱정을 하겠냐. 불공정한 일이 없도록 잘 챙겨달라"고 말하는 게 아닌가. 그러고 나는 그 일을 잊고 있었다.

그런데 며칠 뒤 행정국장이 헐레벌떡 뛰어왔다.

"부시장님, 죄송하게 됐습니다. 전에 말씀하신 그 친구가 승진에서 탈락했습니다!"

"아니, 왜요? 1순위라더니."

"솔직히 말씀드리면 담당 부시장께서 다른 사람을 강력히 미는 바람에 그리되었습니다."

"아니, 무슨 인사를 그렇게 해요?"

나는 담당 부시장에게 전화를 해 그런 식으로 인사를 하면 누가 열심히 일을 하겠느냐고 강력하게 항의했다. 담당 부시장은 시장님 사인까지 끝났으니 어찌할 도리가 없다며 당황하는 기색이 역력했지만, 이미 엎질러진 물이었다. 다음 날 나는 부당한 인사에 항의하는 의미로 아침 간부회의에도 참석하지 않았다. 그때 행정국장이 다시 헐레벌떡 뛰어와서 말했다. "담당 부시장과 상의 끝에 그 친구를 승진시키는 걸로 시장님께 다시 사인을 받았습니다." 이 일은 정무부시장이 이미 다 끝난 인사를 뒤집었다고 서울시청 내에서 큰 파장을 일으켰다.

이 두 가지 이야기를 자랑삼아 한 게 아니다. 크든 작든 어느 조직의 리더는 전문성도 필요하지만, 조직 장악력이 매우 중요하다는 점을 말하고 싶었다. 정부 인사를 보면 흔히 전문가들을 발탁하여 조직의 장으로 임명하는 경우를 많이 본다. 그런데 전문성은 높다 하더라도 조직 장악력이 거의 없다면 임기 내내 자기 소신 한번 제대로 못 펴보고 조직과 겉돌다 그만두는 경우가 허다하다. 나는 다행히 운이 좋아 이런 일을 겪으면서도 부시장 노릇을 제대로 할 수 있었던 것 같다.

02

청계천 복원의 비화

'서울시장 이명박'을 상징하는 프로젝트는 청계천 복원과 교통 개혁이다. MB는 취임 1년 안에 이 두 사업을 착수한다는 목표를 세우고 취임 직후부터 준비에 들어갔다. 매주 토요일은 청계천 복원 추진 회의, 매주 일요일은 교통 개혁 추진 회의를 했다. 회의는 보통 오전 8시에 열렸는데 대개 두세 시간이 걸렸다. MB에게는 토요일, 일요일이 없었다. 말 그대로 '월화수목금금금'이었다.

그는 천성이 부지런하고 잠이 없었다. 늘 새벽 4시 30분에 일어나 하루를 시작했다. 서울시장이 되자 처음에는 오전 9시에 간부회의를 시작했는데, 이후 오전 8시로 당겨지더니, 나중에는 오전 7시 30분으로 당기려고 했다. 이대로 놔두면 결국 회의 시간이 7시가 될 것 같았다. 할 수 없이 내가 나섰다. "모두 밤늦게까지 일하는데 주말 아침 회의까지 8시 이선으로 당기면 너무 힘들다. 일에 역효과가 난다"며 '8시 회의'를 지키자고 했다. 결국 MB도 고집을 꺾었다.

청계천 회의, 교통 개혁 회의는 이후 1년 동안 단 한 번도 거른 적 없이 진행되었다. MB는 선거운동 과정에서 '서울시장 단임'을 약속했다. 향후 대권에 도전하겠다는 것을 공언한 것이나 마찬가지였다. 이런 관점에서 보면 시간이 별로 없었다. 서울시장 시절에 확실한 성과를 내야 하니 서둘러야 하는 것은 당연했다.

추진력은
세밀함에서 나온다

그러나 서두른다고 일이 되는 것은 아니다. 그에 맞는 치밀함이 필요하다. 다행히 MB는 그것을 갖고 있었다. MB는 '불도저', '황소' 등의 별명으로 알려져 있다. 추진력이 강하다는 데서 붙여진 것이다. 사람들은 보통 '추진력' 하면 눈을 부라리며 나를 따르라는 식의 스타일을 떠올린다. 그러나 이렇게 해서는 소리만 요란할 뿐 실제로 추진력이 나오지 않는다. MB 스타일은 알려진 것과 달리 마이크로 매니지먼트micro management에 가깝다. 신중하고 세밀하게 일을 처리하는 MB를 보면서 추진력은 오히려 세밀함에서 나온다는 것을 깨달았다. MB는 회의를 할 때면 큰 이슈부터 작은 이슈까지 모두 회의 테이블에 올려놓고 그 자리에서 일일이 결정을 했다. 예를 들어, 교통 개혁을 할 때는 버스의 색깔, 로고, 크기, 번호까지 시장이 참석한 회의에서 결정됐다. 이런 과정을 거쳐 정하면 그대로 따르지 않을 수가 없다. 시장이 정했으니 군말이 없고 즉시 실행에 옮겨진다. 반면 일의 방향만 정해주고 구체적인 것은 알아서 하라고 맡기면, 그 실행 과정에서 갑론을박이 일어나거나 책임 소재를 따지다 보니 일이 더딜 수밖에 없다.

'청계천'의 성공은
온갖 반대를 극복한 과정

사람들은 청계천을 훌륭하다고 이야기한다. 맞다. 눈에 보이는 청계천은 훌륭하다. 흉물로 전락한 고가도로를 걷어내고 맑은 물이 흐르는 청계천을 복원한 것만으로도 참 대단하다는 생각이 들게 한다. 하지만 정말 훌륭한 점은 온갖 반대를 극복하고 청계천을 복원해낸 그 과정이었다. 물론 청계천 주변에서 생업을 이어가던 상인들의 반대가 가장 컸다. 더구나 청계천 복원은 서울시가 독자적으로 할 수 있는 일이 아니라 정부가 승인(구체적으로는 경찰청의 교통 통제)을 해줘야 할 수 있는 일이었다. 당시 노무현 대통령이 야당의 유력 대선 후보가 될 수 있는 사람을 키워주려고 쉽게 승인을 해줬겠는가. 이처럼 상인과 정부라는 엄청난 장애와 난관을 극복하고 성공적으로 복원을 했다는 점이야말로 제대로 평가받아야 한다.

청계천 상인 문제를 해결하는 데는 MB의 집요함이 제일 큰 역할을 했다. 당시 서울시는 청계천 상인들을 설득하기 위해서 그들을 무려 4200여 회나 만났다. 이것은 서울시 주장이 아니라 청계천 상인들이 스스로 만든 자료에서 밝힌 것이다. 그 전에 나는 '청계천 복원, 몇 가지 오해'라는 제목으로 2002년 8월 19일자 〈조선일보〉에 기고문을 썼다. 청계천 상인단체의 지도부가 소속 상인들을 설득하기 위해 스스로 이 기사를 복사해 대량으로 뿌렸다. 서울시가 할 일을 상인단체가 대신한 것이다.

서울시에서 근무한다고 하면 누구나 먼저 묻는 것이 청계천 복원 문제다. 그만큼 이 문제는 수많은 서울 시정市政 중에서 단연 으뜸가는 이슈가 됐다. 일찍이 서울시장 선거 공약이 이처럼 사회적으로 큰 관심을 불러일으킨 적은 없었던 것 같다.그런데 일종의 유명세라고나 할까. 그만큼 관심이 많다 보니 오해도 많은 것 같다.

그 중 가장 중요한 몇 가지만 들어 보겠다. 먼저 청계천은 복원 계획이 나오기 이전에 이미 대대적인 보수 계획이 확정돼 있었다는 점이다. 다시 말해 청계천은 전임 시장 시절 그 안전 문제가 심각하게 제기되자(미군들은 오래전부터 청계천 차량 진입을 통제하고 있다), 1000억 원 정도의 예산을 들여 2년 10개월에 걸친 전면적인 보수공사를 실시하기로 돼 있었다. 여기서 전면적이라 함은 고가도로나 복개도로의 상판뿐 아니라 교각까지 리노베이션renovation한다는 뜻이다. 한마디로 부수고 다시 짓는 것과 큰 차이가 없다.

여기에 비해 청계천을 복원하는 것은 오히려 공사기간이 짧고 (2년 정도로 예상) 공사 자체도 더 쉽다고 할 수 있다. 바로 여기서 우리가 짚고 넘어가야 할 것이 있다. 안전도 문제 때문에 보수를 한다고 하면 예상되는 불편과 주변의 피해에도 불구하고 그것을 반대하는 이야기가 나오지 않는다. 아니 나올 수가 없다. 그런데 오히려 공기工期가 더 짧은 복원공사를 한다는데, 교통이 마비된다느니 주변 상권이 죽는다느니 하며 마치 무모한 공사를 강행하는 것처럼 오해를 하는 것은 무언가 잘못된 것이 아닌가.

둘째, 청계천을 복원한다니까 주변 상가를 일부 허는 것으로 오해하는 사람들이 의외로 많은 것 같다. 전혀 그렇지 않은 것이 복원공사는 최소한 양쪽으로 2차로를 남겨두고 높게 가림막을 친 채 진행되기 때문에 주변 상가는 건드릴 하등의 이유가 없다. 물론 영업활동을 하는 데는 지금보다 더 불편하겠지만, 거기에 대해서도 충분히 대비책을 마련하고 공사를 시작할 계획이다.

셋째, 많은 사람들이 청계천 복원공사에 마치 천문학적인 돈이 들어가는 것으로 오해하고 있다. 고가와 복개도로를 걷어내고 난 후, 고기가 뛰놀 수 있는 맑은 물이 흐르게 하고, 그 양쪽으로 아름다운 걷는 거리와 함께 2차선 이상의 도로를 내는 데 드는 비용은 3600억 원 내외가 소요되는 것으로 추정되고 있다.

수조 원 이상이 소요된다는 이야기는 아마 주변의 재개발 비용을 두고 하는 말 같은데, 재개발은 주변의 민간 상권이 스스로 알아서 추진하는 것이지 시가 예산을 들여서 하는 일이 아니다. 오히려 재개발이 진행될 경우 수십만 명의 고용창출 등 수십조 원의 경제유발 효과가 예상된다.

마지막으로 청계천 복원 문제는 선거과정에서 졸속으로 제기된 문제가 아니라는 것이다. 청계천살리기연구회 등 청계천을 사랑하는 많은 학자·전문가들과 함께 오랜 기간 준비해온 사업이다. 때문에 교통 문제, 주변 상권 문제, 기술공학적인 문제, 생태환경적인 문제, 물을 공급하는 문제, 그리고 역사성 문제 등에 관한 연구가 충분히 이루어져 있다. 더구나 앞으로 2년여에 걸친 사전 검토와 준비를 디힘으로써 문제점을 최소화할 계획이다. 청계천 복원은 시민의 안전과 환경, 그리고 역사와 경제를 살리는 일로서 우리 세대가 천년을 내다보고 해내야 할 필수 사업이라고 하지 않을 수 없다.

그러나 내가 보기에 궁극적으로 상인 문제를 풀어낼 수 있었던 데에는 청계천 상인들의 이주 대책으로 만든 가든파이브의 힘도 컸다. 상인들은 강남 쪽에 세워지는 대형 쇼핑몰로 가는 것에 큰 매력을 느꼈다. 이처럼 사람들은 궁극적으로 이해관계로 설득당하지, 명분으로 설득당하지 않는다. 일종의 당근으로 추진된 가든파이브는 나중에 SH공사에 상당한 부채를 떠안겼다. 만약 MB의 후임이 오세훈 시장이 아니라 다른 당 소속이었다면 가든파이브 문제가 크게 불거졌을 수도 있었다. 상인들의 설득 막후에는 잘 알려지지 않은 이런 대가가 지불된 것이다.

MB 서울시의 3기 정무부시장을 지낸 정태근은 MB로부터 청와대에서 열린 국무회의에서 청계천 프로젝트에 대해 노무현 정부가 협조하기로 결정하는 장면에 대한 이야기를 들었다. 노무현 대통령이 국무회의 참석자들에게 청계천 복원과 관련해 의견을 물었는데, 초반에는 협조를 하지 않는 게 좋겠다는 국무위원들의 발언이 이어졌다. 그런데 중간쯤 왔을 때 노무현 대통령의 표정이 바뀌는 듯했다. 끝에서 세 번째로 앉아 있던 김화중 당시 보건복지부 장관이 대통령의 표정 변화를 눈치챘는지 '복원에 협조하는 것이 좋겠다'는 취지로 발언했다. 노무현 대통령은 "협조하는 것으로 합시다" 하며 최종 결론을 냈다고 한다.

MB, 청와대 정무수석 등을
만나다

국무회의가 있기 얼마 전 MB는 유인태 청와대 정무수석을 만났다. 함께 골프를 치며 청계천 사업에 대해 설명하고 도움을 청했다. 유인태는 청계천 복원에 호의적이었다. 이후 그는 노무현에게 "청계천을 복원하도록 돕는 게 좋겠다"는 의견을 전했다고 한다. 이런 것을 보면 세상에는 그냥 이루어지는 일은 없는 것 같다. MB는 가능한 모든 방법을 동원하고, 관련된 모든 사람들을 만나 청계천 사업의 당위성과 효과를 설명하며 사업 성사에 혼신의 힘을 다했다. 대권을 바라보는 그의 입장에서 '청계천'은 반드시 성공시켜야 하는 프로젝트였기 때문이다. 대권의 문을 열 수 있느냐 없느냐가 거기에 달려 있었다.

그러나 내 생각에 노무현 대통령은 이미 다른 이유로 청계천 복원 사업에 협조하기로 한 것으로 보인다. 당시 경찰청, 국정원 등 정보기관으로부터 '청계천 프로젝트는 성공할 수 없다'는 보고가 계속 올라갔다고 들었다. 노무현은 어차피 실패할 것인데 굳이 내가 막아서 그 책임을 떠안을 필요가 있을까 하고 생각했을 것이다. 정태근은 "MB가 당시 그 일을 겪으며 정치가 이래서 중요하다는 것을 깨달았어야 했다"라며 아쉬움을 토로했다. 서로 다른 입장을 가진 사람들과의 소통, 여의도 정치권과 정부의 역할에 대한 인식 등을 새로이 할 수 있는 좋은 계기였는데 그것을 깨닫지 못했다는 안타까움이었다.

현대건설에서 일하면서 건설 프로젝트 추진에 상당한 경험과 노하우가 있는 MB의 역량은 청계천을 복원하는 과정에서 그대로 드러났다. 그것은 평생 공직에만 있었던 공무원들이 보기에 콜럼버스의 달걀처럼 신선한 리더십이었다. 예를 들면 이런 경우이다. 청계천 공사와 관련해 실무 책임을 진 공무원들은 "모든 공정을 도저히 2년 내에 끝낼 수가 없다. 불가능하다"라고 보고했다. MB는 이를 한마디로 정리했다. "공사를 꼭 일렬로, 차례로 해야 한다는 법은 없지 않나. 구간을 몇 개로 나누어 동시에 진행하라. 정확히 설계하고 감독을 철저히 하면 한 업체가 공사한 것과 같은 효과를 거둘 수 있다." 구간을 나눠 동시에 공사에 들어가면 완공 기간을 나눈 만큼 단축할 수 있다는 것이었다. 공무원들로서는 생각하지 못했던 방법이었다. 이후 청계천 공사는 세 개 구간으로 나눠서 진행됐다. 재미있는 점은 MB가 회장을 지낸 현대건설이 맡은 공사구간이 다른 구간보다 압도적으로 일찍 마무리되었다는 것이다.

청계천 완공까지는
운도 많이 따라

청계천이 완공되기까지는 운도 굉장히 작용했다. 우선, 인명 사고가 하나도 없었다. 만약 인명 사고가 있었다면 이를 빌미로 노무현 정부가 중단시켰을 수도 있었을 것이다. '청계천'이 각광을 받으면서 노무현 정부로서는 대놓고 반대하기도, 그렇다고 찬성하기도 부담스러운 상황이었기 때문이다. 착공 초창기에 인사 사고가 한 번 있기는 했다. 삼일고가 쪽에서부터 철거를 시작했는데, 공사 중에 콘크리트 덩어리가 떨어지면서 그 아래 서 있던 승용차의 보닛을 쳤다. 많이 다친 것은 아니었지만 차에 타고 있던 두 사람이 부상을 당해 인근 백병원 응급실로 실려 갔다. 그런데 이상한 일이 벌어졌다. 두 사람이 제대로 치료도 받지 않고 그냥 사라져버린 것이다. 정상적인 남녀 관계는 아니었던 것 같다는 말이 오갔다. 어쨌든 청계천 복원 공사 중 일어난 인명 사고는 이것이 전부였다. 진짜 인명 사고는 복원한 청계천을 일반에게 공개하는 날 일어났다. 구경하던 사람이 추락해 사망한 것이다.

청계천이 복원되기까지는 이른바 '동남풍 사건'도 있었다. 어느 날 청계천 복원에 반대하는 극렬 반대파들(주로 황학동 노점상들)이 일전을 벌인다며 폐타이어를 산더미처럼 쌓아놓고 시위를 벌였다. 시위대와 대치한 경찰은 안전문제에 대한 책임 때문에 이들을 적극적으로 막지 못했다. MB의 참모들은 걱정이 태산 같았다. 경찰의 소극적인 대응으로 시위가 대규모로 확산되는 것을 염려했다. 시위대는 드디어 폐타이어에 불을 질렀다. 매캐한 냄새와 함께 솟아 오른 검은 연기가 서울시청 뒤 프레스센터 옥상에서 보일 정도로 하늘을 뒤덮었다. 그런데 갑자기 이상한 일이 일어났다. 소위 동남풍이 불면서 연기가 시위대 쪽으로 방향을 틀었다. 그 바람에 시위대가 흩어지면서, 정상적인 시위가 이어질 수 없었다. 믿거나 말거나, '동남풍 사건'은 정말 하늘이 도왔다고 생각한다.

하지만 뭐니 뭐니 해도 청계천 프로젝트가 성공할 수 있었던 가장 큰 힘은 국민들의 지지였다. 그리고 그 압권은 '청계천 걷기 대회'였다. 공사에 들어가기 위한 교통 통제 승인 문제를 놓고 서울시가 정부와 한창 힘겨루기를 하고 있던 2005년 가을 무렵이었다. 승인권자는 겉으로는 경찰청장이었지만 사실상 노무현 대통령이 갖고 있는 것이나 마찬가지였다. 이명박 시장은 청계천 프로젝트를 현실화시키기 위한 마지막 위닝샷으로 청계천 걷기 대회를 기획했다. 치밀한 계산이라기보다는 아이디어 차원에서 내놓은 이벤트였다. 그런데 전날 저녁부터 내리기 시작한 비가 행사 당일 아침까지 그치지 않았다. 나도 밤새 잠을 못 이루며, 자다 깨다를 반복했다. 행사 날 아침, 다들 행사를 치르기 어렵겠다며 낙심해 있는데 거짓말처럼 비가 그쳤다. 행사 시작 한 시간 전이었다. 게다가 밤새 비가 왔음에도 시민들이 구름처럼 몰려왔다. 걷기 대회는 성황리에 끝났다. 완전 대성공이었다. 다음 날 모든 신문의 1면에 관련 사진이 실렸다. 그런데 사진보다도 사진 제목이 의미심장했다. '마지막 청계천'이란 사진 제목은 청계천 복원 사업을 결정적으로 기정사실화시켜 주었다. '아, 이제 청계천 고가가 사라지는구나' 하는 생각을 대세로 굳히는 결정적인 이벤트였다.

〈한겨레〉신문이 적극적으로 '청계천 프로젝트'를 찬성했던 것도 큰 힘이 됐다. 〈한겨레〉는 서울시장 선거를 치르기 전에 청계천을 복원해야 한다는 시리즈를 6개월 정도 연재한 적이 있다. 〈한겨레〉는 왜 청계천 복원에 찬성했을까? 청계천 복원이나 교통 개혁은 우파정책과는 거리가 있다. 환경친화적이며, 준공영적인 사업이기 때문에 오히려 전형적인 좌파정책으로 볼 수 있다. 그럼에도 MB가 이 좌파정책을 추진하고, 성공시켰다. MB는 국민을 위하는 것이면 좌우를 가릴 필요가 없다는 실용주의적인 생각을 가지고 있었기 때문이다.

당시만 해도 MB는 굉장히 탈권위적이고 자유로운 사고를 가진 사람이었다. 어떤 때는 슬리퍼 차림에 주머니에 손을 넣은 채로 보고를 하면서, "그건 안됩니다"라고 스스럼없이 이의를 제기해도 이해하는 상관이었다. 그래도 서로 아무 불편함이 없었다. 청계천 프로젝트와 교통 개혁 프로젝트는 이런 문화 속에서 성공적으로 진행되었다. 청계천 복원을 위한 착공식이 끝난 날 MB와 서울시장실에 마주 앉았을 때 이렇게 물은 적이 있다.

"시장님은 청계천 프로젝트가 성공할 수 있다고 확신하셨습니까?"

그러자 MB는 이렇게 답했다.

"나도 확신하지는 못했어. 하지만 나라도 확신하고 있는 척 해야지. 내가 불안해하면 다른 사람들은 어떻게 생각하겠나."

2005년 8월, 청계천이 조기 완공된 뒤 MB는 사전 개장을 했다. 유력 인사들을 불러다가 미리 보여주며 우호적인 여론을 형성하는 이벤트였다. 이름이 '청계천 프리투어 사업'이었다. 이후 MB 대권 플랜은 순풍에 돛을 달았다.

03

대중교통 개혁의 성공

서울시 교통 개혁의 추진 배경

나는 MB의 서울시 교통 개혁이 청계천 복원보다 더 어려운 과제였다고 본다. 서울은 기본적으로 교통난 때문에 발생하는 비용이 높기 때문에 교통난을 해결하면 사회비용을 크게 절감하는 효과를 볼 수 있다. 이 때문에 역대 서울 시장들은 모두 교통 개혁을 시도했다. 특히 지방자치제도가 도입된 이후 서울시장 후보들이 내놓았던 가장 큰 공약 가운데 하나가 교통 개혁이었다. 하지만 번번이 실패했다. 왜 그랬을까? 개혁 과정에서 꼭 비리가 터져 나왔기 때문이었다. 개혁을 추진하면 누군가 관계 기관에 투서를 하는 등 문제를 만들어 방해했다. 그만큼 기득권자들의 저항은 집요하고 날카로웠다. 이 때문에 서울시의 교통 사정은 나아진 적도, 근본적으로 바뀐 적도 없었다.

44

MB는 역시나 어느 때보다 더 진보적인 교통 개혁을 내걸었다. 그가 교통 개혁을 주요 어젠다로 내세웠던 막후에는 음성직이 있었다. 음성직은 미국 노스웨스턴대 대학원에서 도시 및 교통계획 박사학위를 받은 뒤 국토개발연구원을 거쳐 1994년부터 중앙일보 교통 담당 논설위원으로 활동하고 있었다. 그는 2002년 7월 21일 서울특별시 교통관리실장으로 임명된 이후 서울시의 대중교통 개혁을 실무적으로 주도했다. 아무래도 실무 역량은 부족했으나 아이디어는 뛰어났다. 아마 공무원에게 교통 개혁을 맡겼으면 그렇게 못했을 것이다. 음성직은 공무원 출신이 아니고 실무를 잘 몰랐기 때문에 오히려 개혁을 과감하게 추진할 수 있었다.

교통 개혁은 철학적 기반도 갖고 있었다. 차보다는 사람 중심의 교통 체계를 구축한다는 것이었다. 이런 맥락에서 육교나 고가도로, 지하보도를 없애고 광화문 대로에 횡단보도를 만드는 방안 등이 추진됐다. 성균관대 김광식 교수 등이 이러한 철학적 기반을 제공했다. 그들은 환경 중심, 인간 중심의 교통 체계를 구축하는 것이 세계적인 추세라고 주장했다. 이들의 주장은 시대 흐름과 맞았고 결과적으로 이명박 브랜드를 더욱 강화하는 데 일조했다.

중도, 좌파까지
호응을 이끌어낸 비결

당시만 해도 MB는 개혁적인 정책을 추진하면서 '청계천을 위한 시민회의', '대중교통을 위한 시민회의'를 구성하여 흔히 말하는 중도 또는 좌파적 생각을 갖고 있는 사람들까지 참여시켰다. 여론의 지지를 받기 위한 방법이었지만, 홍보를 하는 데도 많은 도움이 됐다. 소통을 매우 잘했다고 할 수 있다. 더구나 그때만 해도 MB의 정치색이 중도 이미지로 비쳐졌기에 진영을 초월한 시민 참여가 가능했다.

나는 MB에게 '중도의 중요성'에 대해 시종일관 강조했었다. "대권을 잡으려면 중간층을 잡아야 한다. 그러기 위해서는 일관되게 중도 노선을 걸어야 한다. 예를 들면, 기자와 이야기하면서 절대로 빨갱이라는 말을 쓰지 말고, 극우파들이 여는 집회에도 절대 가지 말아야 한다"고 말하는 식이었다. MB도 그 부분에 대해 확신하고 있었기 때문에 대통령 후보 경선이 끝날 때까지 그 노선을 잘 유지했다.

대선연대를 겨냥한 중도실용주의

대선에서 연대의 중요성은 역사적으로도 증명이 된다. 김영삼은 3당 합당을 통해 산업화 세력과 연대해 대통령이 됐다. 김대중은 충청권의 김종필과 연대해 승리했다. 반면 이회창은 본인이 대통령에 당선될 것이라 확신하고 연대를 하지 않았기 때문에 패배했다. 2002년 대통령 선거를 앞두고 당시 야당이었던 한나라당은 집토끼를 결집해야 한다고 주장하는 사람들과 중도 노선을 취해 산토끼를 잡아야 한다고 주장하는 사람들로 나뉘었다. 크게 보면 전자는 친박근혜계, 후자는 소장파와 이명박계였다. 결과적으로 산토끼를 잡으러 가는 것이 맞았다. 우리나라의 정치 지형에서 대선은 연대를 하지 않으면 이길 수 없는 구조로 되어 있다. 즉 대선은 자기 진영만으로는 이길 수 없다. 지역이건, 세대건, 계층이건 연대를 해야 이긴다. 2012년 대선에서도 박근혜 후보가 경제 민주화를 들고 나오지 않았다면 승리하기 어려웠을 것이다. 경제 민주화는 중도 진영의 사람을 당겨 오겠다는 것이 아니었던가.

MB 입장에서 연대는 무엇일까. 내가 보기에 그것은 중도실용주의로 가는 것이었다. 중간층은 지역적으로 볼 때 수도권이다. MB는 서울시장직에 있었기 때문에 수도권의 지지를 확보할 수 있는 좋은 위치에 있었다. 이것이 MB가 중도실용주의를 전면에 내세웠던 전략적인 바탕이었다. 중도실용주의에 대해서 나는 2005년 3월 27일자 〈대한교경신문〉에 글을 쓰는 등 이론적인 뒷받침을 위해 노력했다.

지금 서울시에서 이루어지고 있는 개혁을 눈여겨 볼 필요가 있다. 서울에서는 지금 무언가 좋아지고 있다. 필자는 그것을 실용주의 개혁이라고 부르고 싶다. 실용주의 개혁은 첫째, 관념에 기초하지 않고 현실에 기초하여 문제의 해결을 지향한다. 따라서 공급자 중심이 아니라 수요자, 즉 고객이 중심이 된다. 둘째, 충분한 지식과 정보를 토대로 진단과 처방을 내린다. 따라서 철저한 사전 준비와 함께 유연한 추진방식을 택한다. 셋째, 아마추어리즘을 배격한다. 따라서 경험과 기술을 갖춘 프로페셔널들이 추진 주체가 된다.

청계천 복원과 버스 개편의 예를 보자. 이명박 시장을 보통 우파라고 생각하는 사람이 많다. 대기업 CEO 출신이라서 그럴 것이다. 하지만 청계천 복원이나 버스 개편은 전형적인 좌파정책이라 할 수 있다. 그렇다고 그를 죄파라고 할 것인가. 시민의 입장에서 문제를 인식하고 해결을 모색하면 되는 것이지 좌면 어떻고 우면 어떻다는 것인가.

지금까지의 개혁은 행정이나 경영의 경험이 없는 운동가나 학자 출신들이 추진 주체가 되어 왔다. 따라서 개혁의 모든 과정이 어설 프고 삐걱거리고 중도하차하고 궤도수정하며 이루어졌다. 이에 비해 청계천 복원과 버스 개편은 지식과 정보와 경험을 갖춘 테크노 크라트들이 그것도 사전에 철저한 훈련을 받은 후 추진해 왔다.

이렇듯 청계천 복원과 버스 개편은 실용주의 개혁의 좋은 예라 할 수 있다. 그 외에 서울시가 중심적으로 추진하고 있는 강북 개 발, 뚝섬 숲 등 녹지 공간 확대, 경영마인드를 기초로 한 재정 개혁 등도 눈여겨보면 모두 실용주의 개혁이라는 기본 틀을 가지고 추진 되고 있음을 쉽게 알 수가 있다.

교통 개혁은
전형적인 좌파정책

나는 MB의 실용주의를 상징하는 정책이 교통 개혁이라고 생각한다. 교통 개혁은 전형적인 좌파정 책이다. 시민을 위하고 국민을 위한다면 좌파정책인지 우파정책인 지는 그렇게 중요하지 않다. 그것이 바로 중도실용주의이다. MB의 교통 개혁은 왜 좌파정책인가. 공공서비스인 버스의 노선은 정부 수립 이후 매매를 하고 상속을 하면서 점차 사유화되었다. 그 결과 버스는 돈이 되는 곳으로만 다녔다. 시내만 버스가 바글바글하고 외곽 지역은 한참 기다려야 버스가 왔다. 서울 중심가의 교통 체증은 좀처럼 개선되지 않았다. 버스 노선을 재정비하려면 노선이 겹치는 것을 솎아 내고 정리를 해야 했다. 일단 서울시에서 노선을 회수하고 정리한 후에 다시 돌려준 것이니 준공영 정책이었다. 알짜 노선을 포기해야 하는 회사들은 당연히 강하게 반발할 수밖에 없었다. 이것을 풀어낸 기본 아이디어는 '버스 회사가 적자가 나면 서울시에서 보전해준다'는 것이었다. 대신 교통카드를 도입해 버스 회사의 수익을 완전히 공개하라고 요구했다. 이렇게 되자 노조가 일단 찬성으로 돌아섰다. 예상했던 대로였다. 당시 교통 개혁을 추진하면서 1차 목표는 노조가 찬성하게 만드는 것이었다. 나는 언론, 시민단체들의 반대를 극복하고 교통 개혁에 성공할 수 있었던 가장 큰 요인 중 하나는 서울시 버스 노조가 교통 개혁에 찬성한 것이라고 생각한다. 한편 그 전까지 버스 회사의 경영은 항상 적자였다. 따라서 노조가 임금을 올리자고 할 수가 없었다. 그런데도 버스 회사가 운영이 되는 이유는 사업주가 자신의 버스 회사에 편법으로 사채를 주었기 때문이다. 이자를 받아먹으니 회사는 적자여도 사업주는 돈을 버는 구조였다. 그런데 적자가 나면 서울시에서 보전해준다고 하니 노조와 함께 버스 소유주들도 결국 교통 개혁을 받아들이지 않을 수 없게 되었다.

MB는 교통 개혁을 세 부분으로 접근했다. 첫째, 준공영제를 통해 버스 회사가 가지고 있는 이익을 시민에게 돌려주는 시스템으로 바꿨다. 즉 정책 기조를 대중적 이익을 추구하는 것으로 잡았다. 둘째, 전용차로를 중심으로 한 환승 시스템을 도입했다. 셋째, 보행자 중심의 교통 체계를 구축했다. 버스 전용차로 환승 시스템은 브라질 쿠리치바에서 배웠다. 시장과 실무자들이 브라질 현장을 견학하는 등 사전에 철저하게 준비했다. 시스템을 그냥 도입만 한 것은 아니었다. 우리의 발달된 IT 기술을 이용해 교통카드에 다양한 기능들을 집어넣어 통합시스템을 구축했다. 알다시피 훗날 다시 외국에 그 소프트웨어를 팔았다.

실적을 가지고 도전한 최초의 대권주자

MB는 서울시장을 한 번만 하겠다고 선언했기 때문에 두 번은 기회가 없었다. 그래서 승부를 내야 했기에, 안 하고 후회하는 것보다 하고 후회하는 것이 낫다는 정신으로 무장했다. MB가 청계천 프로젝트와 교통 개혁을 성공시킬 수 있었던 것은 이러한 절박감과 뚜렷한 목표 의식을 갖고 있었기 때문이라고 본다.

서울시의 교통 개혁이 모범 사례가 되어 전국 5대 광역시로 전파되는 데는 채 3년도 안 걸렸다. MB가 대선을 치를 때쯤 전국 광역시의 교통 시스템은 전부 서울식으로 바뀌었다. 거의 2500만 명에서 3000만 명 정도가 혜택을 받았다고 볼 수 있으니 얼마나 대단한 효과인가. MB는 비즈니스를 하던 사람이었기 때문에 실적을 남겨야 대권에 도전할 수 있다는 생각이 강했다. 그는 늘 돌파해서 무언가를 만들어내야 한다고 생각했다. 대통령이 된 이후 그가 '한반도 대운하' 또는 '4대강 사업'에 보였던 강한 집착의 뿌리가 여기에 있다. 한마디로 MB는 실적주의자였다.

사실 박정희 이래 눈에 보이는 구체적인 실적을 가지고 대통령직에 도전한 사람은 없었다. 이전에는 모두 군부독재 청산, 경제 회복, 민주주의, 지역주의 해결 같은 추상적인 것들을 내세웠다. 이런 면에서 MB는 구체적이고 가시적인 성과를 바탕으로 대권에 도전하겠다고 생각한 최초의 사람이었다. 물론 대통령이 된 뒤에는 오히려 그런 점이 걸림돌이 되었다. 그런 생각을 갖고 있으니 과정보다는 결과만 좋으면 된다는 생각, 문제가 있는 사람이라도 열심히 하는 사람이면 괜찮다는 생각이 자리 잡았다. 대기업 사장 시절 또는 서울시장 시절의 생각이 최고 통치자가 된 이후에도 그대로 이어진다면 문제가 심각한 것이다. 정치란 과정이나 가치가 굉장히 중요한데, MB는 결과만 좋으면 된다는 사고를 갖고 있었다. MB는 서울시장 시절에 성과 없이 말만 많은 정치꾼이 있는 여의도에 가지 않겠다며, 기자들을 만날 때조차 마포까지는 가도 여의도는 잘 가지 않았다.

교통 개혁의
보이지 않는 비용

교통 개혁은 곧 교통 복지와 닿아 있다. 교통 체계가 좋아지면 환경도 좋아진다. 그래서 교통 개혁은 시대적 흐름에 맞는 정책의 대표적인 사례가 되었다. 하지만 이렇게 되기까지는 사실 사람들이 모르는 대가가 있었다. 바로 시민들의 세금이었다. 버스 회사의 적자를 시민들의 세금으로 메우기 때문에 사업주와 노조의 참여가 가능했고, 지금도 굴러가고 있는 것이다. 당시 서울시에서는 버스 회사에 주는 보조금이 2000억 원을 넘을 것으로 추정했다. 이것을 2000억 원 아래로 줄이라는 것이 MB가 내린 주요 지침이었다. 그런데 보조금은 버스 대수와 맞물려 있다. 버스 한 대가 늘어나면 적자가 늘어나므로 적정 이윤율을 보장해주기 위해서는 서울시에서 지급해야 하는 비용이 늘어날 수밖에 없었다. 시스템이 좋아지니 버스를 늘려 달라는 주민들의 요구가 잇따랐다. 모든 지방정부는 부채 때문에 골머리를 썩는다. 사실 지방세는 한정된 재원이다. 그나마 서울시는 거둬들이는 세금이 많기 때문에 덜하다. 2013년의 경우 서울시는 버스 회사에 2300억 원 가량의 돈을 지급했다. 한마디로 교통 개혁의 성공에는 시민들의 부담도 큰 몫을 했다.

서울시장과 대통령의 가장 큰 차이

서울시장과 대통령의 가장 큰 차이는 바로 정치다. 그런데 'MB 서울시'는 사실 정치가 별로 필요 없었다. 당시 서울시의회는 한나라당이 장악하고 있어 의회가 시정을 발목 잡는 일은 거의 없었다. 또한 노무현 정부 말기에는 대통령에 대한 반감이 팽배해 있어 다음에는 야당으로 정권이 넘어갈 가능성이 높다는 인식이 보편적이었다. 언론 환경도 우호적이어서 정치적인 측면에서 보면 MB는 매우 유리한 상황에 있었다. 정치적인 장애가 없어 성공한 시장으로 순항할 수 있었던 것이다.

그러나 이런 경험은 MB가 성공한 대통령이 되는 데 오히려 큰 장애가 되고 만다. 대통령은 정치인이지 행정가가 아니다. MB는 서울시장직을 수행하면서 정치의 필요성을 크게 느끼지 못했고,

심지어 '정치는 필요악'이라고까지 보았다. 더구나 기업인 출신인 그는 기업을 경영하면서 정치의 폐해를 몸소 겪었기 때문에 정치에 대한 거부감이 이미 몸에 배어 있었다. 서울시장 시절 MB는 "내가 기업도 수십 개를 만들어 운영해봤는데…"라고 자주 말하곤 했다. 국가 운영도 별로 어렵지 않을 거라는 자신감의 표현이었다. 정치의 어려움과 중요성을 간과한 위험한 생각이었다.

MB에게는 운도 따랐다. 무능한 정권이라는 평가를 받은 노무현 정부 때문에 행정에도 경영마인드가 필요하다는 사고가 팽배해졌다. 기업에서 성공했고 서울시장도 성공했으니 국가 경영도 잘할 것이라는, '경제대통령 이명박'에 대한 국민들의 기대감이 엄청 높았다. 당시 MB의 참모들도 '경제대통령은 MB'라고 생각했다. 그러나 대통령이 된 뒤 그렇지 않다는 것을 깨닫는 데는 오랜 시간이 걸리지 않았다. 대통령직이야말로 다양한 이해와 갈등을 잘 조정할 수 있는 정치적인 능력이 요구되는 자리이다. 대통령 자체가 행정가보다는 정치인이라는 이야기다. 기업에서 성공했다는 것과 경제를 안다는 것은 전혀 별개의 문제다. 더구나 개발독재 시절에 대기업 대부분은 관 주도로 성장을 한 것이지, 시장경제에서 경쟁하고 이겨내며 성장한 것이 아니었다. 현실 경제는 우리가 대학에서 배우는 경제가 결코 아니다. 모든 경제정책은 정치적인 과정을 거쳐 결정되고 집행된다. 따라서 경제가 정치와 유리될 수 없는 것이다.

능력보다 충성심을
중요시하다

　　　　　　　　　　정치의 영역 중 핵심이 인사라 할
수 있다. MB의 정치 기피증은 그의 인사 스타일에서 가장 잘 드러
난다. 내가 보기에 MB식 인사 철학은 성실한 사람, 충성심이 있는
사람에게 자리를 주는 것이다. 게다가 능력과 소신은 별로 중요하
게 생각하지 않았다. 당사자에게 이런저런 문제가 있다는 비판이
있어도 열심히 하고 믿을 수 있는 사람이라면 맡겨도 된다는 생각
을 갖고 있었다. 이런 생각은 이른바 '내 사람', '끼리끼리' 인사가
무엇이 문제냐는 생각으로 이어질 가능성이 높았다. 실제로 대통
령이 된 뒤 이른바 '고(고려대) 소(소망교회) 영(영남) 인사'로 비판을
받지 않았던가. 이미 서울시장 시절 인사에서 이런 싹이 보였다.

　2005년 국정감사 때 MB는 야당 의원들로부터 '서울시 인사가
편중됐다'는 지적을 많이 받았다. 영남 출신 인사가 너무 많다는
것이었다. 2006년 1월쯤 서울시 국장급 인사가 있었다. '시장 이명
박'이 하는 마지막 국장급 인사였다. 당시 서울시 정무부시장으로
있던 정태근은 MB가 대권을 노린다면 인사에서 변화가 필요하다
고 생각했다. 지역편중 인사에서 탈피한 탕평인사, 공정인사를 한
시장으로 남을 필요가 있었기 때문이다. 그는 MB를 만난 자리에서
넌지시 국장 인사에 대해 물었다.

　"이대로는 안 됩니다. 대권을 생각하신다면 지역 안배를 좀 하셔
야 할 것 같습니다."

　하지만 MB는 "열심히 하는 사람 시키면 되지 지역 안배가 왜 필
요해!" 하는 반응을 보였다.

나도 당시 정태근과 생각이 비슷했다. 나는 심지어 KTX를 타고 지방에 업무차 가는 MB에게 편지를 써서 주기도 했다. 왜 인사에서 지역 안배가 필요한가 하는 것이 편지의 요지였다. 나는 지역 안배가 이루어지지 않을 경우 인사에서 소외된 이들이 퇴임 후 문제를 일으킬 수 있으며, 그것이 MB의 대권 행보에 나쁜 이미지를 남길 것을 염려했다. 이런 노력이 통했는지 마지막 국장급 인사는 호남, 충청 인사들이 적절히 안배된 채 잘 마무리됐다.

MB 캠프의 태동

오래전부터
대선 인프라를 깔다

MB는 현대건설 회장 때부터 교
회에 신앙 간증을 다녔다. 그의 신앙 간증은 사실상 그의 책《신화
는 없다》를 이야기로 푸는 것이었다. MB는 보통 모태 신앙에 대한
이야기로 간증을 시작한다. 찢어지게 가난했던 어린 시절, 중학생
풀빵 장사, 이태원 환경미화원, 대학 입학과 한일회담 반대시위로
투옥, 현대 입사, 고속성장의 주역 등등으로 전개되는 이야기는 정
말 감동적이고 흥미진진하다. 청중들은 울었다 웃었다 하며 시간
가는 줄 모른다. 나 역시 수십 차례 동행하며 반복해서 들은 이야기
임에도 불구하고, 들을 때마다 가슴이 뭉클해져 눈시울을 붉힐 정
도였다. 이런 내용이 조금씩 알려지자 전국 각지의 교회에서 MB를
초청했다. 처음에는 큰 교회에서 하다가 나중에는 여러 교회가 합

동으로 체육관을 빌려서까지 초청했다.

잘 알려지지 않아서 그렇지, MB의 신앙 간증은 안철수가 했던 청춘콘서트 이상으로 호응이 컸다. MB는 간증을 통해 안철수의 청춘콘서트보다도 훨씬 더 오랜 기간, 더 많은 사람들을 만났다. 간증을 하기 위해 제주도까지 전국 방방곡곡을 다녔으니 대선에 출마하기 오래전부터 이미 전국에 대선 인프라를 깔아 놓은 셈이다. 특히 MB는 전라도 쪽에 신앙 간증을 많이 갔다. 호남은 기독교세가 강하지만 정치적으로 보면 한나라당 취약 지구가 아닌가. MB는 간증을 내세워 오래전부터 호남 공략을 시도했다고 볼 수 있다.

나도 서울시장 선거를 치르며 내가 다니는 교회의 교인들에게 "MB가 시장이 되면 우리 교회에 모시고 오겠다"고 약속했다. MB가 시장에 당선된 뒤 나는 "제가 다니는 교회에도 오셔서 간증 좀 해주세요"라고 부탁했다. MB는 심드렁한 표정으로 "내가 거기까지 가야 돼?" 하고 말했다. "우리 동네에 이미 오신다는 플래카드 다 붙여놨는데요"라고 했더니 MB는 할 수 없다는 표정으로 승낙을 했다.

'신화는 없다'가 의미하는 것은 스토리텔링이다. MB는 스토리텔링이 있는 사람이다. 그 결정체요, 완성품이 바로 《신화는 없다》였다. 스토리텔링은 정치인에게 긴요하고도 강력한 무기다. 스토리텔링이 없는 사람은 잘 나가다가도 막판에 힘을 못 쓴다. 인물은 괜찮은데 무언가 알맹이가 빠진 것 같은 느낌이다. 그 알맹이가 바로 스토리텔링이다.

그런데 이상득은 MB의 신앙 간증에 대해 내심 못 마땅해 했다.

이상득은 "이야기가 많이 과장됐어. 자기를 내세우려고 가족들을 바보 만들고 말이야!" 이런 식으로 주변에 불만을 털어놓은 적이 있다. 간증에서 가족 이야기를 하다보면 상대적으로 자신이 폄하되는 것에 불만을 가졌던 것 같다. 이상득은 평소에도 MB보다 자신이 못한 것이 없다고 생각했다. 키 크고, 인물 좋고, 서울대 나오고, 정치도 대선배이니 그런 생각을 가질 만도 했다.

이명박 사단의 출발, 그 사람을 가졌는가

2005년 2월, 소위 '이명박 사단'의 첫 MT가 있었다. 장소는 경기도 가평에 있는 한 평범한 수련원이었다. 30명 가까운 인원이 버스 한 대를 타고 갔다. MT를 가기 전 나는 MB가 큰 기업을 오랫동안 경영했으니 인적 네트워크가 막강할 것이라고 생각했다. 도처에 숨어 있는 '이명박 인맥'을 확인할 수 있을 것이라는 기대감이 컸다. 그러나 버스가 출발하는 순간 그것이 아니라는 것을 금방 깨달았다. 주요 참석자는 이종찬(변호사), 김백준, 백용호, 이춘식, 정태근, 박영준, 강승규 등이었다. 당시만 해도 이재오는 없었다. 평소 알고 지내던 인물들 외에 기대했던 새로운 거물 인사는 없었다. 도착 후 토론도 하고 등산도 했는데, 한편으로는 실망하고 한편으로는 놀랐다. 이 멤버로 대권을 가야 하는구나 하는 생각이 들었기 때문에 내 어깨가 더 무거워지는 것 같았다. '향후 MB의 대권가도에서 그가 쌓아온 기존 역량들에 적당히 얹혀 가려는 마음도 있었는데…' 나는 스스로를 다잡아야 했다.

'이명박 사단' 가운데는 일명 영등공신과 일등공신이 있었다. 영등공신은 백용호였다. 내 지역구(서울 서대문을) 선임자였던 백용호는 15대 때 출마했다가 낙선한 뒤 동아시아연구원으로 MB를 찾아가 대권 도전을 권유한 최초의 인물이었다. 마치 정도전이 이성계에게 처음 왕권을 이야기했던 것처럼 말이다. 일등공신은 나와 이춘식, 정태근 등이었다. '이명박 패밀리' MT의 구성원들은 훗날 '이명박 사단'의 핵심인 안국포럼 멤버로 이어졌다.

　이날 첫 MT에서 MB는 시를 읊었다. 함석헌 선생의 시 「그 사람을 가졌는가」였다.

　　그 사람을 가졌는가

　　만리길 나서는 길
　　처자를 내맡기며
　　맘놓고 갈 만한 사람
　　그 사람을 그대는 가졌는가

　　온 세상 다 나를 버려
　　마음이 외로울 때에도
　　"저 맘이야" 하고 믿어지는
　　그 사람을 그대는 가졌는가

　　탔던 배 꺼지는 시간
　　구명대救命帶 서로 사양하며

"너만은 제발 살아다오" 할

그 사람을 그대는 가졌는가

불의不義의 사형장死刑場에서

"다 죽여도 너희 세상 빛을 위해

저만은 살려두거라" 일러줄

그 사람을 그대는 가졌는가

잊지 못할 이 세상을 놓고 떠나려 할 때

"저 하나 있으니" 하며

빙긋이 웃고 눈을 감을

그 사람을 그대는 가졌는가

온 세상의 찬성보다도

"아니" 하고 가만히 머리 흔들고 그 한 얼굴 생각에

알뜰한 유혹을 물리치게 되는

그 사람을 그대는 가졌는가

[시 출처: 『함석헌선집 2』(2016, 한길사), 679~680쪽]

　　한마디로 이제부터 동지로서 대권을 향해 자신과 함께 가자는 의미였다. 그날 자리에 모인 사람들은 말은 하지 않았지만 시를 읊는 MB를 보며 마음속으로 다 그렇게 받아들였다. 대권을 향한 진

군은 그렇게 소리 없이 시작되었다.

실무 역량을 중시한
MB 캠프

이 첫 MT 멤버가 이후 '이명박 사단'의 핵심이 됐다. 안국포럼 - 대선 후보 경선 - 대선 - 대통령직 인수위까지 거의 그대로 유지되었다. 여기에 이화여대 김원용 교수팀(강만수, 김용태 포함)이 2005년 후반에 합류하고, 여기에 조해진, 이태규, 박재성, 권택기, 송태영, 백성운 등 실무 그룹이 추가로 결합하여 안국포럼이 발족한다. 나는 이 정도로는 안 되고 사람들을 더 끌어들이고 보강하여 캠프의 역량을 키워야 한다고 생각했다. 2006년 중반에는 류우익, 곽승준을 중심으로 한 국제전략연구원GSI 그룹도 합류했다. 백용호는 바른정책연구원이라는 200여 명의 교수 그룹을 조직했는데, MB 정권이 탄생한 뒤 김태효 등 이곳 출신 교수들이 정부 요직에 많이 진출했다. 이처럼 '이명박 사단'은 이들 네 줄기에 서울시 공무원 출신 그룹까지 더해져 대강 다섯 그룹으로 이루어졌다.

MB 캠프는 실무 역량을 중시했다. 안국포럼 멤버는 실무자들이 대부분이었고, 그들 위주로 돌아갔다. 2006년 말까지 캠프에 가담한 현역 의원은 내가 유일했다. 당시만 해도 MB가 대통령 후보가 될 가능성이 낮은 데다가 비주류였기 때문이다. 박근혜가 당대표를 하던 시절이라 다들 박근혜의 눈치를 보았는데, 차라리 잘된 일이었다. 나는 국회의원들을 포진시키는 것은 겉으로 그럴듯하게 세를 과시할 때나 필요한 일이라는 것을 잘 알고 있었다. 현장에서 실제로 일하는 것은 실무자들이다. 실무자 위주로 일을 해야 진도가 착착 나가지, 교수나 국회의원들을 불러 일을 하면 겉만 번지르르 할 뿐 일의 진행이 잘 안 되는 경우가 허다하다. 당시 MB 캠프의 의사 결정은 빨랐고 실무자들은 힘들어도 보람을 갖고 일했다.

광역단체장 선거나 대선 같은 큰 선거를 치를 때 캠프에 국회의원들을 모아놓고 전략 회의를 한다면 그 선거는 날 샌 선거다. 2002년 대통령 선거 때 이회창 후보의 사무실에 방문했던 일이 생각난다. 이회창의 측근이었던 7인방들이 여의도 사무실에서 회의를 하고 있었다. 오전에 시작한 회의는 점심때가 되어서야 끝났다. 무슨 중요한 회의를 했는가 싶어서 무슨 내용이냐고 물었더니 곧 발간 예정인 이회창의 책 제목을 정하는 회의라고 했다. 그런데 오랜 시간 회의만 했을 뿐 제목도 정하지 못했다고 했다. 그런 일은 전문가들에게 맡기면 될 것을 오전 내내 회의를 하다니 참 한심하다는 생각이 들었다. 이렇게 운영되는 캠프가 선거에서 이길 수 있겠는가.

'이명박 패밀리'는 서서히 조직력을 갖추기 시작하면서 자연스럽게 대권 준비에 들어갔다. 말이 필요 없었다. 누구도 '대권'을 이야기하지 않았지만 다들 대권을 향해서 스스로 움직이고 있었다. 교통 개혁 프로젝트가 성공적으로 끝나면서 이루어진 첫 MT는 대권을 향한 움직임의 시작이었다. 당시 국회의원 신분이었던 나는 일주일에 한 번씩 MB를 만나 돌아가는 현안에 대해 의견을 주고받았다. MB를 대변해 국회에서 앞장서 싸우는 사람은 내가 유일했다. 그리고 그때만 해도 MB는 열려 있었다. 대통령 후보 경선 전까지 MB 캠프는 소통이 원활하고 유연하며 기동성이 뛰어난 구조와 분위기 속에서 일했다.

한편, MB가 시장으로 있을 때부터 MB 주변에서 사실상 제일 힘센 실력자는 이상득이었다. 나나 정태근도 MB를 설득하다가 안 되면 이상득에게 달려가곤 했다. MB에게는 이상득이 유일하게 어려운 사람이었다. MB는 정치에 대해 잘 모르니 노련한 정치인인 이상득에게 자문을 구하곤 했다. 두 사람은 수시로 통화했으며, 이상득은 그런 과정에서 자연스럽게 각종 일에 관여하고 영향력을 행사했다.

05

안국포럼과 경선캠프의
실상

2006년 지방선거 후
급변한 대선 판세

           MB는 자신의 뒤를 이어 누가 후임 서울시장이 되는가에 관심이 있었다. 그럴 수밖에 없었다. 만일 상대당 후보가 서울시장이 되면 자신의 업적을 훼손시키려 할 것이 분명하기 때문이었다. 늘 그렇듯 세상일에는 밝은 면이 있는 반면 어두운 면도 있지 않은가. 청계천 프로젝트에는 적자 덩어리인 가든파이브, 교통 개혁에는 서울시의 재정 투입이라는 어두운 면이 있다. 하지만 이런 면은 사람들에게 잘 알려지지 않았다. 그러나 만약 상대당 후보가 후임 서울시장이 된다면 이야기가 달라진다.

    당시 맹형규, 홍준표 등 한나라당 후보들은 상대 후보였던 강금실에 비해서 모두 열세였다. 게다가 그 중 선두에 있던 맹형규는 소위 친이가 아니었다. MB 쪽에서는 맹형규에게 '친이명박' 입장을 분명히 해달라고 요구했다. 그러나 맹형규는 이에 응하지 않았고, 자신은 중립이라는 입장을 고수했다. 지방선거일이 가까워 오면서 '강금실 바람', 이른바 '康風'이 불면서 서울시장이 여당에게 넘어가는 것 아니냐는 이야기가 심심치 않게 나왔다.

　상황이 이렇게 흘러가자 MB는 경쟁력 있는 제3의 인물을 찾아 나섰다. 정태근은 서울대 총장을 지낸 정운찬을 만났고, 나는 삼성증권 사장을 지낸 황영기를 만났다. 정운찬은 총장 임기를 마쳐야 한다는 명분으로 사양했으나, 실제로는 대권에 뜻이 있는 듯했다. 미국에 있던 안철수에게도 의사를 타진했으나 별무소득이었다. 이런 와중에 등장한 인물이 오세훈이었다. 사실 정태근은 2006년 초 오세훈을 만나 박세일과 러닝메이트로 서울시장 선거에 출마하는 것은 어떠냐고 의중을 떠본 적이 있다. 당시 오세훈은 일언지하에 "내가 왜 부시장을 하느냐"고 잘랐었다. 어쨌든 박형준과 정병국 등이 적극적으로 오세훈을 추천했다. 정태근은 강남 관세청 사거리에 있는 한 다방에서 오세훈을 만나 서울시장 후보에 도전할 의지가 있는지 물었고, 하겠다는 답변을 들었다.

　정태근은 MB에게 '오세훈 카드'와 그 동안의 접촉 결과를 보고했다. MB는 환영했다. MB는 겉으로는 중립을 지켰으나, 속으로는 오세훈에게 유리한 환경을 조성하는 데 나섰다. 오세훈은 MB 서울시장 선거 캠프에서 대변인을 한 인연이 있었다. 오세훈은 강남에서 국회의원을 하다가 국회의원 불출마를 선언하고 변호사 생활을 하고 있었다. 이런 상황이 오리라는 것을 예측하지는 못했겠지만, 그도 언젠가는 서울시장을 하겠다고 생각했을 것이다. 생각보다 빨리 현실이 되었다고나 할까. 국회의원 불출마 선언 – 서울시장 출마로 이어지는 흐름을 보면 오세훈은 나름 승부사 기질이 있다고 볼 수 있다. 보다 큰 것을 얻기 위해서 자신이 갖고 있는 기득권을 놓는 것은 결코 쉬운 일이 아니다. 그러던 그는 대권을 향한 도약을 위해 또 다시 무상급식 문제로 승부를 걸다가 실패를 맛보고 만다.

오세훈은 기업 광고에 출연할 정도의 높은 대중적 인기에, 이른바 '오세훈법'이라는 정치개혁을 주도했다는 명분, 그리고 출마하면 당연히 당선되는 지역에서 불출마를 선언했다는 스토리텔링을 가지고 순식간에 서울시장 선거의 흐름을 주도했다. 당시 당내에서는 맹형규가 앞서고 있었지만, 오세훈의 대중적인 높은 인기도는 시 · 구의원 출마자나 구청장 후보에게 더 많은 표를 견인해 줄 시장 후보로 작용했다. 시간이 흐르면서 오풍이 강풍을 압도했고, 결국 경선에서 오세훈이 승리했다. 보통 경선은 대의원 2 : 당원 3 : 국민선거인단 3 : 여론조사 2의 비율로 치러진다. 당과 국민이 반반이다. 그러나 국민 지지도가 높은 사람이 이길 가능성이 높다. 국민의 지지를 바탕으로 당의 지지를 견인해 내는 것이다. MB도, 오세훈도 결국 그런 방식으로 당내에서 앞섰던 박근혜, 맹형규를 이겼다.

2006년 추석 전까지 대선 후보 지지도는 고건 – 박근혜 – MB 순이었다. 그런데 추석 전에 스커드 미사일, 대포동 미사일을 연이어 발사했던 북한이 2006년 10월 9일에는 1차 핵실험을 했다. 이를 계기로 대선 후보 순위가 요동치기 시작했다. '북한 변수'가 발생하기 전부터 MB는 대운하를 이슈로 들고 나와 강하게 밀어붙이고 있었다. 대선 같은 큰 싸움은 담론 이슈를 갖고 싸우는 사람이 유리하다. 상대가 "안 돼!" "문제가 많아!"라고 하는 큰 이슈를 들고 나와야 한다. 대운하가 바로 그런 이슈였다. MB가 대운하 이슈를 내세워 달려갈 때 박근혜는 4개월 이상 공부에 열중하고 있었다. 본격적인 선거전에 들어가기에 앞서 콘텐츠를 채우는 기간으로 생각했던 것 같다. 때맞춰 북한 이슈가 터지면서 MB의 공세적인 이슈 주도는 힘을 받았고 박근혜는 정체 상태에 머물면서 순식간에 지지도가 역전됐다. 동시에 정권 말기의 노무현 피로도가 커짐과 동시에, 체감 경기가 안 좋다고 느끼는 사람들이 많아진 것도 MB에게는 행운이었다. 그 틈을 타 MB는 '경제를 살리는 대통령' 이미지를 내세우며 다양한 현장 이벤트를 계속 진행했다. 그 일환으로 간 곳 중에 안철수 연구소도 있었다.

풍수지리에
약하지 않은 사람은 없다

'오세훈 서울시장 당선'으로 여유를 찾은 MB는 안국포럼 준비에 들어갔다. 대선을 향한 본격적인 도전이었다. 안국포럼 사무실은 조계사 앞 안국동에 있었는데 이와 관련해 재밌는 일화가 있다. 사무실을 구하는데 풍수지리 때문에 애를 많이 먹었다. 우리나라에서 풍수지리는 종교가 무엇이든 신앙 이상으로 영향을 미치는 것이 분명하다.

당시에 풍수가는 한두 사람이 아니었다. 정병국, 정태근, 최시중 등이 제각각 풍수가를 데려와 사무실 자리를 두고 '여기가 좋다,

저기가 좋다' 갑론을박했다. 나중에 종로구 부구청장을 하고 쉬고 있던 이노근까지 등장했다. 이노근은 자신이 풍수지리를 많이 공부했다며 북악산을 중심으로 오른쪽에는 인왕산이 있고 왼쪽에는 낙산이 있는데 풍수적으로 봤을 때 인왕산은 바위산이라 기가 세고, 낙산 쪽은 온유하고 부드럽다고 했다. 북악산에서 남쪽으로 봤을 때 오른쪽에 살던 최형우, 김현철, 이종찬, 이회창 등이 다 실패했고, 낙산 쪽에 살던 노무현, 고건 등은 무난하다고 했다. 원래 유력하게 거론됐던 사무실은 광화문 동화면세점 건물로 교통도 좋고 위치도 좋은 곳이었다. 그런데 이노근은 거기도 북악산에서 봤을 때 오른쪽이라 안 된다고 강력히 주장했다. 결국 조계사 맞은편에 있는 신한은행 빌딩에 사무실을 얻었다. 원래 이곳은 사무실로 쓰기에는 매우 한산한 자리였다. 하여간 이런 우여곡절 끝에 안국포럼이 생겼다.

사무실만이 아니라 MB가 살 집도 새로 구해야 했다. 여기에도 풍수가 작용했다. 풍수적으로 좋은 집을 찾기 위해 혜화동부터 가회동까지 집들을 다 뒤졌다. 풍수가들마다 말이 다 달라서 집을 구하기까지 엄청 말들이 많았고, 시간도 오래 걸렸다. 우여곡절 끝에 결국 가회동 한옥 집으로 정했다. 주인은 인사동에서 한정식 집을 운영하는 사람이었는데, 원래 그곳에 게스트하우스를 만들려고 사두었던 집이었다. 그런데 MB가 들어온다니 원하는 대로 수리까지 해주고 세를 내주었다. MB는 대통령에 당선이 된 뒤 이 집을 나와 청와대로 들어갔다.

안국포럼의 발전과
사람들

　　　　　　　　　나는 당시 비서실장, 대변인, 정
책위의장, 조직위원장, 기획위원장 등등 일인다역을 하고 있었다.
하지만 계속 그렇게 갈 수는 없었다. 국회의원 신분이었으니 캠프
일에 전력투구를 할 수 없었기 때문이었다. 후보도 주로 밖을 돌아
다니니 연설문이나 보도자료 같은 것을 차분하게 챙겨줄, 일종의
사무장 역할을 할 사람이 필요했다. 그래서 사람을 끌어들이기 시
작했다. 안국포럼에 첫 번째로 끌어들인 사람이 경기도 행정부지
사를 지낸 백성운이었다.

　내가 백성운을 추천했던 이유는 이명박 시장이 의장으로 있는
시도지사협의회 사무처를 백성운이 맡았던 인연이 있었기 때문이
다. 공직에 있던 사람이니 경험과 균형감각을 가지고 중간에서 일
을 잘 챙기지 않을까 생각했다. 또 백성운은 포항 출신이기도 했다.

　나의 추천을 들은 MB는 백성운이 좋다는 것인지 싫다는 것인지
분명하게 말하지 않고 애매하게 답했다. 그러자 나는 늘 그랬듯이
백성운에게 연락해 빨리 와서 일하라고 말했다. 백성운이 오기 전
까지 안국포럼은 위계질서 같은 것이 거의 없었다. 국회의원이었
지만 실무자들과 똑같은 책상을 놓고 썼다. 그런데 백성운이 처음
에 와서 한 일이 자신의 자리를 큼지막하게 만든 것이었다. 지금까
지는 일하는 스타일도 자유로웠는데 백성운이 오자마자 사무실이
공무원 특유의 권위적인 분위기로 바뀌어갔다. 공무원 출신 입장
에서는 충분히 이해할 수 있는 일이나, 나는 속으로 '이러면 안 되
는데' 하고 생각했지만 내가 자초한 일이니 뭐라 하겠는가.

백성운에 뒤이어 두 번째로 들어온 사람은 이성권 전 의원이었다. 경선 후보 입장에서 한반도 주변 3강 원수들을 만나는 것은 중요한 일이었다. 그래서 MB 캠프는 아베 총리를 만나는 계획을 세웠다. 우여곡절 끝에 아베를 만나기로 결정되어 일본에 가야 하는데 당시 MB는 아무런 직책이 없었다. 그래서 형식적으로 현역 의원인 나를 초청하고 MB가 따라가는 식이 됐다. 그런데 나 혼자 가기에는 좀 옹색하다는 생각이 들었다. 그래서 일본 의회에서 보좌관도 했고, 일본어에도 능통한 당시 이성권 의원에게 같이 가자고 제안했다. 이성권도 가겠다고 해서 일본에 도착했는데, 아베 총리를 만나는 일정이 전날까지도 확정이 안 됐다. 우리는 애를 태우고 있는데 MB는 느긋해 보였다. MB는 서울시장 시절에 아베 측근이 찾아와서 만난 적이 있어서인지 무언가 믿는 구석이 있는 듯했다. 마침내 아베 쪽에서 연락이 와서 총리실에 들어가게 됐는데, 대사관 등 외교부 쪽 수행원이 한 명도 없었다. 결국 MB가 아베와 대화하는 중에 이성권이 사진을 찍고, 내가 기록을 하는 서기 역할을 했다.

안국포럼에서 전략기획은 박형준, 정병국이 맡았고, 나중에 안철수 의원의 핵심이 된 이태규가 실무적인 뒷받침을 했다. 이상득이 역할을 해 주호영도 끌어들여서 대변인 역할을 맡겼다. 이성권, 정병국, 박형준, 주호영 등이 들어오면서 안국포럼은 제법 조직으로서의 모양새를 갖추기 시작했다.

이재오, 대표 경선 패배와 뒤늦은 MB 캠프행

2006년 1월, 이재오는 한나라당 원내대표 경선에서 김무성을 물리치고 당선되었다. 나도 나름대로 이재오 당선에 기여를 했다. 이재오가 김무성한테 확연히 밀릴 때였는데, 내가 초·재선 의원들을 불러 모아 후보 간 토론을 제안하자고 했다. 정태근의 아이디어였다. 원내대표 경선과정에서 후보자들을 불러 토론을 한 것은 그때가 처음이었다. '국가발전전략연구회', '새정치수요모임(개혁성향 소장파)', '초지일관(초선의원)', '푸른모임(중도성향 의원)' 등 각 의원모임은 사학법 무효화 투쟁 등 정국 현안에 대한 각 후보들의 입장을 밝히는 토론회를 요구하면서 이를 통해 지지 후보를 결정하겠다고 발표했다. 토론을 마치자 김무성이 앞서던 판이 뒤집어졌고, 결국 이재오가 승리했다. 판을 뒤집는 정태근과 나의 '한 수'가 통한 셈이다.

이재오 의원이 MB 캠프에 가담한 것은 2006년 추석 직전이다. 이재오는 그 해 7월에 있었던 당대표 경선에서의 패배에 크게 충격을 받은 것으로 보인다. 당시 이재오는 한나라당 대표 자리를 놓고 강재섭과 맞붙었다. 이때 이른바 '박근혜 퇴장 사건'이 일어났다. 이재오가 체육관에서 연설하는 도중 빨간 옷을 입고 가운데에 앉아 있던 박근혜가 나가버린 것이다. 당원들은 박근혜가 '이재오는 안 된다'는 메시지를 보여준 것으로 해석했다. 표는 당연히 강재섭에게 쏠렸고 이재오는 낙선했다. 이 일이 있기 전까지만 해도 이재오는 박근혜와 척을 지지 않으려고 노력했다. 원내대표로 있을 때도 박근혜 대표가 결정한 사항에는 이의를 달지 않는 등 극진히 모셨다. 대표 경선에서 낙선하기 전까지 이재오는 MB와 동지라고 말은 하면서도 적극적으로 가담하지 않는 어정쩡한 모습을 보였다.

2006년 10월, 시청 앞에서는 하이서울페스티벌이 열렸다. 이를 계기 삼아 MB는 서울에 있는 한나라당 국회의원들을 다 불렀다. 경선에 대비해 스킨십을 넓혀 가고자 하는 의도였다. 이날 행사에서 이재오는 평소와 달리 적극적으로 움직였다. 그가 MB 옆에서 비서실장처럼 움직이며 서울 지역 의원들을 챙겼다. 이재오의 본격 등장이었다. 2007년 1월에는 안국포럼 옆에 있는 공평빌딩에 자기 사무실까지 내서 열성적으로 움직였다.

시작부터 삐걱거린 경선캠프

2007년에 들어서면서 서서히 대선 정국으로 들어갔다. 그러나 2~3월이 되었는데도 MB는 경선캠프를 꾸릴 생각을 하지 않았다. 나는 MB에게 "빨리 짜임새 있는 캠프를 꾸려야 한다. 본격적으로 진용을 갖춰야 한다"라고 말했다. 그러나 MB는 대답을 하지 않았다. 며칠을 기다리다가 세 번째로 이야기 했을 때에야 "그러면 이상득 의원과 상의해서 해보세요. 이재오 의원은 절대 모르게 하세요"라고 말했다.

MB는 왜 이재오 의원에게는 비밀로 하라고 했던 것일까. MB는 이재오가 캠프를 꾸리는 것을 불편해 하고 못 미더워했다. 이재오에게 너무 힘이 실리는 것을 걱정해서 내게 '이상득과 상의해서 하세요' 라고 했던 것이다. 나는 이상득과 롯데호텔 비즈니스룸에서 수시로 만나며 캠프의 인사 작업을 했다. 실무는 김해수, 박재성,

경윤호가 맡았다. 대강 윤곽을 잡았을 때인데 사건이 터졌다. 〈경인일보〉에 자료가 통째로 유출돼 캠프 구성원 명단이 보도된 것이다. 내용을 전혀 모르고 있던 이재오가 가만히 있을 리 없었다. MB에게 항의하고 난리가 났다. 그러자 내게 화살이 쏟아졌다. 그 자료가 보도되면 제일 손해 보는 사람이 나인데 내가 유출했다니? 말이 안 되는 소리였다. 간신히 고비를 넘겼는데 〈문화일보〉에 또 다시 보도되면서 MB는 폭발했다. "도대체 너희들은 일을 어떻게 하는 것이냐!" 중간에 낀 나만 곤혹스런 상황이 되었다.

이런 와중에 캠프 주도권을 잡은 이재오는 내가 그려놓은 그림을 뒤흔들었다. 이를테면 원래 그림은 박형준이 기획본부장이었는데 이재오는 나를 기획본부장으로 바꿨다. 나름대로 적임자라고 판단해 역할을 규정했던 캠프의 인사 안이 다 틀어졌다. 자연히 일이 잘 돌아갈 리 없었다. 이런저런 우여곡절을 겪으며 캠프는 계속 삐걱거렸다. 이재오도 그것을 알았다. 할 수 없이 경선을 2~3개월 남겨 놓고 정두언, 정태근, 박형준, 신재민 중심으로 캠프가 가동되기 시작했다. 이른바 '오후 회의팀'이었다. 오후 2시 회의를 따로 만들어 여기에 참석하는 사람들 중심으로 캠프가 돌아갔다. 아침 회의는 그냥 형식적인 회의일 뿐이었다. 이때부터 캠프는 제자리를 찾았다.

권력은 나눌수록 커진다

정치권의 캠프에서는 항상 주도권 쟁탈전이 벌어진다. 이회창 캠프가 대표적인 예라고 할 수 있다.

한때는 강재섭이 했다가 다른 때는 서상목, 서정우가 하는 등 주도권이 계속 바뀌었다. 따라서 캠프 사람들 대부분은 자기 자리를 보전하고 다른 사람이 들어오는 것을 막는 데에 온 힘을 다 기울였다. 하루 일과가 100이라면 그 중 일은 20~30 하고, 나머지 70~80은 자기 자리를 철벽수비 하는 데 썼다. 나는 그 폐해를 이회창 캠프에서 두 차례나 본 후 캠프를 저런 식으로 운영하면 절대 안 된다는 것을 뼈저리게 느꼈다. 그러기 위해서는 자기 기득권을 버려야 했다. 그래서 나는 사람들이 캠프에 새로 들어오면 내 역할을 나누어주고, 충실히 뒷바라지해주려 노력했다. 경선이 종반에 이를 무렵이었다. 경선캠프에 몇 명이 추가로 영입되었는데, 그 중 하나가 조선일보 출신으로, 정태근에 이어 디지털팀을 새로 맡게 된 진성호였다. 그런데 이미 사무실이 꽉 찬 터라 진성호의 자리가 없었다.

나는 이미 원래 있던 내 자리를 누군가에게 양보하고 사무실 한 귀퉁이에 책상을 놓고 있던 터였다. 난감해 하는 진성호를 불러 내 구석 자리마저 내주었다. 진성호가 "형님은?" 하기에 "나는 어차피 자리에 붙어 있을 시간이 별로 없다. 핸드폰만 가지고 왔다 갔다 하면 되지 무슨 자리가 필요하냐"고 했다. 캠프의 최고 실세가 자기 자리도 없었다는 사실을 아는 사람은 거의 없다.

하루는 차명진 전 의원이 내게 "나는 실세라는 사람이 그렇게 하는 것 처음 봐"라고 말한 적이 있다. 사실 나는 그것이 자신의 힘을 유지하는 방법이라는 것을 이제는 안다. 자기 자리를 보전한다고 철벽수비를 하다가는 누구한테든 당한다는 것을 한두 번 보았는가. 언젠가 누군가에게 밀려날 수밖에 없는 것이 세상의 이치이다. '권력은 나누면 커진다. 그런데 보통 사람들은 권력은 나누면 작아진다고 생각하고, 자기가 가진 권력을 쥐려고 발버둥 치다가 넘어지곤 한다.' 만일 내가 내 자리를 보전하려고 애를 썼다면, 나는 그 자리를 지키기 힘들었을 것이다. 설령 지켰다 하더라도 나중에 들어온 사람들과 각축을 벌이다가 결국 '그들 중의 하나one of them'로 취급받았을 것이다. 하지만 그렇게 하지 않았기 때문에 훗날 나는 내 자리와 역할을 양보하고 넘겨준 사람들보다는 늘 '형님' 대접을 받았던 게 아닌가 싶다. 권력은 나눌수록 커지는 건 분명한 사실이다.

내가 캠프에서 주도적인 역할을 계속할 수 있었던 비결을 하나 더 소개한다. 나는 MB에게 이것저것 보고하고, 건의할 때 사전에 많은 사람들의 도움을 받았다. 그런데 내 생각이 아닌 다른 사람의 생각을 이야기할 때는 반드시 실명제로 하는 것을 원칙으로 했다. 즉, '이 이야기는 아무개의 의견입니다. 지금 누가 이렇게 하고 있습니다'라는 식이었다. 가능하면 아이디어의 소유권자를 직접 데리고 가 MB를 만나게 해주기도 했다. 이것이 주변에 알려지기 시작하면서 내게 사람이 몰렸다. 사람들이 내게 기대와 믿음을 갖고 모여들었고, 나는 그 힘을 결집하여 나와 그들과 캠프의 역량을 키울 수 있었다.

06

경선 승부의 분수령 된
'도곡동 땅' 사건

'도곡동 땅' 사건의
경위

2007년 한나라당 대선 후보 경선 전에서 제일 큰 사건은 이른바 '도곡동 땅 사건'이었다. MB가 경선 고비를 넘기 위한 최후의 걸림돌이 됐던 사건이다. 당시 박근혜 캠프는 시종일관 네거티브에서 시작해서 네거티브로 끝났다. 늘 그렇지만 지는 후보는 네거티브 말고는 할 게 없다. 어떤 선거판에서 누가 지고 있는지 보려면 누가 네거티브를 하는지 보면 된다. 당시 네거티브가 얼마나 심했는지를 보여주는 대표적인 사례가 있다. 박근혜 캠프의 최경환은 어느 날 MB의 재산이 2300억 원이라고 공개적으로 이야기했다. MB 캠프에서는 황당했다. 그렇게 주장하는 근거를 내놓으라고 따지는 것은 당연했다. 그랬더니 최경환은 도리어 "그게 아니라는 증거를 내놓으라!"고 했다. 당시 최경환과 함께 대 MB 공격의 앞줄에 서 있었던 사람은 이혜훈, 유승민 등이었다. 네거티브도 정도껏 해야지 너무 심하다는 생각이 들었다. 나는 기자실로 가서 "이런 식으로 하면 이혜훈 등의 경우 다음 총선에 출마하지 못할 수도 있다"고 한마디 했다. 내 말의 뜻은 그들의 주장이 비방이나 허위사실 유포, 명예훼손으로 법에 저촉되어 총선에 나오고 싶어도 못 나오는 상황이 올 수 있다는 뜻이었다. 하지만 기자들은 그렇게 받아들이지 않았다. 'MB가 정권을 잡으면 공천을 안 준다는 뜻'이라고 보도했다. 박근혜 캠프는 기다렸다는 듯이 일제히 나를 공격했다. 나는 이 일로 당원권 정지를 당했다. 당시 나는 이 일로 몹시 억울해 하고 있었는데 아끼는 후배가 찾아왔다. "형, 나는 이 일이 형에게 잘 되었다고 생각해. 형 혼자 나서서 치고받고 싸우느라 형만 이미지가 나빠지고 있는데, 차라리 잘 되었잖아." 지금 생각해 보면 맞는 말이었다.

'도곡동 땅'은 MB가 사장으로 있던 현대건설에서 1977년 상반기에 사들인 땅이다. 그런 뒤 현대건설은 1985년 MB의 처남 김재정과 큰형 이상은에게 15억여 원을 받고 팔았다. 그때도 MB가 현대건설 사장이었다. 10년 뒤인 1995년 9월 김재정과 이상은은 이 땅을 263억 원을 받고 포스코개발에 판다. 10년 만에 247억여 원의 차익을 남긴 것이다. 이런 와중에 당시 박근혜 캠프의 상임고문으로 있던 서청원 의원이 "최근 김만제 전 포철 회장으로부터 이명박 후보의 부탁을 받고 포스코개발이 도곡동 땅을 매입했다는 이야기를 들었다"고 말해 '도곡동 땅 의혹'에 기름을 부었다. 참다못한 이재오가 오세경, 박준선 변호사를 불러 검찰에 고발하라고 지시했다. 그래서 도곡동 땅 수사가 시작되었다. 다혈질의 이재오가 검찰로 사건을 가져간 것으로, 전략적인 관점에서 보면 일을 더 키운 셈이었다. 사실 확인을 한다는 명분으로 MB가 조사를 받을 수밖에 없는 상황으로 몰렸기 때문이다. MB 측이 고소한 사건인데, 검찰 수사는 MB를 향하고 있었다. 언론에서도 계속 관련 보도가 쏟아졌다.

육탄전 직전까지 간
이상득과 이재오

이상득과 이재오는 이 일 때문에 대판 크게 싸웠다. 이상득은 "뭐 하러 소송을 했느냐"며 불같이 화를 냈다. 늦은 시간 MB의 용산 캠프에서였다. 이상득과 이재오가 얼마나 서로 열을 냈던지 집기가 부서지는 상황까지 발생했다. 현장에 있던 나와 정태근 등은 두 사람을 말리느라 곤욕을 치렀다.

시간이 지나면서 MB에 대한 수사는 강도가 더 높아졌다. 여론도 점점 나쁘게 돌아갔다. 이상득을 비롯한 원로들은 소를 취하하자고 주장했다. 이대로 가면 경선에서 불리하다는 것을 명분으로 내세웠다. 하지만 그 이유만이라고 보기에는 석연치 않은 부분이 있었다. 평소 매우 합리적이었던 이상득이라면 고소 취하를 반대했어야 하기 때문이다. 취하한다면 의혹을 인정하는 셈이니 경선에서 더 불리해질 것이 뻔했다. 이상득, 박희태 등 원로들은 취하해야 한다고 하고, 나와 정태근 등 소장파는 안 된다고 맞섰다. 평소와 달리 이상득이 적극적으로 나서자 MB는 취하하는 쪽의 손을 들어줬다. 형식적인 절차를 밟기 위해 박희태를 내세워 한 번도 열지 않았던 캠프 부위원장 회의까지 열었고, 회의는 소장파들을 배제시킨 채 고소를 취하하는 쪽으로 결정을 내렸다.

"소송 취하하면 진다"
MB 압박해 뒤집어

나는 다급했다. 만약 소송을 취하해서 여론이 악화되면 경선은 해보나마나라고 판단했다. MB가 스스로의 약점을 인정한 꼴이 되니 변명할 여지가 없었기 때문이다. MB가 고소를 취하하기로 결정을 한 날 오전 10시쯤, 용산 캠프 밑 커피숍에 나와 신재민, 박형준, 정태근 등이 모였다. 나중에 주호영도 왔다. 이구동성으로 고소를 취하해서는 안 된다며 번복시켜야 한다고 강력하게 주장했다. 그러면서 나보고 그 역할을 하라고 했다. 변호사가 소를 취하하러 검찰청에 가기로 한 시간은 오후 2시, 시간이 별로 없었다. 고민하던 나는 후보가 지금 어디에 있는지 알아보았다. MB는 전남 광주에 있었다. 전화기 버튼을 눌렀다. 후회라도 남지 않게 마지막 설득이라도 한 번 해보자는 심정에서였다.

"시장님, 소를 취하하면 절대 안 됩니다. 결정적으로 이것 때문에 이길 가능성이 희박해집니다. 모든 책임은 제가 질 테니 제게 맡겨주십시오."

MB는 뜻밖에도 그렇게 하라고 했다. 일이 생각보다 쉽게 풀렸다. 어쨌든 속전속결로 일을 처리해야 했다. MB의 처남인 김재정에게 급히 전화를 했으나 통화가 되지 않았다. 김재정의 측근인 신학수에게 전화해 어디냐고 물으니 소를 취하하기 위해 검찰청 계단을 올라가고 있다고 했다. 순간적으로 정신이 번쩍 들었다. 나는 "시장님의 승낙을 받았으니 고소를 취하하지 말라"고 말했다. 아슬아슬한 순간이었다. 그때가 1시 40분이었다. 그런 뒤 바로 기자실로 가 고소 취하를 철회했다고 밝혔다. 원로들이 다시 뒤집을 수도 있으니 언론에 알려 쐐기를 박을 필요가 있었다. 나는 당시 고소취하 여부가 경선 승리를 가르는 분수령이라고 보았다. 만약 당시고소를 취하했으면 여론에서 10% 정도 빠지면서 결국 경선에서졌을 것이다. 그런데 왜 그런 결정을 내렸던 것일까? 이상득은 이국면에서 왜 적극적으로 나섰을까? 후보이자 동생에게 불리한 것이 뻔한 데도 말이다. 지금도 의문이 풀리지 않는 대목이다.

서울중앙지검은 한나라당 대선 후보 경선을 일주일 앞둔 2007년 8월 13일, "이상은 씨가 자신의 명의로 갖고 있던 도곡동 땅의 지분은 이씨가 아닌 제3자의 차명 재산으로 보인다. 땅의 진짜 주인이 누군지는 모른다"고 중간 수사 결과를 발표했다. MB 캠프에서는 "이명박 죽이기 수사다"라며 강력 반발했다. 그러나 그해 12월 대통령 선거일에 임박해서 나온 최종 수사 결과 발표에서는 MB가 도곡동 땅의 실제 소유주라는 증거가 없다며 무혐의 처분을 내렸다. MB가 대통령 당선인 시절 진행된 특검의 수사 결과도 동일했다.

판을 깨지 않기 위해
계속된 양보들

2007년 한나라당의 대통령 후보 경선은 대한민국 역사상 가장 치열한 선거였다. MB와 박근혜는 사활을 건 투쟁을 벌였다. 박근혜 쪽에서는 처음부터 끝까지 네거티브로 일관했다. 박근혜와 MB 간 경선과정에서 MB는 여러 차례 양보를 했다. 논란이 됐던 '여론조사 하한선 보장 조항'에 대해 박근혜의 주장을 수용해 양보한 것이 대표적이다. 박근혜는 강재섭 대표가 제시한 중재안 3개항 가운데 제3항 '국민투표율 하한선(67%) 보장을 통한 여론조사 반영비율 확대 조항'에 극렬 반대했다. 이로 인해 경선 판이 깨지는 게 아니냐는 우려가 나올 정도였다. 갈등이 최고조에 달했던 순간에 MB는 전격적으로 양보했다. MB는 "경선 룰 중재안을 놓고 계속 당이 분열되는 모습을 보았고 이로 인한 국민의 따가운 눈총을 외면할 수 없었다. 저는 이 시점에서 저만의 승리를 위한 것이 아니고 우리 모두의 승리를 위한다는 마음에서 결심했다. 이를 계기로 한나라당이 화합하고 단결해서 아름다운 경선을 치르고 오는 12월 19일 국민 모두의 열망인 정권 교체를 이루자"고 말했다. 이에 대해 박근혜는 "약속과 원칙을 지킨다는 의미에서 잘 판단하셨다"고 환영한다는 뜻을 밝혔다. MB는 자신이 앞서고 있었기 때문에 판을 깨지 않기 위해서 박근혜의 요구를 계속 받아들였다. 요구를 받아준다는 것은 한마디로 이런 과정을 통해 상대에게 표를 주는 것이다. '이만큼 줄 테니까 더 나가지 마라'는 뜻이었다.

마지막에 양보한 것이 후보 검증 청문회였다. 세상에! 자기당 후보를 앉혀놓고 검증하자고 덤벼들면서 망가뜨리는 정당이 어디 있나. 그런데 실제로 그런 일이 벌어졌다. 청문회 자체가 MB 청문회가 되어버렸다. 왜냐하면 MB는 앞서가는 후보였기 때문에 네거티브를 하지 않았다. 물론 네거티브 자료는 다 준비를 해놨는데, 그것을 쓸 필요가 없는 상황이었다. 그런데 후보를 검증하는 청문회에서 청문인들이 질문을 할 때 근거 없이 질문을 하면 자칫 명예훼손이나 허위 사실 유포가 될 소지가 있다. 그래서 일반적으로는 언론에 보도된 것을 인용해서 물어보는 형식을 취한다. 박근혜는 MB에 대해 줄곧 네거티브를 해온 것들이 언론에 쌓여 있었기 때문에 이런 형식을 취할 수 있었으나, MB는 그동안 네거티브를 한 게 없어 그럴 수가 없었다. MB 캠프는 궁여지책으로 언론 작업을 했다. 당사자를 설득해서 양심선언이나 기자회견을 하도록 하고 그것이 기사화되면 그것을 인용해서 청문인들이 질문을 하는 과정을 밟는 식이었다. 나는 이런 전반적인 작업을 총괄 지휘했다. 그런 일을 믿고 맡길 사람도, 나서는 사람도 나밖에 없었기 때문이다.

최태민의 의붓아들 조순제, "이런 사람은 안 된다"

하이라이트는 조순제였다. 조순제는 최태민의 의붓아들로 최태민의 마지막 부인이 데려온 아들이다. 과거에 문공부장관 비서관도 지낸 조순제는 박희태, 최병렬과 동년배 지기라고 알려져 있는 똑똑한 사람이었다. 최태민은 자식 중에 변변한 아들은 거의 없었고, 그나마 일을 시킬 만한 아들은 의붓아들 조순제밖에 없었다. 그러다 보니 구국봉사단부터 시작해 영남대, 육영재단까지 사실상 도맡아 한 사람이 조순제로 알려져 있다. 청문회장에서 강훈 변호사가 박근혜에게 물었다. "박근혜 후보는 조순제 씨를 아십니까?" 박근혜가 "모릅니다"라고 했다. TV를 보고 있던 나는 순간 자리에서 벌떡 일어났다. 나는 설마 박근혜가 조순제를 모른다고 대답할 것이라고는 꿈에도 생각하지 못했다.

결국 조순제는 경선이 막바지에 이른 일요일, 기자실에서 강재섭 대표에게 탄원서를 내면서 '이런 사람은 안 됩니다'라는 제목으로 박근혜를 반대하는 기자회견을 했다. 그런데 그 당시 언론은 박근혜에 대한 기사는 취급을 잘 안 했다. 박근혜의 동생 박근령이 '최태민을 우리 언니한테서 떼어주세요. 저놈이 우리 언니뿐만 아니라 다 망칩니다'라는 내용으로 노태우 대통령에게 보낸 탄원서가 언론에 알려졌을 때도 겨우 오마이뉴스만 보도했다. MB측에서 결정적인 자료들을 공개해도 언론에서 보도를 안 하니 나중에는 책자로 만들어서 전국의 지구당에 뿌려야 하나 하는 고민까지 했을 정도였다. 일요일에 조순제가 기자회견을 하고 난 이틀 뒤 (2007년 8월 14일) 대구에서 17대 대통령후보자 선출 선거 합동연설회가 열렸다. 대구는 박근혜의 아성이었다. 그런데 오히려 대구 연설회가 MB 판으로 흘렀다. 분위기가 이상했다. 그날 박근혜 캠프의 분위기는 이해가 안 되리만큼 무겁게 가라앉아 있었다.

초심을
잃다

01

대선 승부의 최대 걸림돌: BBK 사건

BBK 사건과 관련해 벌어진 스릴러극

도곡동 땅 사건과 관련한 수사 결과, 검찰은 이 땅이 제3자의 것으로 추정된다고 최종 발표했다. 경선은 이명박 후보의 승리로 끝났고 도곡동 땅 사건의 진실은 미스터리로 남았다. 이제 남은 것은 BBK 사건이었다. BBK를 둘러싼 MB 캠프의 입장은 명확했다. BBK는 MB가 아닌 김경준이 세운 회사이고, MB는 김경준에게 사기를 당했다는 것이었다. BBK 사건은 피해자들이 엄청나게 많은 사건이다. '어떻게 대통령 될 사람이 기업 하나 제대로 운영하지 못해서 많은 사람에게 피해를 준 것도 모자라, 그런 형편없는 놈한테 사기를 당했는가. 또 대통령 되겠다는 사람이 책임도 지지 않고, 자기 것이 아니라고 거짓말까지 했는가. 그런 사람이 어떻게 대통령이 될 수 있느냐'는 것이 BBK 사건의 쟁점이었다. BBK 문제가 불거지기 시작하면서 나는 먼저 박근혜 쪽에서 무엇을 알고 있는지, 어떻게 그것을 파악했는지 등을 알아보았다. 만약 그때 MB가 BBK를 실제적으로 주도한 사실이 드러난다면 그것은 법을 위반한 것일 뿐 아니라 MB의 대선 행로에도 결정적인 타격을 줄 수 있는 사안이었다. 박근혜 쪽이나 정동영 후보 쪽에서는 BBK를 MB가 김경준과 함께 주도적으로 차린 회사라고 몰아가려고 했으나, 대선이 끝날 때까지 결정적인 자료가 나오지 않았다.

그런데 대선 막바지에 MB 스스로 BBK가 자기 회사라고 말했다는 소위 '광운대 동영상'을 가지고 있다는 사람들이 나타나 여기저기 접촉을 하고 다녔다. 나에게도 시민단체에 있는 지인을 통해 거래를 하고 싶다며 연락이 왔다. 나는 박재성을 불러 자초지종을 이야기하고 그들을 만나도록 했다. 일당은 3인조로 파악됐다. 우리는 생각했다. '이들이 분명 정동영 후보 쪽에도 갔을 텐데 그들은 왜 사지 않았을까? 샀다면 왜 공개를 안 할까? 어쩌면 그들은 시기를 살피고 있을지도 모른다. 그러다가 충분하게 대처할 시간이 없는 대선 직전에 공개할 것이다. 그렇다면 우리는 어떻게 해야 하나?' 일단 일당과 접촉한 다음에 이들을 통해 야당 쪽의 동향을 파악하자고 결론을 내린 우리는 이들과 계속 접촉하며 시간을 끌었다. 그러다가 어차피 알려질 수밖에 없는 사안이라고 확신한 나는 MB에게 전말을 보고하고 결단을 내려달라고 했다. 대선이 임박했던 그날은 인수위 구성과 관련해 준비한 내용을 처음 MB에게 보고한 날이었다. MB에게 한 시간 정도 인수위 준비에 대해 보고를 했는데 듣는 둥 마는 둥 했다. 보고를 마칠 무렵 나는 따로 MB 옆으로 가 조용히 'BBK 광운대 동영상' 이야기를 하면서 "우리가 이 사람들을 만나서 우리 손으로 고발하는 게 답이다. 어차피 야당에 알려지는 것은 시간문제다"라고 했다. 평소에 신중하기로 소문난 MB가 그날만은 "그렇게 하세요"라며 즉석에서 답을 주었다.

박재성은 동영상을 가지고 있다는 3인조 일당을 서교호텔로 유인했다. 그런 다음 마포경찰서에 신고하니 홍대 앞 지구대에서 이들을 잡으러 왔다. 지구대 앞 파출소로 세 명을 끌고 갔는데 깜짝 놀랄 일이 벌어졌다. 민주당 박영선 의원이 20분 만에 갑자기 파출소에 나타난 것이다. 내 눈을 의심했을 정도였다. 예상대로 정동영 후보 쪽에서 MB 후보 쪽을 함정에 빠뜨린 뒤 대선 막판에 엎어치기를 하려고 했던 것이다. 만약 우리가 협박범들과 거래를 했다면 MB 후보 쪽에서 BBK 사건을 덮기 위해 부정한 거래를 한 것이 되어 대선 판이 뒤집힐 수 있었다. MB 캠프로서는 참으로 아찔한 순간이었다. 물론 그들을 신고해서 처벌해 달라고 하는 결정은 쉽지 않았다. 우리 후보에게 결정적으로 불리한 내용이 담긴 동영상이 대선을 코앞에 둔 시점에서 공개되는 것을 자초하는 일이 아닌가. 대선을 불과 며칠 앞두고 있는 상황이었기에 보통 같으면 어영부영 설득해서 뭉개고 가려고 했을 것이다. 그러나 나는 '어차피 정동영 후보 쪽도 (BBK 광운대 동영상 자료를) 가지고 있을 것이니 먼저 선수를 치자'라고 한 것이고 그것을 MB가 받아들이면서 고비를 넘길 수 있었다. 그리고 실제로도 우리의 약점을 스스로 공개해 버리니 국민들로부터 '큰일 아니네' 하는 반응이 돌아왔다.

이 사건이 있기 얼마 전에는 BBK 사건과 관련해 이른바 '김경준 편지' 사건도 터졌다. 김경준과 같이 감옥에 있었던 신명이라는 사람이 김경준이 직접 쓴 것이라며 당에 편지를 전달한 사건이었다. 나도 그 편지에 대해서는 진작에 알고 있었으나 접촉하지 말자는 쪽이었다. 신명이란 인물을 믿을 수 있는지 의심스러운 만큼 자칫하면 손해를 볼 수 있다고 판단했기 때문이다. 편지는 나중에 법률지원단장을 맡고 있던 홍준표에게까지 흘러갔는데, 그는 편지를 근거로 당시 여당이 정치공작을 했다고 주장했다. 김경준은 홍준표가 허위 사실을 유포했다며 고소했다. 이러다가 유야무야되고 말았는데, MB가 집권한 이후에도 이 편지는 다시 문제가 됐다. 결론적으로 이 사건은 신씨 형제가 돈을 챙기려고 꾸민 자작극이었던 것으로 드러났다. 대선 같은 큰 판에서는 꼭 이런 사람들이 등장하기 마련이다.

계속 여당에서 BBK 공세를 취하니 MB 캠프에서는 너도나도 'BBK 방어'를 맡겠다고 나섰다. 이미 김백준을 팀장으로 한 BBK 팀이 경선 전부터 있었고, 실무는 은진수, 제승완 등이 맡고 있었다. 경선 후 뒤늦게 캠프에 합류한 홍준표는 고승덕, 정선태 등을 데려다가 BBK 대응팀을 별도로 꾸렸다. BBK 대응이 분산되다 보니 엄청난 혼선이 생겼다. 그래서 후보와 상의해서 지금은 김앤장에 있는 김원용 전 이화여대 교수와 실질적인 대책반을 새로 만들었다. 김상희 전 법무차관을 팀장으로 해서 김필규(전 국민권익위원회 부위원장), 장용석(전 청와대 민정비서관) 등이 실무를 맡았다. 결국 BBK와 관련한 실질적인 결정이나 조치, 처리, 검찰 접촉 같은 일은 다 이 팀에서 처리했다.

MB 집권 후에 BBK 사건과 관련한 의아스러운 일도 있었다. 2011년 김경준이 감옥에 있을 때 그의 누나인 에리카 킴이 한국에 왔다. 그런데 그 해 2월 1일, 김경준이 소유한 회사의 스위스 계좌에서 다스로 돈이 입금된다. 과거 김경준이 횡령했던 140억 원이었다. 그리고 2개월 뒤인 4월 11일 다스는 8년간 끌어온 모든 소송을 취하했다. 〈한겨레〉는 2011년 5월 17일 '다스, 김경준한테 140억 돌려받았다'라는 제목으로 이 사실을 단독 보도했다. 이 때 MB 측은 에리카 킴에 대해 제기했던 몇 가지 소송도 함께 취하했다. 그런데 미국에서 그 일이 문제가 됐다. 왜냐면 그 회사가 소위 지불정지 상태에서 돈을 빼내 거래를 했기 때문이었다. 굉장히 해괴한 일이 또 벌어진 것이다. 그러나 결과적으로 보면 다스는 MB가 대통령이 된 뒤 과거 김경준에게 사기당해서 떼인 돈을 다 받아낸 셈이 됐다. 그 엄청난 물의를 빚고도 다스는 결국 단 한 푼도 손해를 보지 않았다. 숱한 논란을 일으켰던 BBK 사건은 이렇게 역사의 무대에서 사라졌다.

BBK 사건과 관련해 벌어진 물밑 대화

겉으로 보이는 것만이 역사가 아니다. 보이지 않는 곳에서 이루어지는 일이야말로 진짜 역사를 만드는 경우가 있다. 2007년 대선 과정에서 노무현과 이명박 간의 물밑 대화가 있었다. 도곡동 땅과 BBK 사건으로 대선 정국이 요동치던 2007년 초가을, 나는 종로구 인사동에 있는 한 한정식 집에서 김병준 대통령 정책실장을 만났다. 나는 국민대 대학원에서 행정학 박사 학위를 받았는데, 당시 실질적인 지도교수가 김병준이었다. 이런 인연으로 오래전부터 그와 친밀하게 지내온 사이였다. 나는 "내용상으로 보면 사실 대선은 이미 끝난 것 아니냐. 그러니까 청와대가 가급적 개입하지 않았으면 좋겠다. 차라리 깨끗하게 손을 떼고 있는 게 낫지 않겠느냐"라고 말했다. 김병준 실장은 "전혀 걱정할 일이 아니다. 나는, 또 노무현 대통령은 정동영 후보를 밀어주고 싶은 생각이 전혀 없다. 청와대는 이미 그렇게 하고 있다. 그렇다고 MB를 밀어줄 수도 없지 않느냐"라는 식으로 답했던 것 같다.

대선 종반 무렵이었다. MB 대선캠프에서 일하던 추부길은 박연차 태광실업 회장과 선이 닿았다. 추부길은 박연차를 통해서 노무현 대통령의 형인 노건평을 만났다. 추부길은 노건평에게 "이상득을 만날 수 있느냐"고 물었다. 추부길은 선거를 치를 때마다 MB의 홍보를 도맡았던 인물로, 당시에는 이상득의 측근 인사였다. 노건평은 "못 만날 일이 뭐 있냐. 좋다. 만나자"라고 했다 한다. 추부길이 내게 이상득 – 노건평의 만남에 대해 말하며, 노무현 – MB 간에 물밑 핫라인이 가동되고 있다고 했다. 추부길은 이상득 – 노건평의 만남에 대해 MB에게도 보고했다고 말했다. 훗날 언론은 이 사실이 보도되자 이상득과 노건평은 격이 맞지 않다며 추부길의 증언에 의심의 눈길을 보냈다. 노건평은 동생을 위해 고생한 형, 동생에게 상당한 영향력이 있는 형이었다. 이런 면에서 보면 '이상득 – 이명박', '노건평 – 노무현' 관계는 닮은꼴이었다. 이런 가운데서도 검찰은 계속 도곡동 땅 문제와 BBK 사건을 수사했다. 물론 정동영 후보에 비해 MB 후보의 지지도가 워낙 높았기 때문에 검찰이 억지로 사건을 만들어서 대선에 개입할 상황은 아니었다. 그러나 혹시 모를 사태까지 철저히 대비해야 하는 것이 참모들의 역할이었다.

02

대선캠프의 난맥상

절반의 승리를 거둔
대선 후보 경선

한나라당 대통령 후보들이 경선을 하는 전당대회가 열리는 날 아침이었다. 안국포럼 사무실에서 '경선 후 행보'에 관한 보고 회의가 열렸다. 이미 오래전부터 준비한 내용이었으나, 다른 일정 때문에 계속 밀리다가 가까스로 경선 당일 날 시간이 잡혔다. 그런데 경선 당일이라 후보에게 눈도장을 찍으려는 사람들이 대거 몰려들어 할 수 없이 회의를 중단했다. 딱 한 가지 결정한 사항은 경선이 끝나면 바로 그날 저녁에 경선캠프를 해산한다는 것이었다. 패배하면 경선캠프 자체가 즉시 한산해질 것이고, 승리하면 어중이떠중이가 몰려들어 난장판이 될 것이 뻔했기 때문이다. 그런데 그날 예상치 못했던 일이 벌어졌다. MB가 대의원투표에서 패한 것이다. 다만 여론조사에서 앞섰기 때문에 간신히 승리할 수 있었다. 신승을 예상하긴 했지만 설마 대의원투표에서 질 것이라는 생각은 못했었다. 심지어 이재오는 전당대회장에 늦게 오다가 대의원투표에서 패했다는 전갈을 받고 MB가 진 것으로 오해하여 캠프로 다시 돌아가다가, 최종 승리했다는 소식에 또 다시 차를 돌리는 일도 발생했다.

전당대회장에서 MB의 승리가 확정되는 순간 나는 눈시울이 뜨거워지면서 고개를 들지 못했다. 실로 오랜만에 흘려보는 눈물이었다. 그러면서 이것으로 MB는 대통령이 되었구나 싶었다. 이후 대선 과정은 보나마나 뻔했기 때문이다. 한편으로 대의원투표에서의 패배가 가슴을 쳤다. 후보에게 면목 없는 일이었다. 그날 경선캠프의 팀장급 인사들은 모두 나와 같은 심정이었다. 그래서 저녁에 캠프가 해산되자마자 각자 집으로 돌아가기 바빴다. 혹시 MB가 다시 부르면 모를까 우리는 절반의 패배에 책임을 지고 백의종군할 것을 이심전심 받아들였다. 그날 밤 집에 돌아가는 길에 한나라당에 출입하는 반장급 기자들로부터 '경선에서 승리했는데 아무도 저녁을 사주는 사람이 없다'며 불평을 들었을 정도로 당시 캠프는 자중하는 분위기였다.

MB가 대선 후보로 정해진 뒤 나는 잠시 일에서 손을 놓았다. 할 일을 다 했다는 생각도 있었고, MB가 불러주지 않는데 굳이 왔다 갔다 하는 것도 모양이 좋지 않다고 생각했기 때문이다. 나뿐만 아니라 정태근, 신재민 등 대부분이 그랬다. 그때 이동관만 혼자 남아서 MB를 수행했다. 사실 이동관은 경선 한 달 전쯤에 캠프에 합류했기 때문에 절반의 패배에 대한 책임에서 가장 자유로웠다. 이동관은 이 기회를 잘 포착하여 훗날 승승장구할 수 있었다.

MB, "내 허락 없이는 언론에 말하지 마라!"

대선 후보가 된 뒤 일주일 동안 MB의 행보는 갈지자였다. 우왕좌왕, 좌충우돌했다. 하루 사이에 전혀 상반된 발언이 나오는 등, 이대로 가다가는 정말 치명적인 일이 발생할 수도 있겠다는 생각이 들었을 정도였다. 아니나 다를까. 일주일 만에 MB로부터 전화가 걸려왔다. 의원회관 사무실에서 주간지 기자와 인터뷰를 하고 있던 나는 인터뷰를 멈추고 MB와 50분 가까이 통화했다. MB의 전화는 늘 "지금 어뎄어요?"로 시작되는데, 그날도 마찬가지였다. 나는 "의원회관에 있다"고 답한 뒤 이런저런 이야기를 주고받았다. 그러다가 MB가 비서실장 이야기를 꺼냈다.

"비서실장에 윤여준 씨가 거론되는데, 말이 돼요? 나보다 나이 많은 사람이 비서실장 하는 게 말이 되느냐고요?"

"윤 장관은 나이는 많은지 몰라도 생각은 젊은 사람입니다"

나는 별 생각 없이 그렇게 답했다. 그랬더니 갑자기 수화기 너머에서 MB가 "당신이 했구먼!" 하면서 버럭 화를 냈다. MB를 만난 이후로 처음 있는 일이었다. 그 전까지 MB는 나를 비교적 어렵게 대하고 하대를 한 적도 없었다. 한 번 화를 내기 시작하자 그동안 쌓였던 불만이 쏟아져 나왔다. 요지는 '내 허락 없이는 앞으로 절대 언론에 어떤 말도 하지 말라'는 것이었다. 그 전까지 나는 MB가 최종 허락을 하기 전에 언론에 이야기하는 경우가 많았다. MB

는 내가 "이것을 이렇게 하겠습니다" 하고 보고하면 "좀 생각해봅시다"라며 늘 시간을 끌었다. 어떤 보고든 "한번 해보세요"라고 그 자리에서 말하는 경우가 거의 드물었고, 그러는 사이에 하루 이틀이 그냥 흘러갔다. 정치는 매사가 타이밍이다. 이런 식으로 미루어서는 일을 그르치기가 십상이다. 그래서 나는 '잘못되면 책임지면 되는 것 아니냐'는 생각으로 그냥 알아서 처리하곤 했다. 고비 고비마다 상황에 맞게 곧바로 결정을 해서 시의적절한 메시지를 줘야 하는데, MB가 결정을 안 하니 답답한 마음에 일단 결행하곤 했던 것이다. 운이 좋았는지 크게 잘못된 적은 없었지만 MB는 그동안 이런 내 행동을 보면서 늘 가슴 졸이고 있다가 끝내 폭발했던 것 같다.

MB가 곧바로 결정을 하지 않는 이유는 내가 보기에 정주영 회장 밑에서 기업의 책임자로 있으면서 몸에 밴 습관인 것 같다. 정태근은 MB의 이런 습관을 "MB는 그렇게 해! 라고 말하지 않고, 알아서 해! 라고 말한다"라고 재미있게 표현했다. '그렇게 해'와 '알아서 해'는 작은 차이 같지만 큰 차이가 있다. '알아서 해!'는 일이 잘못되면 "내가 언제 그렇게 하라고 했어?"라고 항상 말할 준비가 되어 있는 어투다. 그것을 잘 아는 나는 타이밍을 놓치지 않기 위해 알아서 미리 일을 처리했었던 것이다. 일주일 만에 전화를 한 MB는 이처럼 옛일을 들춰내면서 내게 한참을 퍼부어댔다. 그러면서 마지막에 "내일 오세요" 하고 말했다.

경선 패한 친박계
포용하지 않아

사실 MB가 내게 전화를 걸기 전에 최시중이 나를 불러 대선을 치르려면 선대위를 구성해야 하는데, 그 일을 할 사람이 없다며 말한 적이 있었다. 선대위를 구성하기 위해서는 일단 비서실장을 임명하고, 그 비서실장이 책임지고 선대위를 꾸려야 한다. 정병국은 경선에서 패한 친박계를 포용해야 한다는 논리로 내게 최경환이나 김성조를 비서실장으로 추천했다. 원내대표는 김무성을 맡기고, 비서실장을 최경환이나 김성조가 한다면 친이계와 친박계 간 당내 화합이 이루어지고 좋을 것 같다는 이야기였다. 나도 그 의견에 동의했다. 경선이든 뭐든 권력 게임이 끝나면 적군을 끌어들이는 게 정치 세계에서의 이치이다. 김영삼도 3당 합당을 해 이종찬, 박태준과 암투를 벌이다가 대선 후보를 쟁취한 뒤 처음으로 임명한 비서실장이 민정계인 최창윤(육사 출신, 전 총무처 장관)이었다. 김대중도 영호남의 화합과 전 정권과의 화합 차원에서 김중권을 비서실장으로 데려다 썼다. 당시 MB가 최경환이나 김성조를 비서실장으로 쓰고, 원내대표를 김무성을 시켰으면 친이계와 친박계의 갈등 문제는 거기서 정리가 됐을 것이다. 그것이 친이계와 친박계 갈등의 분수령이었다.

MB에게 그런 구상을 이야기했을 때는 이미 늦었다. 비서실장은 임태희, 원내대표는 안상수로 결정되어 있었다. 이상득과 이재오가 미리 손을 쓴 것 같았다. 임태희는 경선과정에서 맹형규, 권영세 등과 함께 줄곧 중립을 지켰다. 그러다 경선이 끝나고 MB가 후보가 되자 경동고등학교 후배인 장다사로를 통해 이상득과 연결이 된 것으로 보인다. 장다사로는 당시 이상득 국회부의장의 비서실장을 하고 있었다. 임태희가 비서실장으로 발표되자 경선 때부터 일해 왔던 공신들의 사기가 뚝 떨어지는 소리가 들렸다. 친박 인사를 비서실장으로 한다면 얼마든지 받아들일 수 있지만, 경선 기간 내내 이 눈치 저 눈치 보면서 중립을 지킨 사람에게 캠프의 핵심중책을 맡기는 것은 명분과 실리를 다 잃는 아무 득이 없는 인사였다. 지금까지 캠프를 운영해온 실세들의 힘을 빼고 견제할 수 있다는 게 득이라면 득이었을 것이다. 이때부터 '이상득 플랜'이 본격적으로 가동된 셈이다. 자기가 캠프에서 힘을 써야 하는데 직접 나서기가 불편하니 자기 사람을 앉혀 놓고 원격 조종해야겠다고 생각한 것이다. 이재오는 차기 당대표를 노리고 자신의 친구인 안상수를 원내대표로 만들고자 한 것 같다. 당시 친박계를 적극 포용하는 쪽으로 갔다면 박근혜는 이미 그때부터 힘이 빠졌을 가능성이 높다. 그렇게 못하게 한 이들이 이상득과 이재오였다. 나라와 당은커녕 MB를 위한 것도 아닌 본인들을 위해서 움직인 것이 아닐까 하는 생각마저 든다. 물론 나도 내 자신을 위하지 않은 것은 아니다. 그러나 나는 MB와 당과 정부를 위해 내 역할을 제대로 하는 것이 나를 위한 것이라는 소신을 가지고 있었다. 결국 MB 정권은 이후 친이계와 친박계 간의 갈등 속에서 헤어나오지 못했다.

합리적인 대선캠프
구성의 실패
　　　　　　　　　　비서실장은 임태희였지만 MB는
선대위 꾸리는 일을 내게 맡겼다. 임태희는 사람들에 대해 잘 몰랐고 MB도 임태희에 대해 잘 몰랐다. 나는 일을 할 때 혼자 하지 않고, 다 불러 모아서 함께 한다. 그리고 임태희를 포함한 6인 회의를 통해 최종 결정하는 방식으로 일을 처리키로 했다. MB로부터 선대위를 구성하라는 지시를 받은 나는 선대위를 거창하게 꾸릴 필요가 없다고 생각했다. 그것은 이런 이유 때문이었다. 87년 체제 이후 역대 정권 가운데 성공한 정권이 없다. 모두 다 실패하고 말년이 좋지 않았다. 그리고 그 실패의 양태가 거의 비슷했다. 심지어 역대 정권의 사건일지를 만들어 겹쳐 보면 중첩되는 경우가 많을 정도로 문제의 내용과 발생 시기도 대강 비슷하다. 이 이야기는 무엇인가. 되풀이되는 정권의 실패에는 무언가 구조적 요인이 있다는 이야기다. 단임 정권들은 집권하기까지의 과정이 매우 유사하다. 집권과정에서 모든 문제를 잉태하는데 그 과정이 유사하니, 집권 후에 산출되는 문제도 유사한 것이다. 그리고 그 핵심은 친인척 문제로 귀결된다. 이런 문제가 왜 되풀이될까? 여러 가지 이유가 있지만 지극히 단순화시키면 결국 대선자금 문제로 귀결된다. 경선을 거쳐 대선을 준비하다 보면 그 과정에서 법정 선거 비용 이상의 돈이 들어간다. 전두환, 노태우 때는 조 단위였고, YS, DJ 때는 수천억 원 단위였다가 노무현, MB 때는 천억 원 단위 아래로 내려왔다. 액수의 규모가 줄긴 했으나 사회의 정치자금 흐름 규모가 작아졌기 때문에 상대적으로 보면 줄었다고만 할 수는 없다. 또 법정 선거 비용 이상의 돈은 불법적인 자금이니 위험할 수밖에 없다. 그러니 이것을 믿고 맡길 사람은 친인척뿐이다. 가족에게 자금 관리를 맡기는 또 다른 이유는 떼어먹어도 덜 아깝기 때문이기도 했다. 역대 정권에서 대선자금은 예외 없이 친인척이 주로 담당했다. 그렇지 않아도 막강한 친인척인데 위험 부담이 큰 돈까지 관리를 하니 그 힘을 견줄 자가 있겠는가. 자연스레 권력실세가 되는 것이다. 그런데 이 실세 주변에는 사람이 몰리게 마련이다. 그리고 견제받지 않는 권력실세 주변에서 그를 호가호위하는 사람들이 매번 되풀이되는 낙하산 인사와 국정농단의 주역이 된다. 당시 대선은 MB가 이긴 것과 다름없었기 때문에 캠프를 방만하게 꾸릴 이유가 전혀 없었다. 캠프를 방만하게 하는 제일 큰 요인은 조직과 직능이다.

그래서 나는 MB 캠프에서는 조직과 직능을 없애자고 주장했다. 조직은 표도 안 될뿐더러 돈만 많이 들어가고 혼란을 가중시킨다. 그리고 결국 집권 후 많은 문제들을 야기시켜 정권에 부담만 주게 될 것이다. 선대위를 가볍게 꾸리면 그런 문제에서도 자유롭다. 그러니 경량급으로 꾸리자는 주장이었다.

그래서 선대위에서 내 직책은 전략기획팀장이었다. 역대 캠프에서 실세라고 하는 자의 직책이 팀장이었던 적은 없었다. 형식적인 것이었지만 상징적으로 이렇게 만들었다. 이러면 누가 와서 캠프의 본부장이나 위원장을 시켜달라고 하기가 힘들지 않겠는가. 그러나 결과적으로 내 구상은 실패하고 만다. 이상득, 최시중 주위로 사람들이 모여들고 있는데, 이들은 그들에게 다 자리를 줘야 한다고 생각했다. 사실 사람이 몰려들면 물리적으로 거절하기 힘들다. 결국 그 부담을 못 이겨서 조직본부를 만들고 직능본부를 만들면서 결국 선대위는 과거의 선대위와 같은 모양이 되고 말았다. 지금 생각해도 참 안타까운 일이다.

대선에서 조직은 큰 의미가 없다. 조직은 원래 A를 찍을 사람을 조직을 동원해서 B를 찍게 만드는 것이다. 그런데 대선에서 A를 찍을 사람이 나중에 B를 찍는 경우는 거의 없다. 대선은 배운 사람이든 안 배운 사람이든, 가진 사람이든 못 가진 사람이든 자기가 좋은 사람을 찍지, 누가 이 사람을 찍으라고 해서 찍지 않는다. 대선은 공중전이다. 지상전은 거의 의미가 없다. 역대 정권을 보면 박철언이 시작한 월계수회부터 시작해서 대선 조직의 계보들이 있다. YS는 중앙청년회, DJ는 민주연합청년회가 있었다. 노사모 · 박사모는 자발적인 조직이기에 이들과는 조금 다르다. 이런 조직은 오히려 파워가 있다. 아직도 야당에서 친노가 힘을 발휘하는 것은 자발적인 노사모의 파워 때문이다. 월계수회 같은 지상전용 조직은 돈만 먹는 하마이고, 표에는 거의 도움이 안 된다. 2007년 대선 때의 선진국민연대도 비슷했다. 선진국민연대라는 조직 명단에는 온갖 교회 명부가 다 들어가 있었다. 소위 대선에서 조직한다는 사람들은 대체로 명단 장사에 불과하다. 역대 대선마다 이런 문제가 되풀이 되면서 낙하산 인사로 이어지고, 각종 이권 청탁으로 이어졌다. 노태우 - 박철언, 김영삼 - 김현철, 김대중 - 세 아들, 노무현 - 노건평, 이명박 - 이상득으로 이어지는 역대 정권 권력실세의 계보와 그 운명이 이 사실을 웅변하고 있다.

결국 대통령이 되기 전까지의 집권 준비 과정이 집권 이후의 과정을 좌우한다고 생각한다. 모든 문제가 집권과정에서 잉태되는데, 집권과정이 같으면 집권 후의 과정도 같을 수밖에 없다. 지금까지의 모든 단임 정권들이 비슷한 집권과정을 거쳐 왔고, 또 비슷한 몰락의 과정을 거쳤다. 이것의 핵심을 단순화시키면 친인척 문제로 귀결된다. 이 고리를 끊어야만 안정적인 집권이 가능할 것이다. 그리고 여기에는 대선자금 제도 문제가 도사리고 있다.

03

대선캠프의 변질

개혁색이
바래가다　　　　　　　　　　MB는 대선 후보가 되기 오래전
부터 중도개혁, 실용노선을 견지했다. 대선을 목표로 한 전략적인
포석이었다. 목표는 수도권, 구체적으로는 수도권 40대를 핵심 타
깃으로 했다. 수도권 40대는 선거 때 캐스팅보트casting vote 역할을 하
는, 이른바 대표적인 스윙보터swing voter들이다. 쉽게 말하면 '산토
끼'라고 할 수 있다. 대선에서 승리하기 위해서는 이들 수도권의
중도층을 상징적으로 확보하는 것이 관건이라고 봤다. 이런 이유
로 서울시장 선거 때부터 일관되게 수도권 중도층을 타깃으로 움
직였고 이들로부터 지지를 받았다. 이런 흐름은 대선 후보 경선 나
아가 대선 때까지 이어졌다.

　MB는 대선 후보가 되기 전까지 정치적인 인맥 자체가 강한 편이

아니었다. 비례대표 국회의원을 하다가 종로에서 지역구 국회의원을 잠깐 한 것이 정치 경력의 전부였다. 또한 그는 현실 정치에 대해 거리감을 갖고 있었다. 꼭 이것 때문만은 아니겠지만 MB는 대선 전까지는 나와 정태근, 신재민, 김해수 등 시종일관 젊은 층과 일을 해왔다. 안국포럼 시절이나, 경선캠프 당시의 면면을 보더라도 대부분 젊고 개혁적인 사람들이 많았다.

원로들이 전면에 등장한 것은 대선캠프를 꾸리는 과정에서였다. 소위 '6인회'라는 말이 이때부터 나왔다. 6인회는 이상득, 최시중, 박희태, 김덕룡, 천신일, MB를 일컫는다. 이상득은 자신과 가까운 임태희를 후보 비서실장으로 밀어 넣으면서 본격적으로 주요 정책 및 인사문제에 개입하기 시작했다. 물론 그 전에도 이상득이 관여를 했으나 자문이나 고문 역할 정도에 그쳤다. 그러나 경선이 끝난 이후 내부에서 이상득 퇴진 운동이 슬금슬금 제기되자 위기감을 느끼고 적극적으로 개입하기 시작한 것으로 보인다. 그때만 해도 나는 동생이 대통령이 된다면 이상득은 당연히 알아서 물러설 것이라고 생각했다. 지금 생각해 보면 참 순진한 생각이었다. 사실 이상득과 나는 남다른 인연이 있었다. 이상득은 2004년 총선 때부터 내 후원회장을 맡고 있었다. 나도 이상득을 좋아하고 따랐다. 이상득의 경륜과 정치적 능력, 인품을 높게 평가했다. 나는 이런 맥락에서 MB가 대통령이 되면 이상득은 초야에 묻히던지 외국에 갈 것이라고 생각했다.

이상득, 6인회 내세우고
임태희 발판 삼다

그러나 이상득은 임태희를 후보 비서실장으로 앉힌 뒤 원로자문그룹이라는 '6인회'를 내세워 현안에 적극 나서기 시작했다. 구체적이고 명확하지는 않지만 '뭔가 이상하다, 이래서는 안 되겠다'는 걱정 속에 소장 개혁파들이 '이상득이 총선에 나오면 안 된다'는 이야기를 삼삼오오 주고받기 시작할 때였다.

이상득의 목소리가 커지고, 개입이 늘어나면서 중도개혁 노선은 밀려나고 수구우파적인 노선으로 회귀하려는 움직임이 나타났다. 사람을 쓰는 문제도 그렇지만, 정책적인 면에서도 자꾸 변해갔다. 예를 들면, 당시 경제 관련 정책은 곽승준과 강만수가 역할을 많이 했다. 그러나 강만수보다는 거의 곽승준의 입장이 반영됐다. 강만수가 기조와 맞지 않는 정책을 고집스럽게 발표했다가 네티즌들로부터 뭇매를 맞고 철회한 일도 있었다. 그때만 해도 강만수는 자신의 주장을 관철시키기 위해 나를 찾아와서 부탁도 하고 그랬다. 그러나 나를 비롯한 소장파들은 강만수가 주장하는 정책이 선거 국면에서 표를 잃는 정책들이었기 때문에 반대하곤 했었다. 그런데 이상득이 본격 등장하면서 강만수류의 경제정책들이 속속 나왔다.

대선자금 실무는 김백준,
조달은 이상득 구조 가동

MB 캠프에서 이상득의 핵심적인 역할은 '돈' 문제였다. '실무는 김백준, 조달은 이상득', 이 구조는 오래전부터 정착된 체계였다. 물론 나중에는 천신일, 최시중도 자금을 조달하는 역할을 했다. 최시중은 주로 언론사를 담당했기 때문에 돈을 많이 썼다.

그래도 자금을 만지는 규모가 제일 큰 사람은 이상득이었다. 캠프의 팀장들은 김백준으로부터 돈을 타다 썼고, 김백준에게 돈을 주는 사람은 이상득, 천신일, 최시중이었다. 구조가 이렇다보니 대선 때에도 이상득은 계속 돈을 모을 수밖에 없었다.

그런데 대선 후보 경선이 끝나자마자 캠프에 돈이 싹 말랐다. 경선에서 이긴 뒤 후보가 됐으니 돈이 오히려 더 풍성해져야 하는데 그렇지 않았다. 대선 때는 아무래도 경선 때보다는 일하는 단위가 커진다. 대표적인 경우가 김인규가 이끌던 방송팀이었다. 김인규는 60여 명으로 방송팀을 꾸렸다. 인원이 많다 보니 밥값 같은 실비가 꽤 들어가는데, 한 달 넘게 자기 돈을 썼다. 참다못한 김인규는 내게 서너 차례나 "내 돈 쓰면서 일할 수는 없지 않느냐"며 자금 독촉을 요청하곤 했다. 유세단장 권오을도 유세단을 이끌어야 했기 때문에 밥값, 차비가 많이 들었다. 그래서 권오을도 내게 돈을 안 준다고 난리를 쳤다. 내게 이럴 정도였으니, 이상득에게는 오죽했을까.

노무현 정권이 개입해
MB 돈줄을 차단했다?

어쨌든 MB가 대선 후보가 됐는데 왜 갑자기 캠프에 돈이 말랐던 것일까. 확실한 근거는 없지만 내가 보기에 정권에서 개입했을 가능성이 크다. MB의 당선이 확실시되는데 그것을 방해하거나 저지할 수 있는 방법은 특별히 없었다.

또 잘못하다가는 역풍을 맞을 수도 있었다. 그러다 보니 기업을 향해 엄격하게 경고를 보내지 않았을까 짐작한다. 'MB 캠프에 돈을 보내지 마라. 우리가 주시하고 있다'라는 식의 사인이 갔을 것이다. 그렇지 않고서야 후보로 확정됐는데 돈이 싹 말라버릴 수가 있을까.

대선 후반부에 가서야 자금난이 풀렸다. 당시 소장파들이 이상득 퇴진론을 대놓고 이야기할 수 없었던 가장 큰 이유는 그가 자금 창구 역할을 맡고 있다는 것을 알고 있었기 때문이다.

MB 캠프는 크게 돈을 쓰지 않았다. 법정 선거 비용 이외의 돈을 쓸 의도도 없었고 원래 돈을 안 쓰는 사람들이었다. 그런데 대선 과정에서 직능본부, 조직본부가 가동되면서 난장판이 벌어지기 시작했다. 그러면서 자금 사용 행태가 과거로 돌아갔다.

앞서 언급했듯이 대선은 공중전이고 육상전은 거의 의미가 없다. 따라서 대선에서 조직 운운하는 사람은 아마추어가 아니면 브로커일 가능성이 높다. 실제로 조직은 구체적인 사람들이 아니라 결국 허울 좋은 명단일 뿐이다. 그런데 조직을 한다는 사람은 어쨌든 지역을 돌아다니면서 모임을 만들고 행사를 여는 시늉을 해야 한다. 그러다 보면 돈이 들어가는데, 어디선가 조달을 해야 한다. 돈을 직접 조달하는 것이 어려우면 사람을 조달한다. 돈을 댈 스폰서를 세우는 것이다. 이런 스폰서들이 결국 나중에 문제를 일으키는 주역들이 된다.

친박계와의
갈등이 시작되다

대선 선대위를 만들 때 비교적 알려지지 않은 배은희 리젠바이오텍 대표, 박찬모 포항공대 총장 등 참신한 인물 7명을 공동선대위원장으로 임명한 것은 MB의 아이디어였다. 이는 당내 화합을 뭉개면서 MB식 정치로 가는 과정이었다. 정치적으로 볼 때 MB는 이미 박근혜 쪽에 배려할 생각이 없다는 신호를 보낸 것이나 마찬가지였다. 캠프에서 실속 있는 자리는 이미 이상득과 이재오 쪽에서 차지해버렸으니, 박근혜 입장에서는 허울뿐인 자리를 준다고 해도 싫을 수밖에 없었다.

게다가 경선이 끝난 후부터 이재오가 무리한 일들을 벌이기 시작했다. 당 사무처에 가서 '내 방을 만들어 내라'고 했다는 기사가 터져 나와 물의를 빚더니, 언론 인터뷰 때마다 박근혜를 비난하는 말을 토해냈다. 예를 들면 2007년 10월 29일 이재오는 한 언론과의 인터뷰에서 "이명박 후보를 인정하지 않고 아직도 경선 중인 걸로 착각하는 세력이 당내에 있다. 이들을 좌시하지 않겠다"고 했다. 이재오의 이 같은 발언은 박근혜 측 인사들의 일련의 움직임에 대한 MB 측의 기류가 반영된 것으로 해석됐다. 이재오가 최고위원회의에서 "당이 이대로는 안 된다", "화합과 승복을 약속한 사람들이 대선 필승결의대회에 참석하지 않고 그 시간에 자파끼리 단합 등산을 하며 나 몰라라 하는데 지도부가 방치해서야 되겠느냐"라고 발언한 것도 같은 맥락이었다. 이재오가 이런 발언을 계속 해대니 박근혜는 더 흥분할 수밖에 없었다. 그 당시 종합청사 부근 식당에 모여 저녁을 먹는 자리에서 김무성이 MB 앞에서 이재오를 대놓고 비난한 적이 있다. MB는 이재오를 면전에서 엄청나게 혼을 냈던 걸로 기억한다. 친박계 인사 가운데 그나마 끌어들인 사람이 최경환이었다. '경제살리기위원회'를 만들어서 후보인 MB가 직접 위원장을 하고 부위원장에는 최경환, 황영기를 앉혔던 것이다.

04

백해무익한 정권 인수위

갑자기 다가온
새 정부

대통령 선거 이틀 전쯤에 나와 함께 인수위 인선을 하라고 MB가 지시했다며, 김원용 교수가 연락을 해왔다. 나는 평소 함께 일을 했던 김도종, 김형준, 박형준, 김해수, 박재성, 경윤호, 윤석대 등에게 실무 준비를 맡겼다. 인수위 구성에 박차를 가하고 있는 와중에 대선이 끝났다. 예상대로 MB는 500만 표 이상의 큰 표차로 승리했다. 대선 다음 날인 2007년 12월 20일 나는 곽승준과 함께 SBS 방송에 출연했다. 오전에 3시간 이상 방송을 하고, 곽승준과 마포 가든호텔 일식당으로 점심을 먹으러 가는 도중에 박영준으로부터 전화가 와서 함께 만났다.

이날 박영준은 나와 함께 점심을 먹으면서 "선진국민연대도 고생을 많이 했는데 인수위나 청와대, 내각 인사를 할 때 배려해달라"고 말했다. 사실 당시 나는 선진국민연대에 대해 잘 몰랐다. 그래서 단순하게 생각하고 "나는 잘 모르니 네가 들어와서 직접 인선을 하라"고 말했다. 내가 그렇게 말한 또 다른 이유는 이상득을 배려하기 위해서였다. MB의 허락을 받은 것은 아니지만, 안 된다고 할 리가 없다고 생각했기 때문이었다. 이후 MB에게 "이상득 의원도 배려를 해야 하니 제가 박영준을 데리고 인사 작업을 하겠습니다"라고 말했더니 그렇게 하라고 했다. 박영준은 다음 날부터 인수위 실무작업팀에 합류했다. 훗날 이 팀에 있던 이들은 박영준을 제외하고는 MB 정부 초기에 대부분 소외됐다. 마치 어미를 잡아먹은 살모사처럼, 잘못 데려온 독사 하나가 가족들을 다 물어 죽인 것이다.

정태근은 인수위에 참여하지 않았다. '권력이라는 것이 불과 같아서 너무 멀면 춥지만, 가까이 가면 덴다, 특히 MB 같은 사람이 그렇다'는 지인의 충고가 생각났기 때문이었다고 했다. 인수위에 참여할 생각하지 말고 선거 준비나 열심히 하라는 지인의 말은 정태근의 마음을 움직였다. MB가 당선된 직후 거주지를 안가로 옮겨야 한다는 경호실 직원의 말을 듣고 그때까지 수행실장을 맡고 있던 정태근은 더 관여하면 안 되겠다고 판단해 안가 관리 열쇠를 박영준에게 넘겼다. 사저에서 안가로 옮기는 모든 진행을 박영준이 도맡아 처리했다. 인사와 관리 두 분야에서 박영준의 역할이 늘어났다. 나와 정태근은 이런 물밑 흐름을 주의 깊게 살피지 못했다. 나도, 정태근도 그렇게 주도면밀한 성격이 아니었다. 이 무렵부터 인수위의 권력은 물밑에서 서서히 TK 세력에게 넘어가고 있었다.

백해무익한
정권 인수위

　　　　　　　　　　나는 평소 대통령 인수위원회에
대해 비판적인 시각을 갖고 있다. 소위 87년 체제 이후 단임 정권이
되면서 노태우 대통령 때부터 인수위가 꾸려졌는데, 사실 백해무
익한 기구가 아닌가 생각한다. 인수위는 대통령이 당선된 후 항상
난리법석을 피웠다. 새 정부가 들어서기 전까지 준비를 하면서, 새
정부에게 인수인계만 잘하면 되는 것이 인수위의 임무다. 그러나
실질적으로 인수위가 새 정부에게 업무를 인수인계한 경우가 거의
없는 것이 현실이었다. 예를 들어 인수위에서 안을 만들었으면 누
군가 끝까지 챙겨야 하는데, 인수위가 끝나면 그 안은 어디론가 사
라진다. 물론 일부 들어가는 경우도 있지만 인수위에 있던 사람이
내각에 들어가는 경우에 한해서다. 한마디로 책임지는 사람이 없
다. 책임지는 사람도 없이 인수위가 두어 달 동안 난리만 치다 보
니, 새 정부가 출범하기도 전에 오히려 정부를 망가뜨리는 역할을
하는 경우를 자주 보았다.

　인수위는 그 다음에 일할 사람에게 통상적인 업무를 인수인계하
는 실무적인 인수 작업만 해야 한다. 인수위와 새 정부가 같이 갈
것이 아니라면 인수위원도 임명하지 않아야 한다. 인수위원보다는
실무팀장 정도만 있어도 된다. 인수위원장은 당연히 총리 내정자
가 해야 하며, 대선 직후 이미 조각이 되어 있어야 한다. 그 팀에서
준비하고, 내각을 구성한 후에 인수위에서 준비한 안으로 정부를
운영하면 된다. 왜 내각에 들어가지도 않을 사람들이 그렇게 난리
를 치는지 나로서는 이해하기 어렵다.

선거 캠프에는 뚜렷한 자기 일이 없고, 전문성이 없는 사람들이 많은 게 현실이다. 자기 일에 바쁜 사람들이 캠프에 참여할 여유가 있겠는가. 그런 사람들이 인수위에 들어와 유세를 부리는 것이 문제다. 대통령에 당선되면 모든 민원, 청탁, 인사 같은 관심이 일시에 당선자에게 몰린다. 그래서 당선자 주위에 있던 사람들이 덩달아 '나도 측근이고, 실세다' 하며 과시하고 싶어서 모이는 곳이 인수위가 되어버렸다. 그런 것을 왜 만드는가.

전혀 준비되지 않은 인수위 구성

이처럼 인수위에 비판적인 생각을 갖고 있었지만, 내가 구상했던 이상적인 인수위를 만들기에는 힘이 부족했기에, 결국 나도 흐름에 휩쓸려 갈 수밖에 없었다. 대통령이 되려는 사람들은 여러 가지 준비를 하지만 정작 제일 중요한 '사람'을 준비하지 않는다. 그러니 막상 인수위든 내각이든 꾸리려면 '사람'이 없었다. 사람은 누구나 자기 옆에서 일하는 사람의 가치를 모른다. 대통령에 당선되면 지금까지는 이들과 일해 왔지만 국정은 제대로 된 사람과 운영하고 싶다고 생각한다. 지금까지는 어쩔 수가 없어서 이들을 데리고 다녔지만, 이제는 그럴 수 없다고 생각하는 것이다. 김영삼, 김대중 다 마찬가지였고, MB도 당연히 그랬다. 그럼에도 '총리는 누구로 하고, 내각은 어떻게 꾸리겠다, 인사의 중심은 누구에게 맡기겠다' 이런 생각을 전혀 하지 않고 있었다.

나는 MB가 대통령에 당선된 뒤 인사 준비가 전혀 안 되어 있다는 사실을 알고 깜짝 놀랐다. MB는 언제나 일주일 후나 한 달 후 일에 대해서는 큰 관심이 없었다. 인사도 마찬가지였다. 그때 가서 하면 되지 하는 식이었다. 인선을 하려고 "혹시 생각하신 분 누구 있습니까?"라고 물어볼 때마다 "없다"고 말했다. 나는 그때마다 식은땀이 났을 정도로 큰일이라는 생각이 들었다.

나는 카페 회의실을 수시로 빌려 인수위 준비팀을 소집한 다음 "누구누구 인적 사항 뽑아봐라, 그리고 기본적인 검증도 해봐라" 하고 지시를 내렸다. 각 부처 인수인계 작업은 인수위에서 실무적으로 하면 되는 것이고, 인수위 비서실은 실제로 인사를 하는 곳이다. 인수위원장, 즉 총리 내정자와 대통령이 상의하면서 내각 인사를 하는 것이 가장 바람직한 모습이다. 그런데 정작 인사를 한다는 인수위 비서실은 준비도 없이 허둥지둥하기만 했다. 과거 정권들은 어떻게 했는지 잘 모르지만 비슷했을 것이다. 이른바 '준비된 대통령'이었다는 김대중 전 대통령은 위기 때마다 사람을 바꿨다. 집권 전에 재야인사들을 영입하면서 상당한 인재 풀을 갖고 있었다. 그런 DJ조차도 대통령이 되고 나서는 청와대나 내각을 꾸리는 데 주먹구구식이었는데, 그런 과정이 전혀 없었던 MB는 말해 무엇할 것인가. 어쨌든 인수위를 구성하고 인수위원들을 발표하고 나니 여기저기서 인사 청탁이 빗발쳤다. 인수위원, 전문위원 인선을 마치고 손을 털면서 박영준에게 인수위 간사를 맡고 있던 백성운과 상의해서 인수위원들이 요청하는 사람들을 보완하고 내일 아침까지 마무리하라고 지시했다. 그런데 박영준은 잔여 인사를 한다면서 거의 2박 3일을 끌더니, 인수위를 선진국민연대 사람들 위주로 채워버렸다. 나는 선진국민연대가 실체 없는 명단뿐인 단체라는 것을 잘 알고 있었기 때문에 이런 이들이 인수위에 포진해서는 안 된다고 생각했다. 잠깐 마무리를 하라고 한 사이에 선진국민연대 출신들을 인수위에 왕창 집어넣을 것이라고는 전혀 생각지 못했다. 아니나 다를까. 인수위 전문위원, 자문위원이 발표되자 여기저기서 난리가 났다. 그 중에서 내게 가장 많이 항의가 들어온 것은 박아무개와 관련해서였다.

노사모 핵심이면서 부산 지역의 유명 정치 브로커로 알려진 박아무개가 이명박 인수위에 들어가면 사람들이 뭐라고 생각하겠느냐면서 많은 이들이 걱정했다. 인사는 인사권자가 하는 걸로 알고 있지만, 실제로는 그렇지 않다. 자기가 아는 사람에 대해서는 인사권자가 인사를 할 수 있지만, 모르는 사람에 대한 인사를 하려면 그 사람이 어떤 사람인지 아는 이에게 물어봐야 한다. 그래서 인사는 실무자가 하는 것이다. 나는 전문위원까지는 대강 알았지만 나머지 인사들에 대해서는 누군지 알지 못했다. 또 이미 확정해놓은 안을 박영준이 바꿀 것이라고는 전혀 생각지 못했다. 상식적으로 있을 수 없는 일이기 때문이다. MB 인수위 인사가 엉망이 된 것은 일을 꼼꼼히 챙기지 않고 대체로 믿고 맡기는 내 스타일 때문에 벌어진 일이기에 내 책임도 크다.

인수위 기간 중에 벌인
외교팀의 매국적 행각   어쨌든 국정 운영에 대해 전혀 준비가 안 된 상태에서 대선 바로 다음 날인 12월 20일 심각한 일이 벌어졌다. 20일 대통령 당선자의 주요 일정은 4강 대사를 면담하고, 4강 지도자와 통화하는 것이었다. 4강 지도자 통화까지는 좋다. 그런데 대통령에 당선된 바로 다음 날 미국, 중국, 일본, 러시아 대사와 면담을 하는 것은 난센스이다. 다른 나라에서 이런 일이 벌어지는 것은 상상도 할 수 없는 일이다. 그런 일 자체가 우리가 약소국이라는 것을 스스로 보여주는 것과 마찬가지다. 이런 짓을 누가 꾸몄을까. 외교 담당 파트에서 했다. 나는 나중에서야 이 일을 알고 분개했지만 이미 물 건너간 일이었다. 어떻게 이런 일이 가능했을까. 국익을 최우선으로 하지 않고 자기 인사 이익을 최우선으로 하는 일에 발군인 집단이 외교부 관료들이라면 너무 과한 이야기일까? 외교부 관료들은 대통령 당선 다음 날, 하루 종일 당선자를 장악했다. 당선자가 외교부 관료들에게 놀아난 것을 보여준 대표적인 사례이며, 당선자가 얼마나 국제적으로 미숙했는지를 보여주는 대목이다.

외교부 관료들은 나중에 더 큰일을 벌였다. '총선 전 3월 중 방미'를 추진했던 것이다. 3월 중에 방미하려면 1월부터는 준비를 해야 한다. 외교 담당 파트가 계속 당선자 옆에 있겠다는 소리다. 외교 관료들이 자기들의 이해관계를 유지, 강화하기 위해 '총선 전 3월 방미'라는 프로젝트를 만들어냈던 것이다. 당시 나는 이런 흐름을 전혀 알지 못했다. 은밀히 진행되던 이런 물밑 움직임을 알아챈 사람은 신재민이었다. 신재민은 "큰일 났다. 이러다가 미국 가서 삐걱하면 총선 다 날아간다. 잘못하다가는 정권 시작하자마자 식물정권이 될 수 있으니 절대적으로 막아야 한다"라고 강하게 주장했다. 내가 MB를 만나 "신중하게 결정해야 할 문제입니다"라고 했더니, MB는 "당신이 외교를 알아? 알지도 못하면서 왜 그러냐"는 식으로 반응했다. 안 되겠다고 생각한 나는 꾀를 냈다. MB에게 외교팀과 정무팀이 방미와 관련해 끝장토론을 할 기회를 달라고 했다. 박형준, 주호영, 신재민 등이 참가한 가운데 열린 토론회에서 정무팀은 외교팀을 몰아붙여 '3월 방미'를 무산시켰다. 만약 그냥 진행했다면 총선 전에 촛불사태가 벌어졌을지도 모른다. 결국 MB는 2008년 4월 15일부터 19일까지 방미했다. 국익은 고려하지 않고, 알면서도 무시하고, 자기들의 개인적인 인사 이익을 위해 이런 위험천만한 일을 벌인 것이 외교팀이었다.

사실 혈맹 관계인 미국과는 주요 현안이 굉장히 많다. 현안에 대해 어느 정도 협상을 해놓고, 대통령이 유리하게 마무리하고 오는 것이 통상적인 외교 절차다. 그런데 방미를 서두르게 되면 반대로 그들의 입장을 들어줘야 한다. 외교팀은 당선자가 어떤 스타일인지 살핀 다음 만만하다는 것이 확인되면 그때부터 자기들 페이스로 끌고 간다. 2009년 5월 20일, 미국 앨라배마의 현대자동차 공장 오픈식에 초청을 받아서 간 나를 당시 주미공사의 한 직원이 안내했다. 나는 그에게 "상식적으로 생각했을 때 미국 의회에서는 전혀 FTA를 비준할 가능성이 없고, 내 정보로도 가능성이 없다고 하는데, 미국 대사관은 어떻게 그게 가능하다고 보고를 올리느냐. 이해가 안 가니 설명을 해달라"고 물었다. 그런데 "그게 아니고 본국에서 그렇게 보고하라고 해서 보고하는 것이다"라는 답을 들었다. 나는 순간 어안이 벙벙했다. 외교부 관료들은 대통령을 가지고 노는 게 아니라 나라를 가지고 놀고 있구나 하는 생각마저 들었다.

외교부 관료들의 이런 행태는 나중에 벌어진 CNK 다이아몬드 사건에서도 확인할 수 있다. 외교부 관료였던 김은석이 "투자 가치가 있다"라는 보도자료를 돌린 사건이다. 지극히 보수적인 외교부에서는 상상할 수도 없는 일이었다. 김성환 장관은 김은석이 CNK 보도자료를 돌리겠다니까 "그렇게 하세요" 했다고 한다. 아는 사람은 다 아는 이야기지만, 외교부란 데는 원래 다이아몬드가 쏟아져 나온다 해도 절대 관여하지 않는 곳이다. 김성환은 김은석이 박영준과 가깝다는 것을 알기 때문에 아무런 제동을 걸지 않았을 것이다. 당시 나라가 그렇게 돌아갔다.

한없이 초라한
국정원장

국정원에서 인수위 전문위원으로 파견 온 사람은 김원용 교수가 추천한 김유환이었다. 김유환은 김 교수의 제자로, 나는 그 전까지 김유환을 전혀 알지 못했다. 그런데 사방에서 내 인맥이라며 김유환을 견제하는 소리가 들리기 시작했다. 다행히 김유환은 국정원 내에서 신망이 있었기 때문에 버틸 수 있었다. 박영준 등은 내가 인수위에서 밀려난 이후 김유환을 갈아치우려고 했다. 그때 막아준 사람이 이재오였다. 이재오의 측근인 진수희가 외교통일안보분과에 있으면서 김유환을 알고 있었던 것이 도움이 됐다. 국정원장에는 김성호가 내정이 되고, 김유환은 청문회 준비팀장을 맡았다. 야당은 김성호가 노무현 정부에서 법무부장관을 했다는 전력을 들며 청문회를 보이콧했다.

그런 와중인 2008년 3월 4일, 청와대에서 김원용 교수와 함께 MB를 만났다. 총선 한참 전, 이상득 불출마 문제가 거론되기 시작할 때였다. 당시 나는 이렇게 가면 큰일 날 지도 모른다고 생각하면서 괴로워하고 있었다. 예상과 달리 이상득은 한발 한발 출마를 향해 가고 있었다. 이대로 가면 권력을 사유화하는 이들에 의한 국정농단이 불을 보듯 뻔했다. 나로서는 승부수를 던져야 했다. 결론은 나의 불출마 선언이었다. 내가 불출마한다고 선언하면서 이상득도 불출마하도록 하자고 결심했다. 나는 김원용 교수에게 전화해서, 총선에 출마하지 않으려고 하니 MB에게 이야기를 해 달라고 부탁했다. 얼마 뒤 김 교수에게 연락이 와서 함께 청와대로 가 대통령과 오찬을 했다. 정부 출범 이후 처음 하는 청와대 방문이었다. MB는 "한 석이라도 아껴야 하는데… 내가 다 생각이 있다" 하며 이야기를 시작했다. MB의 말대로라면 이상득을 불출마로 이끌 복안이 있다는 뜻이었다. 나는 "지금 같아서는 이번 총선에서 3분의 2을 얻는 것도 가능하다. 그러면 개헌 의석도 가능해진다. 그런데 지금 여러 가지 감표 요인들이 발생하고 있으니 잘 관리를 해야 한다. 국정원장이 저렇게 청문회도 못하고 있으니 걱정이 된다"고 말했다. 그러자 이명박은 "국정원장을 만나서 조언을 해주라"고 했다.

청와대를 나온 나는 김성호에게 연락해서 만나기로 했다. 그러던 와중에 박재성이 내게 청와대 기획조정비서관실에 근무하는 김 행정관이 김성호를 만나 '정두언 만날 필요 없다'라고 했다며 보고했다. 김성호는 김 행정관의 고등학교 선배였다. 나는 기분은 나빴지만 '설마 그러랴' 하고 있었는데, 얼마 뒤 김성호로부터 만나기로 한 약속을 취소해야겠다는 전화가 걸려왔다. 나는 이럴 수 있나 싶은 생각이 들었다. 그냥 물러설 수는 없었다. 김성호에게 "제가 만나자는 게 아니라 대통령이 만나라고 한 것이다. 보좌관 애들 이야기 듣고 그러시는 것 같은데 원장님 나중에 어떻게 책임지려고 그러세요?" 하고 몰아붙였다. 머쓱해진 김성호는 "그래요? 알겠습니다. 뵙죠"라고 말했다. 롯데호텔에서 김성호를 만난 내가 내뱉은 첫마디는 "원장님, 앞으로 큰일 하셔야 하는데, 애들한테 흔들리면 어떡합니까. 너무 걱정됩니다"였다.

그러나 '정두언 인맥'으로 찍힌 김유환은 결국 정부 출범 후에도 보직을 못 받고 국정원을 퇴직했다. 18대 국회 내내 나는 국정원 출신인 이철우 의원과 본회의장에서 나란히 앉게 되었고, 자연히 많은 이야기를 나누다가 무척 가까워졌다. 어느 날 내가 그에게 물었다. "사실 나는 김유환을 잘 모르는데, 그 친구 나 때문에 너무 억울하게 되었습니다. 그런데 그 친구는 사람이 어떤가요?" 이철우 의원의 답은 간결했다. "그런 사람이 국정원을 맡아야 국정원이 제대로 돌아가지요." 세상은 이렇듯 악화가 양화를 구축하고 있었다.

05

인수위 시절의
어두운 비화들

대선 이후의
어설픈 상황

대선 승리는 어느 정도 예상됐으니 그 이후를 대비한 인수위원회 밑그림도 준비해야 했다. 그런데 전혀 그런 움직임이 없었다. 한동안 눈치를 보던 나는 조심스럽게 MB에게 인수위를 위한 사전 준비를 해야 한다고 건의했다. 경선캠프 구성 때의 경험 때문인지, 이번에는 MB가 그 자리에서 바로 해보라고 답을 주었다. 나는 김원용 이화여대 교수, 박형준 전 의원, 명지대의 두 김 교수 등으로 팀을 짰다. 팀장은 윤여준이었다. 그때 윤여준은 그 일에 적극적이지 않았다. MB와 스타일이 잘 안 맞는 데다, MB가 그를 데면데면 대했기 때문이었을 것이다. 김원용이 안 되겠다 싶었는지 김용태(현 새누리당 국회의원) 등 제자들을 데리고 별도의 준비팀을 만들었다. 대선을 2주 정도 앞둔 시점에 윤여준 팀과 김원용 팀에서 만든 두 가지 안을 섞어서 MB에게 한 시간 정도 인수위 관련 보고를 했다. 발제는 내가 했고, 내용은 인수위를 포함해서 대선 이후 행보를 어떻게 해야 하는가에 대한 것이었다. 그런데 내 기억에 MB는 그날 성의 없이 보고를 들었고 대충 끝을 냈었다.

이경숙 인수위원장
인선 배경

'MB 인수위'에서 얼굴마담은 이경숙 전 숙명여대 총장이었다. 이경숙은 세간에 '소망교회 인맥'으로 알려져 있지만 MB와 또 다른 인연이 있었다. 서울시장 시절 MB는 가끔 서울지역 대학의 총장들과 모임을 가졌다. '지식인의 상징'으로 불리는 대학 총장들과의 만남은 MB가 지식인 사회에 나름대로 자신을 알리고 지지세를 확산해가는 방법의 하나였다. 훗날 MB 정부에서 국무총리를 지낸 정운찬(전 서울대 총장)도 이 모임에 참석했다. 이경숙의 인수위원장 선임과 관련해서는 김윤옥 여사도 관련이 있다. 김윤옥 여사가 숙명여대 최고위 과정을 다녔기 때문이다. 그 당시 김윤옥 여사의 담당 교수가 MB 정권 초기에 청와대 사회정책수석으로 임명됐던 박미석이었다. 김윤옥 여사가 숙대 최고위 과정을 다니면서 이경숙 총장과 가까워졌다는 이야기도 있었다. '이경숙 인수위원장'이 물망에 올랐을 때 나도 "그래, 여성 인수위원장! 멋진데…" 생각하면서 MB에게 이 전 총장에 대한 긍정적인 의견을 냈다.

주먹구구식의
황당한 인사 작업

인수위가 출범하면서 당선인 비서실 쪽에서 인사 작업을 한 사람은 나와 김원용, 박영준 세 명이었다. 그런데 한 일주일 정도 지나자 내심 겁이 나기 시작했다. 주먹구구식으로 인사 작업이 진행되다 보니 '인사를 이렇게 해도 되나?' 하는 생각이 들었기 때문이다. 한 예로 내가 잘 아는 인물이 청와대 수석비서관으로 거론됐다. 그가 어떤 인물인지 뻔히 알기 때문에 황당했다. 이런 인물이 무슨 청와대 수석인가 하는 생각이 들어서 '이런 식으로 인사를 하면 큰일 나겠는데' 하는 걱정이 앞섰다.

'이대로는 도저히 안 되겠다'고 생각한 나는 김원용 교수와 상의했다. 더 많은 사람을 참여시켜서 더 많이 추천을 받고, 또 평가를 받고 해야지 이렇게 몇몇이 주먹구구식으로 인사 작업을 할 일이 아니라고 생각한 것이다. 나는 김 교수에게 "우리는 실무적인 일만 하고 빠지자"고 말했다. 그래서 MB에게 더 많은 사람을 참여시키고 평가를 받아서 인선 작업을 하자는 내용으로 인사위원회 안을 만들어서 갔다. 위원장을 류우익으로 하는 안이었다. 보고를 듣고 난 MB는 지금 류우익이 어디에 있는지 물었다. 나는 박영준에게 빨리 류우익의 위치를 알아보라고 했다. 그는 당시 프랑스인가 독일인가 유럽에 가 있었다. MB는 자신이 안을 더 살펴볼 테니 놓고 가라고 했다. 나는 정리해서 말씀 주시라고 말하고 나왔다. 당시에는 몰랐지만 이것이 나와 MB의 관계가 결정적으로 틀어지기 전의 마지막 만남이었다.

MB의 역린을
건드리다

　　　　　　　　　MB는 어느 날 밤 느닷없이 롯데 호텔로 나를 불렀다. 그리고 한상률 국세청장을 거론하며 1시간 동안 호되게 나를 질책했다. "왜 쓸데없이 국세청에 나와 관련된 자료를 요구했느냐"는 것이었다. 내 머릿속에 얼마 전 풍경이 떠올랐다. 박재성이 나를 찾아와 국세청에서 'MB 파일'을 만든 것으로 추정되는데, 한상률에게서 자료를 받아내야 한다고 했다. 박재성은 국정원의 MB 파일도 거론했다. 그러면서 자신이 만나서 요청을 해보겠다고 했다. 나는 박재성의 말대로 MB와 관련한 국정원 파일과 국세청 파일을 확보해야겠다고 생각하고, MB에게 "국정원 파일과 국세청 파일을 받겠습니다"라고 보고하고 승낙을 받았다.

　국정원에 먼저 간 박재성은 "자료는 줄 수 없고 대신 모니터를 보라"는 답을 들었다고 했다. 그런데 모니터를 보니 그 내용이 거의 신문 스크랩 수준이었다. 박재성은 "장난하나!"라고 일갈하고는 돌아올 수밖에 없었다. 나는 MB에게 사실대로 보고했다. 사실 특별히 보고할 내용이 없었다.

　한편 한상률 국세청장은 자료 제출을 완강히 거부하다가, 내게 만나자는 연락을 해왔다. 박재성이 자료를 받을 때까지는 절대 그를 만나서는 안 된다고 해서 한상률을 피해왔지만, 그의 집요한 요청을 계속 거절하지 못했다. 사전에 MB로부터도 허락까지 받은 사안이었지만, 한상률에게 MB 파일을 요구한 행위는 결과적으로 MB의 역린을 건드린 셈이 되고 말았다.

인수위에 내 사람을
심었다는 오해들

이 문제가 결정적인 빌미가 되기
는 했지만, 사실 인수위가 가동되는 초기부터 이미 나에 대한 견제
가 시작됐다. 〈한겨레〉가 보도한 '인수위, 정두언 천하?' 기사가 시
작이었다. 이른바 '정두언 인맥'이 인수위에 포진했다는 내용으로,
특히 고교 동기들을 대거 끌어들였다는 것이었는데 나로서는 억울
한 측면이 있다. 인수위 전문위원 중 내 고교 동기인 경기고 71회
출신은 조원동, 김준경, 이용준, 최중경, 윤수영, 이선용 등이었다.
최중경은 강만수가 추천했고, 김준경은 KDI 원장이 보낸 경우였
다. 또 이선용(인수위 사회교육문화분과 전문위원)은 김백준과 같이 일
하던 친구였다. 이 외에도 경기고 71회가 몇 명 더 있었지만 그들이
어떻게 인수위에 왔는지는 나도 몰랐다.

내가 추천한 고교 동기는 조원동 등 세 명이었다. 원래 조원동과
이용준은 부처에서 에이스로 꼽히던 인재들이었다. 사실 내가 추
천한 사람 중에 재경부의 조원동과 건교부의 서종대는 문제가 있
었다고 인정한다. 서종대는 공직 후배 중에 내가 무척 아끼는 사람
이었고, 조원동은 나와 고등학교 때부터 죽마고우였다. 두 사람은
DJ, 노무현 정권 때 청와대에도 근무하면서 계속 잘나가던 공무원
들이었다. 내가 이 둘을 챙긴 이유는 자타가 공인하는 능력 있는 사
람들이었기 때문이다. 나는 능력이 출중한 이들이 DJ, 노무현 정부
때 잘나갔다는 이유로 MB 정부에서 뒤편으로 밀리는 것은 아깝다
는 생각이 들었다. 훗날 그들은 MB 정부에서도 능력을 인정받아
계속 중책을 맡았다.

〈한겨레〉 기사가 나온 뒤 나는 내가 경솔했다고 후회했다. 나와 가까운 사람들은 가급적 추천하지 말았어야 했는데 하는 생각이 들었다. 그때 나중에 경제수석을 지낸 김대기가 고교 동기들끼리 모인 자리에서 한 말이 있다. "황금알을 낳는 거위가 있는데 계속 황금알을 빼먹어야지 그 거위를 잡아먹어서야 되겠냐"라고.

MB의 견제와 신뢰

사실 MB는 나를 처음부터 견제했다. 나는 서울시장 시절부터 MB의 견제를 항상 피부로 느끼곤 했다. 앞서 이야기했듯이 당내 경선 때 경선캠프를 꾸려야 하는데 MB는 차일피일 미루기만 했다. 당시에는 그 일을 할 사람이나 믿을 사람이 나밖에 없었는데도 내게 힘이 실리는 것을 내심 싫어했다. 그러다 결국 MB 특유의 애매한 태도로 내게 맡겼다.

대선 때도 특별한 역할을 주지 않아서 내 스스로 전략기획총괄 팀장이라고 해버렸다. 팀장이라는 낮은 직명을 쓰니 아무도 시비를 걸지 않았다. 인수위 때도 나는 아무런 직명이 없었다. 그래서 사람들이 특보라고 불렀다. 그랬더니 MB가 "특보는 무슨 특보야, 보좌역!" 이랬다. MB가 입버릇처럼 하는 말이 "DJ 때 박지원처럼 되면 되겠어?"였다. 자기 밑에 있는 사람이 박지원처럼 힘을 가지면 안 된다며 늘 주위를 경계한 것이다.

그럼에도 MB는 왜 나를 신뢰했던 것일까. MB는 워낙 의심이 많은 사람이라는 것을 나는 이미 알고 있었다. 그래서 그와 함께 일할 때는 조금이라도 나의 이해와 관계되는 일이 생기면 항상 MB에게 미리 이야기를 했다. 굳이 그렇게까지 할 필요가 없는 이야기도 모두 다 말했다. 이러니 누가 이권에 개입한다며 나를 모함해도, MB는 이미 그 내용을 알고 있기 때문에 웃어넘길 수밖에 없었다. MB는 서울시장 시절 수시로 정무부시장실에 전화를 했다. 어느 날 인터폰이 와서 받았더니 "이게 뭐예요?" 하는데 말투부터 달랐다. 느낌이 '너 잘 걸렸다' 이러는 것 같았다. 산하기관의 어느 사외이사를 왜 보고도 없이 당신 마음대로 임명했느냐는 것이었다. 그래서 나는 "그 사람 아무개 친척인데요, 요즘 사정이 어렵다고 해서 도와주자고 시장님께 말씀드렸잖아요." 했더니 "아!" 하면서 끊었다. 불끈해서 인터폰을 한 것이었는데, 머쓱하게 된 것이다.

나는 MB에게 단 한 차례도 흠을 잡힌 적이 없다고 생각한다. 나는 MB를 속인 적도 없고 의심받을 짓도 하지 않았다. 그리고 헌신적으로 일했다. 그런데도 대선 과정에서 변변한 타이틀 하나 얻지 못했다. 하지만 결국 그것이 도움이 됐다. 타이틀을 받았다면 그 프레임에 갇혔을 텐데, 그런 것이 없다 보니 마치 리베로처럼 더 자유롭게 움직일 수 있었던 것이다.

한상률 전 국세청장과 MB 파일

하여간 나는 국세청 파일과 관련해 2008년 1월 13일 한상률 당시 국세청장을 스위스그랜드호텔 비즈니스룸에서 만났다.

한상률은 그날 자료를 보여줄 수는 없다면서 대신 내게 A4용지 한 장을 슬쩍 건네며, 이들이 MB 파일을 만든 사람들의 명단이라고만 말했다. 얼핏 보니 명단 제일 위에는 당시 국세청 고위 간부이자 내 고교 선배인 K씨의 이름이 적혀 있었다. 당시 그는 한상률과 경쟁 관계에 있었다. 속으로 발끈했지만, 일부러 안 본 척하면서 이런 것 필요 없다며 서류를 밀쳤다. 한상률은 나의 선배인 K씨가 다칠 수도 있다는 일종의 은밀한 협박을 한 것이었다. 도저히 이야기가 안 될 거 같아 가겠다고 일어섰다. MB가 롯데호텔로 한밤에 나를 불러 호된 질책을 하기 며칠 전에 있었던 일이었다.

MB의 질책

추측컨대 한상률이 국세청 MB 파일과 관련해 진작에 선을 대고 있던 이상득에게 SOS를 쳐서 "정두언이 이상한 자료를 요구한다"는 식으로 왜곡했을 것이다. 이상득으로부터 그 이야기를 전해들은 MB는 내 이야기는 들으려고도 하지 않고 나를 불러 호되게 질책했던 것이란 생각이 든다. 나는 MB에게 자초지종을 이야기했지만, MB는 했던 말을 반복하면서 화만 냈다. MB가 나를 질책하는 현장에는 김원용과 박영준이 함께 있었다. 김 교수는 눈치를 봐가며 나를 변호했지만, 박영준은 한 시간 내내 끽소리도 하지 않았다. 그 다음 날인가 박영준이 나를 찾아와 하는 말이 "앞으로 인사 작업 관련해서 검증팀과 인사위원은 아무도 모르게 하라고 하셨습니다" 하고 말했다. 그 말은 결국 나보고 인사에서 빠지란 이야기였다. MB가 직접 이야기한 것도 아니고 박영준을 통해서 이야기를 들으니 기분이 썩 좋지 않았다. 그렇다고 MB한테 가서 "박영준이 이렇게 하라고 하셨다는데 맞습니까?"

라고 물어볼 수도 없는 일 아닌가.

인수위에서 철수하다

나는 차라리 잘되었다 싶었다. 김
원용 교수를 만나 사정을 설명하며 "인사 작업에서 빠집시다. 오히
려 좋은 기회입니다. 나중에 어떻게 책임을 집니까" 했더니, 김 교
수도 동의했다. 나는 그 직후(아마 2008년 1월 20일쯤일 것이다) 미아
삼거리에서 정태근을 만나 그 당시의 괴로운 심정을 털어놓았다.
또 2008년 1월 25일 인수위 기자실에 가서 인사에 대해 아무것도
모른다고 기자들에게 이야기했다. 그런데 아무도 믿는 사람이 없
었다. 하지만 나는 훗날을 생각해 '내가 인사 관련 일에서 빠졌다
는 흔적을 남겨야 한다'고 생각했기 때문에 그렇게 했다. 그리고
곧바로 짐을 정리해서 인수위 사무실에서 철수했다. 나중에 다시
MB의 지시를 받고 그 해 4월 총선 공천 작업에는 관여했지만, 이
때부터 인수위 인사 작업에서는 완전히 빠졌다.

2008년 2월 25일 내가 쓴 홈페이지에 쓴 칼럼은 당시 내가 어떤
생각을 갖고 있었는지를 잘 보여준다.

나는 한나라당이 대선에서 이기던 날 전혀 기쁘지 않았다. 그 이
유는 첫째로 나는 이미 당내 경선이 끝나던 날 대선은 끝이 났다고
생각했기 때문이다. 그날 잠실체육관에서 나는 오랫동안 참고 있던
눈물을 터뜨렸다. 그동안 쌓여왔던 외로움, 억울함, 분노. 환희 등
이 눈물로 뒤범벅이 되어 쏟아져 내렸다. 둘째는 곧이어 다가올 총

선에서 과반수를 얻어야 진정한 대선 승리가 될 텐데 하는 걱정 때문이었다. 셋째는 대선의 뒤처리, 후유증 등으로 고통을 당할 것이 눈에 뻔히 보이기 때문이었다.

이상득을 농락한
국세청 고위간부

한편 나는 공천 작업이 한창 중이던 2008년 3월 10일, 소공동 롯데호텔 일식당 모모야마에서 이상득과 오찬을 했다. 그 자리에서 이회창이 대선에서 낙선한 후 창당을 해서 총선에 출마하는데 이에 대한 대책을 마련해야 하는 게 아니냐는 이야기들이 오갔다. 나는 그렇게 되면 총선 구도가 안 좋아지고 충청권에서 한나라당이 위태로워지니 대선 때 쓰려고 했던 이회창의 2002년 대선자금 사용私用 문제를 공개하자고 했다. 설마 했는데 이회창은 2007년 대선에 출마했다. 보수표의 분열이 불 보듯 뻔했다. 이회창의 출마 소식을 접한 MB 캠프는 머리가 아팠다.

이회창은 2008년 총선을 앞두고 충청권을 기반으로 하는 당을 만들려고 했다. 그 창당 작업을 저지하기 위해 결국 강용석과 이두아가 기자회견을 통해 2002년 이회창 파일의 일부를 공개했다. 그리하여 이회창에 대한 검찰 수사가 시작되었다. 그러나 이회창의 돈 심부름을 한 결정적인 인물이 중국으로 도피해 잡지 못했고, 검찰은 이 사건을 기소중지하고 말았다. 천하의 대쪽 이회창도 결정적 증인을 해외로 도피시키면서 수사를 방해했다고밖에 생각할 수 없었다.

어쨌든 그때 식사 자리에서 이상득은 "국세청 고위간부가 그러는데 지금 김앤장 세무조사 들어간대" 하고 말했다. 나는 "그게 뭐죠?"라고 물었다. 이상득은 한 대형 로펌을 파면 이회창 문제가 나올 거라고 했다. 당시 나는 어안이 벙벙했다. 경선과 대선 과정에서 그 로펌이 MB를 많이 도와줬기 때문이었다. 그러니 그 로펌을 파면 이회창보다 MB의 문제가 나올 가능성이 높은 게 아닐까. 그때 내 머리를 스치는 생각이 있었다. '누군가가 이걸로 자신의 구명 작업을 한 거로구나' 싶었다. 그로서는 김앤장 세무조사에서 이회창 자료가 나오면 좋고, MB 자료가 나오면 더 좋을 터였다. 한마디로 그는 프로였다.

MB까지 농락하다

그는 나중에 박연차 태광실업 회장에 대한 세무조사도 했다. 그가 MB와 독대를 한 적이 있는데, 그때 MB에게 박연차를 잡으면 노무현을 잡을 수 있다고 했다는 말이 돌았다. 그리고 실제로 첫 번째 조사 보고에서 당시 또 다른 권력기관의 장이 박연차와 관련이 있는 것으로 알려졌다. 검찰총장, 경찰청장, 국세청장 3대 권력기관장 중 둘을 날린다는 말이 무성했다. 자신이 혼자 살아남기 위해 선수를 쳐서 박연차 건으로 다른 권력기관장을 쳤다는 이야기도 돌았다. 그 이후 한나라당 전당대회(박희태가 당대표로 됐을 때) 무렵 한 저녁 자리에서 문제의 고위간부를 만났다. 나는 일부러 그에게 "선배, 당대표 나가시죠?" 했다. 그는 "무슨 말이에요?" 했다. 나는 "선배, 정치 9단이잖아요"라고 비꼬았다.

정부 조직 개편과
박재완

　　인수위에서 매 정권마다 되풀이 하는 일 중의 하나로 '정부 조직 개편'이 있다. 노태우 정권 때부터 한 번도 예외가 없었다. 새 정권이 이전 정부 조직을 개편하는 것은 조직체계에 문제가 있기 때문이다. 그런데 다음 정권도 전 정부의 조직을 개편한다. 그 역시 조직체계에 문제가 있기 때문이다. 계속 도돌이표다. 설사 정부 조직이 잘못되어서 개편할 수도 있지만, 본질은 조직의 문제가 아니라 조직 운영을 잘못한 것이 아닐까 싶다. 조직 운영은 누가 하는가. 장관, 총리, 대통령이다. 그들이 조직 운영을 즉, 일을 잘못한 것을 조직 탓으로만 생각하는 것이다. 내가 성공한 대통령이 되어야겠다고 마음먹으면 내각을, 조직을 잘 운영해야겠다고 생각해야 하는데, 그 이전에 조직부터 뜯어 고쳐서 아무개 표 정부로 만들고 싶은 것이다.

　　MB정부 역시 예외가 아니었다. 인수위가 꾸려지자 정부 조직 개편을 서둘렀다. 그런데 실은 아무런 준비가 안 되어 있어 모두가 한 마디씩 하면 배가 산으로 가는 식으로 진행되었다. 보다 못해 내가 MB에게 건의했다. "정부 조직 개편은 지금까지 여러 차례 해왔습니다. 그때마다 실무 작업을 한 사람이 있습니다. 그를 데려오면 일이 쉽게 진행될 것입니다." 그 사람이 바로 박재완이다. 그는 정무수석, 국정기획수석, 고용노동부장관, 기재부장관을 거치면서 MB정부에서 승승장구했다.

　　정부 조직 개편의 구체적인 내용을 논할 자리는 아닌 것 같다. 하지만 박근혜 정부도 그랬듯이, 다음 정부도 첫 번째 일로 정부 조직 개편부터 착수할 것이다. 하지만 지난 일이 보여주었듯이 다 소용없는 일이다. 누구를 어떻게 쓰는가가 본질이지, 조직은 그 다음 일이라는 것을 알고, 제발 다음 정부는 조직보다는 사람 준비에 더 힘을 기울였으면 좋겠다.

3부
오만과 독선의 길

정권이
다시
실패하다

01

남북관계를 절단 낸
비밀 접촉

<u>북한의</u>
<u>MB 취임식 참석 시도</u>
　　　　　　　　　　　17대 대선이 끝나고 정권인수위
원회가 출범한 지 얼마 되지 않은 2007년 12월 하순 인수위에 파견
나온 한 전문위원을 통해 모 기관 대북파트 고위직 인물로부터 만
나자는 연락을 받았다. 그는 그 분야에 오래 종사해온 전문가답게
식견도 풍부했고 신중한 입장이었다. 그는 "북측이 이명박 대통령
취임식에 북한 특사가 참석하기를 원하는 것 같다"고 했다. 나는
사안의 긴박성과 중요성을 감안하여 MB에게 보고하는 자리를 은
밀하게 만들었다.

　2007년 12월 말 그는 내가 배석한 가운데 창성동 별관에서 MB
에게 북한 관련 내용을 보고했다. MB는 당시에 그의 보고에 깊은
관심을 보이며 추후 다시 논의해보자는 반응을 보였다. 그 이후 남

성욱 교수가 "북한 특사로는 부총리급 이상이 와야 한다"고 말한 것이 2008년 1월 1일이고, "인수위에서 MD(미국 주도의 미사일 방어 체계) 참여 문제를 검토하고 있다"는 보도가 나온 것은 1월 11일이다. 북한이 처음부터 취임식에 올 생각이 없기에 무리한 요구를 하면서 제스처를 취한 것인지, 아니면 정말로 참석하고 싶었는데 MD 문제 등 북한을 자극하는 발언들이 불거지고 김만복 원장의 비밀 방북이 공개되면서 참석을 안 하는 쪽으로 입장을 바꾼 것인지는 알 수 없다. 어쩌면 당시 북한 내부에서도 MB 정권의 등장을 둘러싸고 서로 다른 라인이 움직였을 수도 있다. 어쨌든 이러한 일련의 일들로 인하여 남북 간의 핫라인이 중단되었다.

인수위 시절 북측의 MB 취임식 참석 제안은 노무현 정부 시절의 남북관계 기조를 MB 정부에서도 이어가자는 북측 나름의 기대가 반영됐던 것으로 보인다. 당시 북의 취임식 참석이 성사되지 못했던 것과 관련해 통일부 쪽에서는 다른 이야기도 있었다. 북측이 "대선을 잘 치르게 해줘서 고맙다"는 내용을 넣어 서신으로 초청을 해달라고 요청했다는 것이었다. 그 요청을 보고받은 MB가 "그것이 무슨 소리냐, 못 넣는다"라고 해서 무산되었다는 이야기였다. 이 이야기가 맞는다면 북한에서는 겉으로 어떤 모양을 취했건 애초부터 특사로 올 생각이 없었다는 말도 된다.

남북 간 핫라인의 단절

그런데 남북 간의 핫라인이 끊긴 결정적 이유가 있었다. 그 대북 전문가가 창성동 별관에 왔다 간 것을 박영준이 알게 된 것이었다. 내가 사람들의 눈에 뜨일 수 있는 곳으로 그를 부른 것이 실수라면 실수였다. 나중에 알게 된 이야기지만 나를 시기하는 측에서 당시 MB에게, 그는 빨갱이고 MB를 매우 비판했던 사람이라고 말했다고 한다. 그러나 실제 이유는 그를 국정원 내의 정두언 인맥이라고 오해했기 때문인 것 같다. 나는 태어나서 그를 그때 처음 보았다. 권력 사유화라는 게 여러 의미가 있다. 휴민트 같은 국가적인 자산을 권력 투쟁의 걸림돌이 될지도 모른다는 이유로 휴지처럼 날려버리는 것도 권력 사유화의 한 단면이다. 그 이후에도 공권력을 개인의 사유물처럼 생각하다 보니 비슷한 일이 비일비재하게 벌어졌다.

그 동안 전임 정부들이 만들어놓은 수많은 대북라인 가운데는 살려야 할 라인, 죽여야 할 라인 등이 있었을 것이다. 장단점을 검토하고 장기적이고 전략적인 시각에서 대처했어야 하는데 이런 과정도 없이 한순간에 대북라인이 무너졌다. 대북라인에 종사했던 귀중한 자산을 잃어버렸다는 것은 국가적인 손실이다. 통일문제, 대북문제, 남북협력문제 등을 도모할 수 있는 기초적인 인적 자산들이 사라졌다. 이로 인해 이후 MB 정부의 대북정책은 방향 감각을 상실했다. 쓸데없는 가정이지만 만약 MB 대통령의 취임식에 북측에서 온 특사가 참석했다면 MB 정부 5년의 남북관계는 많이 달라졌을 것이다.

많은 사람들이 남북 간 교류와 협력을 진보정권의 전유물로 오인하고 있다. 과거의 예를 보면 박정희 정권의 7.4 남북공동성명을 비롯해서, 전두환, 노태우, 김영삼 정부 등 보수정권에서도 남북 간은 군사적 대치와 긴장 속에서도 상호 물밑 대화를 부단히 이어왔다. 하물며 중도실용노선을 내세운 MB 정부야말로 더 말할 나위 없었는데, MB는 찾아온 그 좋은 기회를 아무 생각 없이 날려버리고 말았다.

국제 및 남북관계의
아마추어리즘

남북관계는 보다 더 전략적으로 접근할 수 있었다고 생각한다. 예를 들면 대북문제와 관련해 비핵이라는 하나의 원칙이 존재하고, 이 트랙과는 별도로 민간교류 협력을 한다든지, 비선 같은 라인을 활용해서 물밑협상을 한다든지 하는 두 개의 트랙으로 가야 했는데 하나의 트랙을 잃어버렸다. 그러다 보니 남은 것은 강경 기조뿐이었다. 실제로 MB 주변에 있는 네오콘들이 모든 결정을 주도하고 있을 때라 서로 따로 놀았다고 할 수도 없다. 또 공무원 사회라는 게 자기 주장을 제대로 이야기하지 않고 청와대의 눈치만 보는 게 통상적인 일이다. 그러다 보니 중요한 시기에 그동안 형성되어 왔던 대북라인이 엉성하게 그냥 무너져버린 것이다. MB 정부의 대북정책은 거칠게 보면 비핵개방 3000이라는 비현실적인 자기 독백만 있고, 나머지는 전임정권이 갔던 길의 반대 방향으로만 가려는 그런 것이었다.

MB는 이런 문제의 엄중함에 대한 문제의식이 없었다. 죄송한 이야기지만 외교에서는 여느 전임자들과 마찬가지로 아마추어였다. 어느 나라나 외교문제의 큰 흐름은 여야가 바뀌어도 항상 그대로 간다. 그런데 우리나라 대통령들은 지금까지의 흐름에 바탕을 두고 본인의 관점을 없는 것이 아니라 그 흐름을 무시했다. MB도 예외가 아니었다. MB는 대통령이 된 뒤 이전까지의 '정무적 판단'을 공유하던 사람들을 존중하지 않았다. 그러면서 '외교 안보와 같은 문제는 그 분야의 전문가들과 이야기하면 되지' 하고 생각했다. 그러나 그 당시 이상득 라인이 득세하면서 소위 대통령이 생각해야 할 '정치'나 '정무적 판단'을 제대로 할 수 있는 팀워크가 완전히 와해됐다. 각 분야의 전문가들은 정무적인 판단까지 할 수 있는 역량을 갖추지 못한 경우가 많다.

국정 운영에 있어서는 공직사회의 역할이 가장 중요하다. 특히 외교부와 통일부가 그렇다. 현재 정부의 한일관계를 생각해보자. 박근혜 대통령은 아버지의 콤플렉스 때문에 대일관계에 강경할 수밖에 없다. 또 우리가 국내 정치에 활용하기 좋은 게 반일이다. 자신의 인기가 떨어지는 것을 커버하기 위해서 반일정책을 적극 활용한다. 그러나 외교부장관은 그럼에도 기존의 흐름을 유지하고 양국 장관끼리 각국의 사정을 상호 이해할 수 있도록 해야 한다. 그런데 현재 윤병세 장관은 대통령보다 한 술 더 떠서 엄청 과격하게 나가고 있다. 과거 MB 정부의 김성환 장관 때도 홍준표 당대표가 독도에 해병대를 주둔시키자고 했더니, 김성환 장관의 대답이 "결정하는 대로 따르겠다"였다. 그럴 때 외교부 장관은 "한일관계에 긁어 부스럼을 키워서는 안 된다"라고 할 수 있어야 하는데, 결정하는 대로 따르겠다고 하는 이들이 공직사회이고 전문 관료 집단이다. 단임 정부가 계속되면서 이런 폐해가 더욱 심화됐다.

역대 정부에서는 대북 디자이너들이 있었다. 이런 사람들이 큰 그림을 그리고 관료 사회는 거기에 방향을 맞춰서 일을 추진한다. 그런데 MB 정부나 현 정부는 대북문제의 큰 그림을 그리는 디자이너가 없다. 실무 관료들 자체가 큰 그림이 없었기 때문에 정치권에서 누가 뭘 이야기하면 이것도 맞고 저것도 맞다는 식으로 갔다.

그리고 어떤 정책이나 협상 등에서는 그 내용 못지않게 '누구를 통하여'라는 메신저가 중요하다. MB 정부는 공염불 같은 비핵개방 3000에다 전문가조차 다 잃어버린 탓에 오늘날 우리 눈앞에서 벌어지고 있는 북한 핵 위기라는 결과를 낳고 만 것이다.

국정원의 사유화

이상득은 권력의 핵심에 자기 사람을 심어 놓고 뒤에서 원격 조정한 것으로 알려져 있다. '이상득 불출마론'이 불거진 데는 이상득의 이런 힘을 견제하고자 하는 흐름도 영향을 미쳤다. 박영준 청와대 기획조정비서관(이상득 국회의원 보좌관), 장다사로 청와대 민정비서관(이상득 국회부의장 비서실장), 김주성 국정원 기조실장(이상득 코오롱 사장 시절 임원) 등은 MB 정권 초기에 등용된 대표적인 이상득 사람이었다.

그 중에서 가장 이해되지 않는 것이 장다사로 민정비서관이었다. 민정비서관의 주요 역할 중 하나가 친인척 관리이다. 친인척 중에 가장 주의해야 할 친인척이 이상득인데, 그 관리를 이상득의 직전 비서실장이 하는 꼴이 되었다. MB의 묵인 하에 그런 일이 벌어졌다. 그러면서 김주성이 국정원에 들어가게 됐다. 그 김주성을 통해 소위 원로그룹이 국정원 인사를 좌지우지하게 됐다. MB 정부 초기에 청와대에 파견된 국정원 인사 가운데 최시중이 나온 대구 모 고교 출신이 6~7명이나 된다. 그 정도로 무리한 인사들이 이루어진 것이다.

김주성은 MB가 서울시장 시절 세종문화회관 사장으로 앉혔는데, 임기가 남아서 오세훈 시장 시절까지 사장을 하고 있었다. 경선 당시 MB 후보 측은 BBK 문제로 세종문화회관 앞에서 옥외집회를 하게 됐다. 이재오의 부탁으로 정태근이 김주성에게 전화해 "세종문화회관에 문제가 안 되게 하겠다"고 사전 통보한 후, 집회 준비 차 무대를 설치하러 갔는데, 막상 도착하니 엉뚱한 일이 벌어져 있었다. 집회를 못하게 하려고 세종문화회관 야외에 전시하던 조형물을 계단 앞으로 전부 모아 놓았던 것이다. 김주성은 당시 노무현 정부와 오세훈 시장의 눈치를 보며 면피를 하려고 나름 머리를 쓴 것 같았다. 그런 사람이 MB 정부의 요직 중의 요직인 국정원 기조실장이 되었다.

MB 정권 초기 국정원은 내부 갈등이 심했다. 특히 김성호 원장과 김주성 기조실장은 서로 정치적인 라인이 달랐기 때문에 알력이 심했다. 기조실장을 내세워 국정원을 장악하려는 이상득계의 '도발'이 근본원인이었다. 특정고 출신이 7명 가까이 청와대에 갈 수 있었던 것도 김주성이 인사를 그렇게 했기 때문이다. 국정원에서 청와대에 파견된 직원인 L직원이 김성호를 사찰하기도 했다. 부하 직원이 자기의 최고 상사인 원장을 사찰한 것이다. 노무현 정권 때 법무부장관을 지낸 김성호는 고려대를 나온 인연으로 MB 정권 들어 국정원장을 맡은 것 같다. 한때 이종찬 변호사가 유력하게 올랐다가 무슨 이유에서인지 막판에 김성호로 바뀌었다. 역대 정권이 거의 다 그랬듯이 비공식 권력이 실권을 장악하면 대체로 권력기관장을 핫바지로 앉힌다. 나중에는 김성호도 나름대로 원장의 권한을 행사하려다 결국은 사임했다. 그의 후임으로는 서울시 상수도사업본부 본부장을 하다 서울시 부시장을 지낸 원세훈이 국정원장으로 왔다.

그런데 원세훈이 국정원을 어찌 알겠는가. 원세훈은 국정원장에 내정된 후 서울시에 출입하던 국정원 직원인 이 아무개를 불렀다. 이후 이 아무개는 원세훈 국정원장 시절 국정원의 실세가 되었다. 과거에 원세훈과 이 아무개는 서울시 공무원과 서울시에 출입하는 국정원 직원이라는 관계 그 이상이었다고 한다. 어쨌든 원세훈 원장 시절 국정원의 인사를 이 아무개가 주물렀다고 한다. (김주성 기조실장이 물러 난 뒤) 그는 5급으로 있다가 4급이 되고, 마지막엔 3급까지 승진했다. 그야말로 초고속 승진이었다. 그는 박근혜 정부 들어와서 국정원의 인사를 농단했다는 이유로 해임되고 현재 행정소송 중인 것으로 안다. MB 정부 때는 4, 5급의 직원들이 국정원을 쥐락펴락한 그야말로 희한한 시절이었다.

시급한 대북라인의 복원

어쨌든 현재 국정원의 대북라인은 거의 죽었다고 볼 수 있다. 대북 관계는 신뢰를 바탕으로 하기 때문에 대북라인을 다시 복원하려면 최소한 5년에서 그 이상의 시간이 걸린다. 라인이라는 게 키맨을 키우는 것이고, 그러려면 상대

쪽과도 신뢰가 쌓여야 하기 때문에 시간이 걸린다.

급작스럽게 대북라인을 복원해야 할 때는 재량권이 있는 사람이 키맨이 되어야 한다. 북한에서 볼 때 이 사람에게 본인들 요구사항, 협상을 하는 재량권이 있다고 판단되면 확 달라붙는다. 과거 노태우 정부 때의 박철언이 대표적인 경우다. 또 한 사례로 박지원이 북한에 비밀 접촉하러 갔을 때 그는 정상회담을 성사시키기 위해 웬만하면 북한의 이야기를 다 들어주려고 했다. 그런데 옆에 있던 국정원 대북파트 인사들이 미리 브리핑을 했다. 북측이 이렇게 나올 것이고 그러면 이렇게 답하라는 식이었다. 박지원이 한마디 던지니까 북측은 국정원이 예상한 대로 나왔다고 한다. 그래서 결국에는 자기가 가져간 선을 지킬 수 있었다고 했다. 하여튼 남북관계에 있어서는 이렇게 재량권이 있는 사람이던가, 그 분야에 오래 종사해서 저쪽을 꿰뚫어 볼 수 있는 사람이 옆에 필요하다.

MB 정부 인수위 시절에 남북 핫라인이 단절된 것은 굉장한 손실이다. 그 이후로 남북관계는 계속 악화 일로를 걸어왔다. 2013년 3월 천안함 폭침 사건 이후 MB 정부는 아무리 인도적 목적이라 해도 정부와 사전에 협의를 거치지 않으면 대북지원을 할 수 없도록 하는 내용의 5.24 조치를 취했다. 그리고 지금까지 해제하지 않고 있다. 그러면서도 투 트랙에 대한 전략 전술이 전혀 없다. 실제로 MB 정부나 박근혜 정부는 결론적으로 대북문제와 관련해서 아무것도 한 게 없는 정부가 되었다. 오히려 몇 차례의 도발과 수십 차례의 미사일 발사, 그리고 5차례의 핵실험 등 남북관계를 최악의 상황으로 몰고 갔다.

개혁은커녕
정상화가 시급한 국정원

소위 87년 체제 이후 단임 정부가 계속되면서 국정원은 정치적 입김에 가장 크게 흔들려 왔다. 새 정부가 들어설 때마다 대폭적인 물갈이 인사와 퇴출 등이 반복되면서 국정원은 전문성과 사기가 땅으로 떨어졌다. 특히 김만복, 원세훈 원장 시절을 거치면서 완전히 망가졌다는 평가가 많다. 막대한 예산과 인적자원을 가지고도 국정원은 국가의 최고 기밀 기능을 제대로 수행하지 못하고 있다. 국정원은 개혁은커녕 정상화가 시급한 실정이고 그것만도 엄청난 시간이 소요되는데, 아직도 국정원은 갈 길을 잃고 헤매고 있는 것 같아 정말 안타깝다.

02

한반도 대운하 포기 및
4대강 살리기로의 전환

한반도 대운하의
구상과 변질

한반도 대운하 공약은 MB가 서울시장을 그만두고 대선 경쟁에 뛰어들었을 당시 열세후보였던 그를 1위 후보로 밀어 올리는 데 큰 역할을 했다. 그러다 차츰 시간이 지나면서 망가지기 시작했다. 한반도 대운하는 홍준표가 최초로 고춧가루를 뿌렸다. 한나라당 대선 경선과정에서 한반도 대운하와 관련해 독극물 발언을 통해 흠집을 내기 시작했다. 홍준표는 2007년 5월 29일 한나라당 대통령후보 경선 정책비전 대회에서 "운하를 만들면 기후가 달라져 안개가 많이 끼는데, 배가 다니다가 침몰하면 부산·대구 시민들은 생수를 사먹어야 한다. 세계 어느 나라에 가도 수원지에 운하를 띄우는 예는 없다"고 주장했다. 경선과정에서 박근혜도 이 문제를 계속 물고 늘어지면서 대운하는 색이 바라기 시작했다.

이재오는 초선 의원 시절 MB로부터 대운하 이야기를 듣고 그때부터 MB를 좋아하게 됐다고 공개적으로 말한 적이 있다. 2007년 3월 22일자 매일신문과의 인터뷰에서 이재오는 이렇게 말했다. "의정 생활을 함께할 때 한번은 MB 옆자리에 앉았어요. 경부 대운하가 가능하냐고 묻자 백지를 꺼내더니 그림을 막 그려요. 수치를 정확하게 대고, 세세한 토목기법까지 설명하는 데 깜짝 놀랐어요." 그래서 이재오는 MB에게 "당신은 국회의원으로 있기 아까우니 시장이나 대통령이 되라고 권했다"고 한다.

나도 서울시에 있을 때 청계천 다음에 내세울 대선 공약은 대운하라고 생각하고, 언론에도 '청계천 곱하기 백 정도 되는 구상'이 있다고 넌지시 띄운 적이 있다. 그런데 결국 쇠고기 파동이 촛불시위로 이어지면서 대운하가 어렵게 되어버렸다.

사람은 한 번 성공한 것을 또 써먹으려고 하는데, 두 번째까지 성공하기는 어렵고, 오히려 그것 때문에 처절한 실패를 맛보는 경우가 많다. MB도 청계천(물)으로 성공한 후 대운하(물)로 다시 더 큰 성공을 해보려고 한 것이다. 그런데 청계천과 대운하는 규모도 다르고 성격도 달랐다. 예를 들어 서울시가 우리나라의 반이면, 대운하는 난이도로 볼 때 청계천의 두 배 정도로 생각했을지 모른다. 그러나 대운하의 난이도를 정치적으로 보면 청계천의 두 배가 아니라 100배 정도 되는 것이었다. 그러나 MB는 이 문제를 단순하게 생각했던 것 같고, 나도 마찬가지였다.

한 번 성공한 것을 또 써먹으려다가 실패한 것은 노무현도 마찬가지였다. 노무현은 적을 만들어서 성공했다. 적을 만들어서 자기 편을 확장하고 견고하게 하는 작전이다. 그는 어차피 비주류 소수 파니까 우군이 많지 않았다. 우군을 모으는 가장 좋은 방법은 우파 중에 덩치 큰 놈을 표적으로 삼아 계속 공격하면서 자기 세력을 확장하는 방법이었다. 당시 조선일보, 이회창 등이 주 표적이었다. 그런데 노무현은 대통령이 된 다음에도 같은 수법을 쓰다가 거의 모든 분야, 심지어는 자기 세력까지 외면하여 결국 고립무원 상태가 됐다. 일단 대통령이 되면 나라를 화합해서 끌고 가야 하는데 그 반대로 간 것이다. 이렇듯 인간은 큰 성공을 하면 그 방식을 또 쓰려고 하다 망한다. MB에게는 대운하가 딱 그랬다.

MB가 이미 오래전부터 대운하에 대해 생각한 것은 맞다. MB 이전에 한반도 대운하에 대해 고민한 사람들이 있었다. 대표적인 사람이 고 김석철 교수이다. 그는 만약에 통일이 되면 추가령 협곡에 수로를 만들어 한강과 연결이 가능하다고 봤다. 또, 낙동강을 그대로 두고 위에서 내려다 봤을 때 우측에 수로를 새로 만드는 방안도 생각했다. 예를 들면 구미공단에서 내려오는 오폐수(정화된 오폐수)를 거기로 내려 보내고 그것을 수로로 이용하는 개념이었다. 꼭 넓고 깊게 파야 운하가 되는 것은 아니다. 바지선 정도만 왔다 갔다 하면 된다. MB에게 한반도 대운하에 대한 아이디어를 제공한 사람 중에 세종대 이사장을 지낸 주명건도 있었다.

2005년 말 서울시장 MB는 한 언론과의 인터뷰에서 한반도 대운하에 대한 구상을 불시에 밝혔다. 곧바로 사회적인 논란이 가열되었다. 이후 안국포럼 시절에는 장석효 전 부시장을 팀장으로 한 TF

팀이 가동되었다. 그런데 그때만 해도 호남 쪽 영산강 수계에서는 대운하 사업을 굉장히 원했고, 금강 쪽도 마찬가지였다. 그러다가 앞서 이야기한대로 대통령 후보 경선과정에서 내부공격으로 상처를 입기 시작하더니, 집권 후 쇠고기 파동과 촛불시위를 거치면서 전세가 완전히 역전되어버렸다.

4대강 살리기 사업으로의
전환

2008년 5월 13일 MB, 강승규, 정병국, 진성호 등과 청와대에서 오찬을 한 자리에서 나는 한반도 대운하 사업을 4대강 재정비 사업으로 축소해서 추진하자고 건의했다. 그리고 "여론 조성을 해야 하니 내게 맡겨 달라"고 했다. MB는 그때도 반대를 하지 않는 특유의 애매한 승낙을 했다. 그 주 토요일 나는 방송사 정치부 여당 반장들과 점심 약속을 했다. 반장들과 밥을 먹으면서 "오프인데, 대운하를 4대강 살리기로 바꿔야 한다. MB도 거기에 대해 긍정적으로 생각한다"라고 이야기했다. 아니나 다를까, 5월 19일 한 방송사에서 비보도를 깬 기사가 나왔다. 누군가는 깰 것이라고 예상했는데 맞아떨어진 결과였다.

이후 한반도 대운하 사업은 '4대강 살리기'로 이슈가 바뀌었다. 언론의 반응은 상당히 좋았다. 그러다가 건교부 산하 연구소에 있는 연구원 한 명이 대운하 용역의 정당성을 강요당했다는 식으로 폭로하면서 분위기가 다시 얼어붙었다. 나는 지금도 대운하를 4대강 살리기로 바꾸자고 한 것은 잘했다고 생각한다.

4대강 살리기 사업의
정당성

MB는 왜 대운하를 하려고 했을까. 지금 상태의 한강을 만든 한강 개발공사를 한 사람이 바로 MB다. 박정희 대통령 말에 토목 경기가 나빠지자 현대에서 한강 개발 계획에 대한 아이디어를 냈다. 청와대에 올리고 협의하는 와중에 10. 26이 일어났다. 이후 전두환 정권이 들어서고 현대는 다시 한강 개발계획을 추진했다. 전두환의 승인 하에 한강 개발을 시작한 것이다. 한강 개발 아이디어의 핵심은 골재 채취였다. 한강에서 걷어낸 모래, 자갈 등의 골재로 비용을 충당할 수 있으니 정부 예산은 필요 없다고 했다. 그리고 한강 개발에 성공했다. 한강 개발에서 자신감을 얻은 MB는 그때부터 한반도 대운하에 대한 구상을 했던 것 같다.

한강은 예전에는 죽은 강이었다. 나는 서강대교 북단 구수동에서 살던 때를 기억한다. 사람들은 구수동을 똥통머리라고 불렀다. 서울 각지에서 퍼온 인분을 쌓아놓는 거대한 똥통이 있었기 때문이다. 당시에는 비가 오면 댐의 수문을 열 듯 똥통 문을 열고 인분을 한강으로 흘려보냈다.

불과 40년 전만 해도 한강은 매년 여름이면 홍수가 나 강 인근이 물에 잠기고, 겨울에는 물이 말라 악취가 진동했다. 우리 집도 그 가운데 하나였다. 당시 한강은 하수구 기능으로만 쓰였던 것이다. 그래서 그때는 강변 집값이 제일 쌌다.

그런데 한강을 개발해서 강바닥을 준설하고, 수중보를 만들고, 고수부지도 정비하고, 강변도로를 놓았더니 물이 깨끗해졌다. 이후 한강 주변에 물난리도 없어졌다. 수많은 공원과 체육시설이 생기고 유람선도 오갔다. 무엇보다 낚시를 할 정도로 물이 맑아졌다. 그러면서 강변 집값이 높아졌다.

그런데 낙동강, 영산강, 금강이 과거의 한강처럼 하수구로만 쓰이고 있었다. 그래서 나는 한강을 개발한 것처럼 강이 원래 기능을 할 수 있게 고기도 잡고, 배도 다니고, 놀이도 할 수 있도록 바꾸는 게 4대강 살리기라고 생각했다.

내가 제일 좋아하는 공원인 선유도공원을 종종 떠올리곤 한다. 선유도 공원은 봄, 여름, 가을, 겨울 사시사철이 다 예쁜 공원이다. 선유도공원 기념관에 들어가면 옛날 선유도를 그린 동양화 족자가 있다. 그때의 선유도를 보면 진짜 신선이 노는 섬처럼 보인다. 지금 한강은 그때 한강과는 다르다. 고조선시대의 한강, 신라시대의 한강, 고려시대의 한강, 조선시대의 한강은 다 다를 것이다. 강 주변에 사람이 늘어날수록 강이 달라질 수밖에 없다. 강이 그대로 있으면 견디지 못하는 것이 자연의 이치다.

4대강 살리기 사업의 문제점

정태근은 아무리 생각해봐도 4대강을 잘못 건드리면 자자손손 후회한다고 생각했고, 사업을 단계적으로 해야 한다는 입장이었다. 2009년 11월 5일 열린 대정부질문에서 정태근은 "물을 관리하는 문제인 치수는 치산 이상으로 중요한 국가의 백년대계에 해당한다. 4대강 사업 역시 서두르기보다는 4대강 살리기를 우선 추진하면서 10대강(4대강 + 임진강 · 동진강 · 만

경강·섬진강 + 안성천·삽교천) 전체를 어떤 방향에서 살릴 것인지, 물 관리 계획을 정밀하게 수립하는 것이 필요하다"고 발언했다.

4대강 사업과 관련한 논점은 어떻게 하면 강을 살릴 수 있느냐 하는 문제이다. 이런 관점에서 보면 한강 정비사업이 성공한 이유는 처음으로 하수종말처리를 했기 때문이다. 지금 양평 이남에 있는 한강 수계는 95% 가까이 하수종말처리를 한다. 그래서 한강 수질이 좋아진 것이다. 강 살리기로 가려면 예를 들어 낙동강 수계에 들어오는 하수를 어떻게 처리할 것인가, 즉 지류를 어떻게 처리할 것인가에 대한 고민이 먼저 필요하다. 그런데 MB는 임기 내에 빨리 끝낼 목적으로 본류 사업을 먼저 하고 나중에 지천 사업을 하는 식으로 거꾸로 진행했다. 이처럼 임기 내에 공사를 마쳐서, 역사에 남는 추앙받는 대통령이 되고 싶다는 MB의 업적주의 사고가 투영되어 나타난 것이 4대강 사업이었다.

영산강을 먼저 시작해 제대로 끝냈으면 전라도에 지지 기반도 생기고, 다른 지역에서도 우리 강도 해달라고 야단이 났을 것이다. 지천 관리를 먼저 해서 전체적으로 수질 개선을 하고, 장기적인 계획으로 강 정비를 하는 것으로 갔으면 지금과는 평가가 달랐을 것이다.

대운하 구상에서 비용을 최소화하기 위해서 택한 것은 배가 정착하는 포구의 역세권을 개발하는 것이었다. 수변지역에 개발권을 줘서 그 개발 이익으로 공사비용을 충당하려고 했다. 그런데 4대강 살리기 사업은 그 구상이 깨지니까 막대한 예산이 들어가야 했고, 그게 딸리니까 수자원공사 예산까지 끌어다 쓰게 됐다. 대운하 사업은 애초부터 땅장사가 될 공산이 컸다. 노무현의 공기업 지방 이전 및 혁신도시 개발이 전국의 부동산시장을 들쑤셔 놓았듯이, 대운하 사업도 그리될 뻔했다. 이게 다 우리나라 고속성장기의 낡은 패러다임에서 벗어나지 못한 폐해라 할 수 있다.

03

18대 총선과 소위
'55인 사건'

제18대 총선에서의
한나라당 공천 작업의 내막

2008년 4월 총선을 앞둔 한나라당의 공천 작업은 이재오와 이방호 중심으로 진행됐다. 정당의 공천은 공식적으로는 공천심사위원회에서 하지만, 여야를 막론하고 사실상 뒤에서 복안을 만들고 조정하는 역할을 하는 사람들이 따로 있다. 그런데 MB는 그 사람들이 못 미더웠는지 공천 작업을 옆에서 챙기라고 내게도 지시했다.

이방호는 사무총장으로서 공심위에서 핵심역할을 하고, 이재오는 공심위 밖에서, 소위 청와대 의중을 반영하는 창구 역할을 하는 구조로 굴러 갔다. 그러나 내가 볼 때 이재오는 그리 실속을 챙기지 못했다. 자기 사람을 챙긴다고 하면서도, 마무리를 잘 못해 흐지부지된 사례가 많았다. 실속은 이방호가 다 챙겼다는 이야기가 정설처럼 떠돌았다. 이상득, 최시중은 이방호에게 직접 연락해 공천을 챙겼고, 박영준도 이상득의 지시를 거론하면서 중간에 끼어들곤 했다. 내 역할은 공천에 엉뚱한 사람이 들어가는 것을 막는 것이라 생각했다. 당선 가능성이 없음에도 자기 사람을 심는 것을 목적으로 하는 사사로운 공천으로 공천 전체가 훼손되는 것을 저지하는 역할이었다. 당권을 노리는 사람들의 경우는 당선 가능성이 없어도 일단 자기 사람을 심어놓고 원외 위원장이라도 시키는 게 더 중요했을 것이다. MB도 그런 것을 걱정해서 내게 챙기라고 한 것 같았다.

그 당시 나는 이재오, 이방호와 매일 저녁 만나서 공천 작업을 점검했다. MB에게는 이방호가 직접 보고하고, 지침을 받았다. 한편 이상득은 자기 측근인 정종복(당시 사무1부총장)을 통해서도 공천에 관여했다. 정태근의 말에 따르면, 하루는 이방호가 밥을 먹으면서 자기 노트를 보여주었는데, 거기에 이상득, 최시중 등 공천과 관련해 자신에게 들어온 청탁들의 구체적인 내용이 세세히 적혀 있었다고 했다. 훗날 이방호는 그 기회를 이용해서 자신이 경남에서 패권을 잡는 데 방해될 만한 사람들을 다 날렸다고 알려졌다. 이재오 역시 자기편이 아니라고 생각되는 사람은 공천에서 일단 제치려고 한다는 이야기가 있었다. 대표적인 인물이 서울시 정무부시장을 지낸 권영진(현 대구시장)이었다. 이재오는 자기에게 늘 불편한 존재인 권영진에게 공천을 주지 않으려고 했다. 서울시 정무부시장을 지내고 지역에서 열심히 뛰고 있는 사람에게 공천을 안 준다면 누구에게 주겠다는 것인지. 당시 이재오가 그런 식으로 고집하면 나는 "이 사람은 공천을 줘야 한다" 하면서 맞섰다.

그런 복잡한 구조여서 공천 창구를 단일화해야 할 필요성을 느꼈다. 청와대든, 이상득이든, 최시중이든 창구를 단일화해서 여러 요청들을 조정한 후 공심위에 반영해야 하는데, 창구가 여러 군데이니 이방호가 마음대로 휘두를 수 있는 여지가 많아졌기 때문이었다. 하지만 그게 잘 풀리지 않았다. 당시 공심위원장은 검사 출신 안강민이었다. 친박 쪽에서는 강창희가 공심위원으로 들어왔는데, 고집불통이라 공심위가 힘들게 굴러갔다. 걸핏하면 공심위를 뛰쳐나가곤 해서 그를 달래느라 힘들었다. 나중에 당대표가 된 모씨도 내게 반영해달라며 친박 인사들의 명단을 준 적이 있다. 그렇게 창구가 혼란스럽다 보니 현장에서 예측불허의 일들이 부지기수로 일어났다. 공천을 둘러싼 이와 같은 복잡한 구조는 오히려 이방호에게 자율적인 공간을 키워준 셈이 되었다. 자기가 꼭 챙길 사람이 있는데 반대하는 의견이 있으면 다른 유력 실세를 팔아서 관철시키는 수법을 썼다. 돈 공천 소문도 무성했다. Y씨는 공공연하게 자기가 실세 아무개에게 얼마를 줬다고 말하고 다녔다. 서울의 K씨는 20억 원을 실세에게 줬다고 내게 직접 말하기도 했다.

특히 이방호는 과거에 최고위원 선거를 할 때 자기를 도와주지 않은 사람은 거의 공천을 주지 않았다는 비판이 많았다. 또한 그는 부산과 경남의 경쟁자들은 날리고, 자신의 모교인 연세대 출신들만 챙긴다고 말들이 많았다. 당시 공천에서 김무성을 제외시킨 것은 이재오와 이방호의 이해관계가 딱 맞아 떨어졌기 때문으로 볼 수 있다. 이재오와 이방호는 김무성이 자신들의 앞날에 매우 껄끄러운 존재였다고 생각했을 것이다. 사실 MB는 내게도 맹형규와 김무성은 날리지 말라고 했다. 그런데 이방호는 그 당시 강창희 평계를 대면서, 강창희와 서로 주고받기를 하다가 그렇게 할 수밖에 없었다고 해명했다.

이방호가 MB에게 공천 관련 보고를 하러 갔을 때 나도 두세 차례 배석했다. 그런데 MB는 보고를 받을 때 이상한 버릇이 있었다. 마주 앉자마자 주제와 관계없는 딴소리를 하다가 결국 주제를 보고할 시간이 얼마 남지 않는 경우가 많았다. 다른 것은 몰라도 공천 같이 중요한 사안은 면밀하게 들여다봐야 하는데, 늘 그러느라 시간이 없어서 허겁지겁 보고를 마치곤 했다. 그리고 MB는 누구를 딱딱 짚어서 결정하는 스타일이 아니었고, 특히 인사문제에 대해서는 늘 우유부단했다. MB가 확실하게 결정을 못 내리면 이방호의 자율권이 커지니 나는 늘 불안했다. 예를 들어 당시 부산의 한 지역구에 대해 MB가 결정을 못하고 머뭇거리기에 내가 "여기에는 네 명이나 몰려서 복잡합니다. 빨리 결정을 해주어야 합니다" 했더니 "J로 하지"라고 했다. 그런데 정작 J는 공심위 4배수에서 탈락했다. MB가 찍은 사람도 이방호가 4배수에서 탈락시킨 것이었다. 그럴 때마다 이방호는 꼭 강창희나 이상득 평계를 댄 것으로 기억한다.

여하튼 2008년 공천에서 재량권을 가장 많이 행사한 사람이 이방호였다. 다시 말해 그 당시 이방호가 부산 경남 지역에서 패권을 유지하는 데 장애가 될 수 있다고 본 큰 축이 김무성과 권철현이었고, 결과적으로 그 라인에 있는 사람들은 다 날렸던 것이다. 그때 박형준이 나를 두 번이나 찾아 와 이런 식으로 공천하면 무소속 바람이 불어서 부산에서 다 떨어질 거라고 말했다. 나는 그 이야기를 이방호, 이재오에게 몇 차례 전했지만 그때마다 그들은 "걔가 뭘 알아. 이론만 밝은 애 아이가" 하면서 내 말을 일축했다. 그런데 결국 선거 결과는 박형준의 지적대로 되고 말았다. 지역구 공천이 끝나고 공천에 불복해 탈당한 친박들이 친박연대를 결성하면서 박형준의 예상대로 무소속연대가 돌풍을 일으켰다.

한편 비례대표 공천은 청와대가 거머쥐고 극비리에 진행했다. 이재오는 정태근에게 비례대표 명단을 만들어 보라고 맡겼다. 정태근은 이렇게 증언했다. "이재오가 나한테 몇 명을 이야기해주면서 명단을 만들라고 했다. 그래서 동료들의 의견을 취합해서 1.5배수 정도 되는 30명 명단을 줬다. 그런데 그 명단은 실제 공천에 거의 반영이 되지 않았다." 나와 정태근은 발표된 비례대표 후보 명단을 보고 깜짝 놀랐다. 전혀 듣도 보도 못한 사람도 꽤 있었다. 사실 비례대표 명단과 순서가 어떻게 결정되는지 정확히 아는 사람은 거의 없다. 그래서 비례대표 공천은 귀신도 모른다는 이야기도 있다.

개혁공천의 허구성

여기서 개혁공천에 대해 한마디 하고 싶다. 공천 때마다 언론에서는 '개혁공천'을 말한다. 그래서 여야는 개혁공천이라는 이름으로 경쟁을 한다. 그런데 언론에서 이야기하는 개혁공천은 결국 현역의 교체율이다. 언론은 '교체율이 높아야 개혁적이다'라는 프레임을 만들었다. 그러다 보니 공천 작업을 하면서 중간 중간 교체율을 계산하게 된다. 교체율을 계산하면서 높이다 보면 공천 작업하는 사람들은 신이 난다. 부탁받은 것을 반영할 수 있는 소지가 많아지기 때문이다. 교체율을 높이더라도 나쁜 사람을 좋은 사람으로 바꿔야 개혁이지, 그 밥에 그 나물 식으로 교체하는 게 무슨 개혁인가. 그리고 국회의원도 4년 정도는 해봐야 노하우도 생기고 경륜도 쌓이는 법인데, 무언가 일을 알만하면 바꿔버리니까 비효율적이고 낭비적인 면도 크다. 양당 모두 공천 때마다 언론이 깔아놓은 개혁 프레임인 교체율 경쟁을 벌이다가 이런 일이 생기는 것이다. 초선 의원이 다수가 되면 국회의 의정 활동에서도 많은 시행착오를 반복하는 결과를 초래하는데, 2008년에도 양당 모두 교체율 높이기 경쟁을 하다가 결국 거의 50% 가까이 교체하는 결과를 낳았다.

정당 공천의 사유화

당시 공천이 엉망이 된 것은 일찌감치 이상득을 공천한 것도 중요한 원인 중 하나였다. 이상득은 2008년 2월 29일 1차 공천자 발표에 포함됐는데, 그 뒤로 사전에 세워놓은 공천 원칙들이 다 무너져 버렸다. 예를 들어 원래 65세 이상은 공천하지 않는다는 원칙을 세워 박희태를 날렸는데, 이상득은 공천을 줬으니 그 뒤부터는 엉망이 된 것이다. 한편 원칙을 깨고 이상득에게 공천을 주면서, 친박계가 반발하며 끼어들 수 있는 결정적인 빌미까지 주었다.

권력의 사유화는 중앙 정부 인사뿐만 아니라 당 공천 과정에서도 그대로 드러났다. 새 정부가 들어섰으니, 개혁공천에 걸맞은 경쟁력 있는 사람을 공천해야 하는데 그렇지 못했다. 과거에는 계보를 중심으로 지분을 나눠서 챙기는 식으로 공천이 이루어졌다. 그런데 2008년에는 MB는 MB대로, 최시중은 최시중대로, 이방호는 이방호대로, 이상득은 이상득대로, 이재오는 이재오대로 자기 사람을 챙기는 사천私薦이 횡행했다.

돌이켜 보면, 청와대 정무수석이 이재오, 이상득, 최시중 등의 의견을 취합한 후 MB의 재가를 받고 이방호와 조정하는 식으로 공천 과정이 진행됐어야 했다. MB도 같이 일해 본 경험이 거의 없는 박재완 정무수석에게 역할을 주지 않고, 어정쩡하게 이방호에게 보고 받으면서 지침을 주는 식이 됐다. 나는 공천에 관여는 했으나 개입은 안 했다고 자신한다. 대신 부탁한 사람들에게 마땅한 후보가 없는 자리에 대한 정보는 주었다. 그리고 이왕이면 이상득, 이방호, 이재오에게 인사를 하라고 귀띔을 해주었다. 하지만 공심위 과정에서 이 사람이 공천을 받게 해달라고 한 적은 단 한 건도 없었다. 나도 정권 창출에 공이 있으니 주장할 지분이 있다고 생각했지만, 그렇게 하면 나중에 나도 할 말 없는 공범이 되어버리기 때문에 개입까지는 하지 않았던 것이다.

소위 '55인 사건'의 전말

대선 때부터 이상득은 출마하지 말아야 한다고 이야기했었던 나는 이상득 공천이 미리 확정되어버리자 무척 열을 받았다. 나는 내가 손해 보는 건 참아도 사리에 맞지 않는 건 못 참는 성미다. 당시 이상득 공천 생각만 하면 잠을 못 이룰 정도였다. 이상득 때문에 원칙 없는 공천이 진행된 것처럼, 국정도 이런 식으로 운영된다면 국민은 이 정권을 신뢰하지 않을 것이고, 그러면 새 정부는 결코 성공할 수가 없다고 생각했다. 혼자서 속을 끓이던 나는 출마를 포기하겠다는 생각을 하기 시작했다. 그리고 불출마 선언문을 메모한 후 김원용에게 출마하지 않겠다고 말했다. 그런데 김 교수가 대통령과 통화하면서 덜컥 그 이야기를 해버렸다. MB가 함께 점심을 먹자고 김원용 교수를 통해 연락을 해온 게 3월 4일이다. 대통령 사저에서 밥을 먹는데 MB의 첫마디가 "한 석이라도 아껴야지 무슨 불출마냐. 내게 생각이 있으니 이상득 문제는 내게 맡겨라"였다. 이상득 불출마와 관련해 무언가 복안이 있다는 뉘앙스였다. MB가 그런 맥락으로 말하니 나는 '됐다'고 생각했다.

그러나 이상득은 출마 행보를 계속했다. 2008년 3월 22일 나와 정태근이 만나 '이상득 출마'를 성토하고 있는데, 정태근에게 이재오로부터 전화가 걸려왔다. 이재오는 "도저히 못 참겠다"고 했다. 당시 언론은 연일 '이상득과 이재오가 공천을 둘러싸고 권력 투쟁을 한다'고 써댔다. 실제로 이재오는 공개적으로 이상득에게 그만두라고 한 적도 없었다. 언론이 나와 정태근 등이 한 것을 이재오가 배후인 것처럼 오해하면서 이상득 대 이재오의 권력 투쟁으로 몰고 갔던 것이다. 정태근은 "그러면 선배님도 출마하지 말아야 합니다" 했더니, "그렇게 하겠다"고 하며 스위스그랜드호텔에서 모이자고 했다. 내가 현장에 도착하니 진수희, 정태근, 공성진, 권택기,

김해수 등이 모여 있었다. 이재오가 밤 11시에 호텔로 들어서면서 내뱉은 첫마디가 "권력 투쟁을 한다고? 그럼 '하면 될 것' 아냐?"였다. 그러면서 그는 "나도 이상득도 출마하지 않으면 될 것 아냐?"라고 했다. 사실 그는 이때 은평 을에서 낙선이 확실시되고 있었다. 은평 을에서 죽느니, 이상득을 붙들고 죽는 게 명분이라도 얻어 재기하는 데 유리하다고 판단했을 것이다. 나와 정태근이 "대표님은 출마하지 않더라도 이상득은 출마할 것 같은데, 그럼 대표님은 뭐가 됩니까?" 했더니 "그러니까 너희들이 도와줘야지"라고 말했다. 그날 밤 나와 정태근은 의원들을 모아서 서명을 받고, 이재오는 청와대에서 대통령을 만나 담판을 짓기로 하고 헤어졌다.

공성진이 서울시당 위원장일 때라서 시당 사무실이 반란군 캠프가 되어 서명 작업을 했다. 일단 24일 오후 4시에 29명의 총선 후보자들이 '이상득 불출마'에 서명을 했다. 나중에 인원이 더 늘어 55명이 돼 이후 '55인의 반란'이라고 불리게 됐다. 그런데 청와대로 가서 담판을 짓겠다던 이재오로부터 아무런 연락이 없었다. 이 의원의 측근이었던 진수희에게 "대표님 왜 연락이 없냐"라고 물었더니 "대통령이 안 만나준다. 청와대 측에서 면담 일정을 안 만들어준다"라고 했다. 나는 청와대에 연락해서 왜 이재오의 면담 일정을 안 잡아주는지 물었다. 청와대는 이재오와 연락이 안 된다고 했다.

무언가 이상했다. 이재오는 담판은커녕 오히려 MB에게 설득당한 게 분명했다. 빨리 쐐기를 박아야 했다. 일단 오후 4시에 부랴부랴 기자회견을 했다. 그때 주변 사람들은 나에게 입장을 이해하니까 서명 작업에는 참여하지 말라고 했다. 정권 창출 공신인데 이런 항명에 서명까지 하는 것은 심하다는 것이었다. 하지만 내 성격상 그럴 수는 없었다. 결국 기자회견장에는 나가지 않고 서명만 했다. 서명파들은 그날 밤 늦게까지 이재오를 성토하며 술을 먹었다. 얼마나 통음을 했는지 나중에 동석한 기자가 술값을 냈을 정도였다.

MB가 55인 서명 사태가 있을 때 박재완 정무수석에게 "그럼 이상득 의원에게 출마하지 말라고 이야기하라"고 했다고 한다. 그런데 그 일을 당시 정무비서관이던 장다사로를 시켰다. 이상득 보좌관 출신인 장다사로를 보냈으니 결과는 안 봐도 뻔했다. 55인 기자회견이 있기까지 가장 강경한 입장을 보인 이는 김용태 의원이었다. 그날 기자회견 문안도 김용태가 썼다.

그러나 2008년 3월 25일 이상득, 이재오는 출마 선언을 했다. 열을 받은 나는 평소 친분이 있던 연합뉴스 기자에게 인터뷰하자고 전화했다. 결국 이 인터뷰 때문에 내가 55인 반란 사건의 주동자가 됐다. 처음에는 주동자가 아니었으나, 주동자를 자임한 것이었다. 이상득 한 명 때문에 55인이 다 궁지에 몰렸기에 누군가는 책임을 져야 했다. 그래서 내가 책임을 지겠다고 생각하고, 그때부터 이상득과 한번 싸워보자는 마음을 먹었다.

당시 55인 기자회견에 나선 이들은 당시 청와대와 당이 인사만 제대로 하면, 총선에서 개헌선인 200석 가까이 의석을 확보할 수 있다고 보았다. 그런데 인사 파문 등이 터지면서 하루에 의석 한 석이 날아가는 흐름으로 바뀌었다. 이 흐름을 저지해야 했다. 이것이 극대화된 것이 55인 파동이다. 당시 실제 사건의 주동자는 이재오였기에 대통령에게 설득을 당해 다시 출마하기로 했으면, 우리를 만나서 설명을 해줘야 했다. 그런데 그 당시는 물론 지금까지 아무 설명이 없었다. MB는 당시 이재오에게 "당신이 국회에 있어야 내게 힘이 되지 않겠느냐"는 식의 이야기를 했다고 들었다. 그리고 선거운동 중에 MB는 이재오의 지역구인 은평 뉴타운을 방문했다. 두 사람 사이에 어떤 이야기가 오갔기에 방문하게 됐는지는 몰라도, MB의 은평 방문은 결과적으로 이재오가 낙선하는 데 확실하게 일조한 셈이 됐다.

이와 관련해 아직도 궁금증이 풀리지 않는 게 한 가지 있다. 그때는 박사모가 무척 힘이 셀 때였다. 총선에서 이재오, 이방호, 전여옥, 박형준을 날린 게 박사모였다. 사실 한나라당의 대통령 경선과정에서 박근혜를 유일하게 공격한 건 나였다. 그런데 박사모가 왜 나는 총선에서 건드리지 않았는지 아직도 궁금하다.

〔〈연합뉴스〉 2008. 3. 25.〕

정두언 "충신들은 결국 승리한다"

"55인 생육신 당과 대통령 위해 나서"
"이재오, 총선출마 너무 황당하다"

한나라당 정두언 의원은 25일 이상득 국회부의장이 당 일각의 불출마 요청을 뿌리치고 총선 후보 등록을 강행한 것과 관련, "우리의 충정이 받아들여지지 않은 점은 총선 후에 평가받을 것"이라고 말했다.

이명박 대통령의 핵심측근인 정 의원은 이날 연합뉴스와의 전화 인터뷰에서 "이 부의장 불출마를 요구한 55인은 오직 당과 대통령을 위해 나선 만큼 '생육신'으로 불러줬으면 한다"면서 이같이 말했다.

그는 특히 "역사를 보면 충신들이 일시적으로 패배할 수는 있어도 결국에는 항상 승리한다"고 강조했다.

그는 소장파들의 이 부의장 불출마 요구에 합세한 배경에 대해 "그 길만이 진정 이명박 대통령과 한나라당을 위한 길이라고 생각했다"며 "손해를 보는 것은 참아도 이치에 안 맞는 것은 참을 수 없었다"고 말했다. 아울러 "내 미래가 불투명해져도 후배들을 외면할 수 없었고 그들이 하는 일에 명분이 있었다"고 평가했다.

그의 이 같은 발언은 이 부의장 불출마 등을 촉구한 공천후보 55인의 '거사'가 비록 실패로 끝났지만 명분을 갖고 있었다는 점과 이 부의장의 출마가 '잘못된 선택'이라는 점을 재차 강조하는 한편, 4.9 총선이 끝난 뒤에도 계속 문제를 제기하겠다는 의미로 받아들여진다.

정 의원은 이날 이재오 의원이 기자회견을 통해 총선 출마를 택한 데 대해서도 일종의 '배신감'을 드러냈다.

그는 "이 의원의 총선 출마 회견을 접하고 모두 황당해 하고 있다. 이 의원은 자신이 '바른 길이니까 함께 갑시다'라면서 먼저 나섰다. 그런데 갑자기 출마하겠다고 하니 너무 황당하다"고 말했다.

04

MB 정부의 인사 실패

고소영, 강부자 내각 파동

MB 정권의 첫 번째 인사에 영향을 미친 키맨은 류우익과 박영준이었다. 물론 이들 뒤에는 이상득, 최시중, 이재오 등이 있었다. 애초에 내가 걱정했던 대로 청와대와 내각인사가 주먹구구식으로 이루어진 결과, 인선 발표가 나자마자 고소영(고려대, 소망교회, 영남), 강부자(강남 부자)라는 신조어가 생겨나는 등 인사 파동이 벌어졌다. 인사 작업을 준비하다가 도중에 그만둔 나는 이후 인사에 아무런 영향을 미칠 수 없었다. 기자들은 이런 내막도 모르고 우리 집 앞에 찾아와 뻗치기를 하면서 '인사실세는 정두언'이라는 기사를 쏟아냈다. 2008년 1월 25일 내가 인수위 기자실을 찾은 것은 이런 엇나가는 상황을 더 이상 두고 볼 수 없다고 판단했기 때문이다. 인사문제로 인해 큰 파동이 있을 것이라고 예상한 나는 분명히 선을 그어놓아야 할 필요를 느꼈다. 내가 하지도 않은 일에 책임을 질 이유는 없었다. 이날 나는 기자들에게 "사실 나는 인사와 관련해 아는 게 없다"고 공개적으로 밝혔다. 그러나 당시 내 말을 믿는 기자는 없었다.

반면 MB는 첫 청와대 수석들을 임명하며 '베스트 오브 베스트'라는 주장을 굽히지 않았다. 불과 얼마 뒤에 닥쳐올 인사 참사를 내다보지 못한 발언이었다.

MB의 인사에 대해 적재적소에 맞는 유능한 사람을 쓴 것이 아니라 자기 말을 충실히 잘 듣는 사람을 썼다는 비판이 높았다. 이것은 권위주의적인 지도자의 특징이다. '내가 다 할 테니 너희들은 내가 하라는 대로 하면 된다'라는 생각에서부터 모든 인사가 잘못된다. 그것은 첫 단추를 잘못 꿰는 것이다. 내 말을 잘 듣는 사람을 써야 하니 모르는 사람은 절대 안 쓴다. 왜냐하면 모르는 사람은 믿지 못하기 때문이다. MB는 의심이 많은 사람이라서 자기 소신을 가지고 자기 권한을 제대로 행사하는 사람은 일단 쓰지 않았다. 내가 MB의 인사를 보면서 이렇게 하면 큰일 나겠다고 생각한 지점이 바로 거기였다. 소신 있게 자기 목소리를 내며 일할 사람은 완전히 배제하고, 시키는 대로 할 사람을 계속 임명하는 것을 보고 큰일 났다고 생각했던 것이다. 그런 인사로는 국정을 제대로 운영할 수가 없다.

대통령이 모든 권한을 자신이 행사하겠다고 하는 것은 과욕이며, 오만하고 독재적인 사고방식이다. 그러면 자신이 생각한 권한을 다 행사하지도 못하면서 결과적으로 책임만 지게 되어 있다. 내용도 모르는데 어떻게 권한을 제대로 행사할 수 있겠는가. 따라서 대통령은 각 부처의 업무에 따라 능력에 맞는 사람을 임명해서 그 사람이 충분히 권한을 행사할 수 있도록 지원해 주고, 그 사람이 해결하지 못하는 것을 처리해주는 일만 맡아야 한다. 한마디로 지도자는 책임지는 사람이어야 한다. '책임은 내가 질테니 소신껏 일해라. 대신 어려운 일 있으면 나에게 이야기해라'라고 하는 것이 지도자의 자세가 되어야 한다. 그런데 우리 지도자들은 기본적으로 책임을 안 지려고 한다. 권한은 행사하지 못하게 하면서 무슨 일만 생기면 책임을 장관에게 돌린다. 세월호 침몰 사건 이후 해경에 책임을 물어 해경을 해체해버린 것이 한 예다. 이런 식이면 검찰, 경찰이 잘못하면 다 해체해야 하는 것 아니냐는 비아냥이 나오는 이유다.

나경원 보궐선거 캠프의 사례

2014년 7월 30일 재보선에서 당선된 나경원 의원 캠프의 사례를 살펴보자. 캠프는 20여 일 운영됐지만 모두 기분 좋게, 재미있게 일했다. 내부에서 한 번도 싸운 적이 없었다. 보통 선거 캠프는 다국적군이 와서 일하다 보니 항상 내부에서 싸우다 끝난다. 당시 캠프요원들이 해단식을 하면서 단 한 번도 싸운 적이 없다고 다들 신기해 했으며, 이구동성으로 과거 서울시장 캠프보다 훨씬 훌륭하고 유능했다고 말했다. 나경원 의원도 이에 동의했다.

당시 나경원 캠프의 좌장은 바로 나였다. 나는 첫날 캠프를 꾸리고 각자 역할을 분담한 후 이튿날부터 '내 역할은 끝났으니 너희들이 알아서 다 해라. 대신 내가 해결해야 할 일이 있으면 문자나 전화로 이야기해라'라고 말한 뒤 사라졌다. 그 이후 내 핸드폰에는 문자들이 쏟아졌다. 나는 웬만하면 계속 '좋아요'를 눌렀다. 실무자들이 문자를 보내는 이유는 '제가 이렇게 하려고 하는데, 혹시 잘못되면 책임 좀 져 달라'는 의미다. 내가 '좋아요'를 누른 것은 책임을 지겠다는 뜻이었다. 그러자 실무자들은 신이 나서 일했다. 만약 내가 사무실에 앉아서 결재를 받기 시작하면 매사 속도가 느려지고, 누군가 나를 독점하려고 하면서 싸움이 벌어지기 시작했을 것이다. 나는 캠프에 자주 나타나지도 않았고, 가끔 나가더라도 대강의 흐름만 정리해주고 자리를 떴다. 캠프에 갈 때는 권위적인 모습으로 보이지 않기 위해 일부러 청바지에 티셔츠를 입고 갔다. 리더가 자신이 다 결재를 하겠다고 하면 무슨 일이 벌어지는지 아는가? 밑에서는 책임질 일이 생기면 무조건 다 결정을 위로 미룬다. 그러다 보면 병목 현상이 일어나 일이 돌아가지 않는다. 권한도 안 주는데 누가 책임지고 일하려고 하겠나.

청와대의 각 부처 인사 개입은 위헌

장관도 각 부처에 돌아가서 보스가 되어 책임을 져주고 밑의 사람들이 일을 잘할 수 있게 해줘야 하는데, 장관 자체가 권한이 없으니 제대로 될 리가 없다. 이와 관련해 나는 청와대의 정부 인사 개입은 위헌제청 소송의 대상이라고 보고 있다. 정부조직법에는 장관의 권한이 정해져 있다. 장관의 권한 중 제일 중요한 것이 인사권이다. 그것을 청와대에서 대통령이

행사하는 것은 장관의 권한을 침해하는 것으로써 권한쟁의 대상이
될 수 있다.

　권력의 뿌리로 돌아가 보자. 민주국가에서 권력은 국민에게 있
다. 국민이 직접 권력을 행사할 수 없으니 선거를 통해 대통령에게
권력을 위임하는 것이다. 그런데 대통령에게 그냥 위임하는 것이
아니라 법으로 정해서 위임한다. 장관의 권한도 마찬가지다. 그래
서 법에 대통령의 권한이 있고 장관의 권한이 있다. 대통령이라고
장관의 권한을 함부로 침해할 수 없다. 물론 사무관 이상의 공무원
임명권자는 대통령이다. 그렇지만 그것은 최종 승인이고, 실제로
그 사람을 발탁하고 심사해서 올리는 것은 장관이다. 이것이 실질
적인 인사권이다. 그런데 노무현 정부 이래 지금까지 그것을 청와
대에서 하고 있다. 따라서 청와대 인사수석비서관실 자체가 위헌적
인 기구다. 박근혜 정부에서 '이제 보직인사는 장관이 하도록 하겠
다'고 발표한 적이 있다. 이는 아직 승진인사는 장관이 하지 못한다
는 말이 아닌가. 이런 코미디 같은 발표가 공식적으로 나오는데, 아
무도 문제를 지적하지 않는다. 문제를 모르고 있기 때문이다.

　인사비서관은 노무현 정권 때 처음 생겼다. 그 전에는 청와대에
그런 기능이 없었다. 모처럼 야당이 집권을 했으니 이번 기회에 사
회에서 소외돼 있던 세력을 대거 주류사회의 주요 자리에 포진시
키자, 장관들한테 맡겨서 하면 언제 될지 모르니 청와대가 직접 챙
기자고 해서 만들어진 게 인사비서관실이다. 그나마 노무현 정권
때는 지역 안배도 하고, 인사수석비서관에 호남 출신인 정찬용을
데려다 쓰는 등 모양새를 갖추는 시늉이라도 했다. 내가 MB 인수

위 초창기 때 "인사비서관실을 두면 안 됩니다" 했더니, MB는 턱없는 소리를 왜 하느냐 라는 반응을 보였다. 그렇다고 청와대가 정부인사에 절대적으로 개입하지 말라는 게 아니다. 노무현 정권 이전에는 어떻게 했을까. 부처에서 장관들이 주요 인사를 하기 전에 청와대 각 수석실과 협의를 했다. 그러나 주도권은 장관이 쥐고 수석실은 청와대 입장을 반영시켰다. 그런데 지금은 청와대가 주도권을 쥐고, 거꾸로 장관이 "이것 좀 이렇게 해주면 좋겠다"라는 식이 되었다. 이게 말이 되는가. 장관이 인사권이 없으면 부처를 장악하지 못한다. 이러면 누가 장관 말을 귀 기울여 듣겠는가. 다 청와대에 줄을 댈 것이다. 그러면서 장관한테 일을 잘하라고 하니 앞뒤가 안 맞는 격이다.

능력보다는
충성이 우선

인사는 아는 사람을 인사하는 것이다. 모르는 사람은 인사할 수가 없다. 모르는 사람은 대개 실무자들이 인사한다. 실무자들이 '이 사람은 이렇고 저 사람은 저렇다'라고 보고하면 윗사람은 그런 줄 안다. 그런데 각 부처의 그 많은 사람들에 대해 청와대 인사행정관이 다 알 수가 없다. 모르는 사람이 앉아서 인사를 하려니까 결국 엉뚱한 사람, 줄 서는 사람, 연고 있는 사람들이 임명되는 것이다. 사람들을 일류, 이류, 삼류로 나누어 보자. 보통 일류는 공통적으로 자존심이 강하다. 그러다 보니 자기 인사문제로 여기저기 쫓아다니고 그러지 않는다. 반면 삼류는 자기가 삼류인지 알기 때문에 여기저기 쫓아다니면서 뇌물도 갖다

바치고, 아부도 하고 그런다. 그러다 보면 대개 인사에서 삼류가 등용되기 쉽다. 그러다 결국 조직 전체가 다 삼류로 바뀌어 버리는 것이다.

MB의 정부인사 기조는 MB가 한 번이라도 겪었고, 또 MB 말을 잘 듣는 사람이라야 했다. 겪어 보지 않은 사람을 쓴 경우는 대개 주변 친인척이나 지기 등이 추천한 경우였다. 이런 식이다 보니 이도 저도 관계없는 전혀 모르는 사람은 아무리 훌륭해도 못 쓴다. MB는 누가 자기 소신대로 스스로의 권한을 행사할까 봐 의심이 많았다. 예를 들어 현대그룹 회장을 하는데 사장이 소신껏 자기 권한을 100% 행사하며 일하면, 회장은 할 일이 없어진다. 그러니까 자기 말 잘 듣는 사람을 사장으로 앉히는 그런 식의 인사를 했던 것이다.

강만수의 사례

강만수는 재경부 차관까지 하다가 외환위기 때 그만두고 야인 생활을 오래했다. 그런데 소망교회에서 맺은 인연으로 이상득과 친해져 MB와 연결이 된 것이다. 재경부 출신인 강만수는 당연히 재경부 장관이 되고 싶어 했다. 그러나 그는 경제에 대해 뿌리 깊은 신자유주의 노선을 갖고 있어 시대와 맞지 않았다. 또 고집이 너무 세고 유연성이 없었다. 나는 그런 이유로 강만수는 경제수장보다는 감사원장이 적격이라고 생각했다. 강만수는 청렴하고 소신이 있는 사람이었다. 나는 그 이야기를 최중경(전 지식경제부 장관)이 있는 곳에서 했다. 최중경이 강만수한테 이야기를 했는지 어느 날 강만수가 나를 찾아왔다. 강만수는 나에게 감사원장은 하기 싫다며 경제 일 좀 하게 해달라고 말했다. 평소 강만수는 대선배임에도 나를 존중해줬으며, 애정도 많이 가지고 있었다. 아랫사람임에도 항상 "나 좀 도와줘" 이렇게 말하는 스타일이었다. 그럼에도 나는 "죄송합니다. 하지만 제 의견은 그렇습니다"라고 소신껏 이야기했다. 하지만 감정적으로 부딪히거나 그런 적은 없었다. 그 점에 대해서 나는 항상 강만수에게 고마운 마음을 가지고 있다. MB 정권 후반부에 나는 추가 감세 철회 문제를 놓고 강만수와 각을 세웠다. 기자들이 뻥튀기해서 갈등을 부추기고 했을 때도 강만수는 내게 메일을 보내 '그래도 나는 정 의원 편입니다'라고 말하기도 했다. 또 MB에게도 항상 나를 중용해야 한다고 말하곤 했다. 한마디로 그는 공사를 구분할 줄 아는 사람이었다.

민심 악화의 결정적 원인: 인사 실패

나는 촛불사태가 일어난 배경을 인사문제와 관련지어 본다. 어떤 조직이든 누가 일류인지 다 알고 있으며, 누가 책임자가 돼야 하는지 공감대가 있다. 그런데 삼류가 책임자가 되는 순간 그 조직 구성원은 '열심히 일할 필요가 없구나'라고 생각한다. 그리고 '나도 가만히 있으면 안 되겠구나, 줄을 대야겠구나' 생각하게 된다. 그러면 일류는 조직에서 완전히 소외되고 장래 희망이 없어진다. 그래서 그 조직이 잘못되기를 바란다. 그래야 본인에게도 기회가 생기기 때문이다. 그렇게 되면 일이 잘못 돌아가기 일쑤고, 조직 내에서 각종 음해와 모략이 횡행하게 된다. 이런 과정에서 조직은 멍이 든다. 그렇기 때문에 인사가 중요하다고 하는 것이다.

인사가 잘못되면 조직만 멍드는 것이 아니다. 민심이 나빠지는 것은 많은 부분 인사 실패에서 온다. 삼류를 등용시키면 그 한 사람만 문제가 되는 것이 아니라 전체 조직의 사기가 나빠진다. 그 사기가 조직원들의 친지나 지인들에게까지 미쳐서 민심이 이반하는 주된 요인이 된다. 위 사례는 대통령 주변 측근들이 청와대 인사, 부처 인사만 장악한 것이 아니라, 모든 정부 산하기관의 인사권자를 자기 사람으로 심은 다음 거의 전 기관의 인사를 장악했다는 것을 말해준다. 인사는 결국 이권이다. 인사를 통해 예산을 쥐고 힘을 행세하는 것이니 이권의 핵심이 인사이다. 왜 민심이 이반됐는가? 쇠고기 협상이 촉발제가 됐지만, 이미 인사문제로 인해 모든 국민들이 MB 정부에 등을 돌리고 있었다. MB 정부에 대한 민심 이반의 원인에는 실정도 있고 사고도 있지만, 인사 실패 때문에 급속도로 확산되었다고 볼 수 있다.

충신은 간신에게
밀리게 되어 있다

나는 인수위 초기에 '아, 이들은 정권을 잡은 것이 아니라 이권을 잡았구나. 내가 막을 재간이 없으니 같이 있다가는 나도 같이 쓸려가겠다'는 생각이 들었다. 그래서 짐을 싸들고 나왔다. 쫓겨 나왔다 해도 특별히 할 말이 없다.

정권을 잡는다는 것은 두 가지 측면이 있다. 하나는 권력을 잡아서 이권을 누리겠다는 측면이고, 또 하나는 국정을 잘 운영하고 나라를 바로잡아보겠다는 측면이다. 충신은 국정을 어떻게 잘 운영할까에 관심이 많고, 간신은 권력을 어떻게 잘 누릴까에 관심이 많다. 그런데 반드시 전자가 후자에게 밀리게 돼있다. 왜냐하면 후자는 항상 밀어내고 음해하는 것에만 관심이 있는 반면 전자는 일만 하다가 당해내지 못하고 밀려나기 때문이다. 그렇다면 지도자는 어떻게 해야 할까. 지도자는 나라를 바로잡겠다는 사람들을 등용해서 힘을 실어줘야 한다. 이것을 세종대왕이 잘 보여줬다. 집현전을 만든 것도 그 때문이다. 그런데 MB는 그러지 못했다.

덧붙이자면 MB는 초기 인사에서 지역 안배도 하지 않았다. 베스트 오브 베스트를 한다면서 지역 안배를 무시했다. 고소영, 강부자 내각을 보면 호남이나 충청에 대한 배려가 전혀 없었다. 언론에서 지역 안배가 부족하다고 문제 제기를 하자 그동안 살아오면서 한 번도 호남 출신이라고 해본 적이 없는 유인촌을 호남으로 분류하기도 했다. 인사 때 지역 안배를 하는 게 정치다. 얼마나 민심에 끼치는 영향이 큰가. 충청도가 번번이 돌아서는 데는 인사가 큰 요인이다. 대통령이 정치적인 판단과 고려를 하지 않으면 바로 민심의 반발을 산다. 심지어 군사독재 시절에도 총리는 반드시 호남 사람을 임명하는 등 지역 안배를 했다. 그때는 정통성이 없어서 더 안배를 했는지도 모른다. 그런데 MB 정권은 너무 오만했다. 나중에 촛불이 시작되고 나서야 MB 정부도 지역 안배를 하기 시작한다.

05

MB 정부의 민간인 사찰

사찰 업무의 체계도

이명박 정권 초기 청와대 기획조정비서관실은 나뿐만 아니라, 심지어 국정원장도 사찰했다. 공개된 것이 이 정도지 아마 훨씬 더 많은 사찰이 이루어졌을 것이다. 그러다가 박영준이 기획조정비서관을 사직하고 청와대를 떠나면서 그 역할을 이영호 노동비서관이 맡았다. 실질적인 사찰 업무를 기획조정비서관실에서 총리실의 공직윤리지원관실로 넘기면서 그 기능도 확대되었다. 물론 MB의 승인 내지 묵인 없이는 불가능한 일이다. 그래서인지 이영호는 청와대 내에서 활극을 벌이는 일까지 있었는데도 MB는 일을 열심히 하는 게 더 중요하다면서 주의 조치로 끝내 버렸다.

이름은 계속 바뀌었지만 옛날부터 총리실에는 사정 및 감찰 기능이 있었다. 내가 총리실에서 근무할 때는 이름이 제4조정관실이었다. 사회정화위원회가 생긴 뒤로 총리실 차원에서 사회정화위원회를 지원한다며 만든 것이 제4조정관실이었다. 검찰, 경찰, 국세청에서 인력을 파견받아 주로 명절에 집중적으로 공직 감찰을 했다. 이명박 정권 때 그것을 공직윤리지원관실이라고 이름을 바꾸면서 청와대 직할 체제로 만들어버렸다. 총리실 내부조직인데, 청와대 지휘를 받는 굉장히 이상한 체제가 가동됐다. 권력을 사유화했기에 가능한 일이었다.

나는 당시 체제가 이렇게 바뀌어 운용되고 있다는 사실을 알지 못했다. 그 때문에 이런 해프닝도 벌어졌다. 내 초등학교 동창생의 매제가 경찰인데 총리실로 가고 싶다고 해서 가능한지 알아본 적이 있었다. 나중에 듣기로는 최시중이 그 이야기를 듣고 굉장히 화를 냈다고 한다. 총리실 쪽으로부터 인사 이동이 어렵다는 답을 들은 나는 총리실에서 감찰 기능을 하는 줄 모르고, 그에게 "왜 거기를 가려고 하나, 별 볼 일 없는 곳인데"라고 이야기했던 것 같다. 하지만 최시중은 내가 공직윤리지원관실이 가동되는 것을 다 안다고 생각하고 총리실 사정라인에 내 사람을 심으려 한다고 생각했던 것 같다. 이와 관련해 YTN에서 이 내용을 보도한 적도 있다.

이명박 정권에서 이루어진 사찰의 맥락을 살펴보면 청와대 기획조정비서관실과 국무총리실의 공직윤리지원관실을 중심으로 움직였던, 권력을 사유화한 이너서클Inner circle이 있었던 것으로 보인다. 일종의 '사찰 컨트롤타워'라고나 할까. 사찰은 MB와 이상득의 권력을 배경 삼아 이루어졌다. 실제로 청와대 민정 라인, 총리실 공직윤리지원관실, 감사원, 국정원, 국세청 등 필요할 때마다 적절한 기관들을 다 동원해 진행됐다. 권력을 움직이는 이너서클이 개입하지 않고서야 어떻게 이런 일이 이루어질 수 있겠는가. 그 정점에 박영준, 이영호 등이 있었고, 사실상 MB와 이상득은 아는 듯 모르는 듯하면서 사찰이 진행됐다고 볼 수 있다. 이런 추측이 가능한 이유는 실제로 다음과 같은 사례들이 있었기 때문이다.

구체적인 사찰 사례들

대표적인 사람이 박덕흠 새누리당 의원이다. 그는 당시 원화건설 회장이었는데, 나와 정태근과 가깝게 지냈다. 박 의원이 사찰 대상이 된 이유는 나와 박 의원이 만나는 현장을 누군가 미행해서 확인했기 때문이라고 생각한다. 박 의원이 운영하던 원화건설은 2009년 6월 18일 금탑산업훈장을 받는다. 통상적으로 산업훈장을 받으면 3년간 세무조사를 유예해준다. 그런데 훈장을 받은 지 나흘쯤 지났을 때 국세청 세무조사 팀이 원화건설을 덮쳤다. 정태근은 나중에야 박 의원으로부터 이 이야기를 들었다. 그는 박 의원이 산업훈장을 받은 것을 축하하는 차원에서 그와 경기도 가평의 한 골프장에서 골프를 쳤다. 그런데 중간에 박덕흠이 그에게 "정 의원, 이런 일도 다 있네. 산업훈장 받고 와서 직원들이랑 폼나게 회식했는데 3일 만에 덮쳐서 20억 원을 추징당했어"라고 말했다. 그 이야기를 듣는 순간 나도 머리칼이 곤두섰다. 혹시 나 때문에 그런 것이 아닐까 생각했기 때문이다. 박 의원도 산업훈장을 받았는데 바로 세무조사가 들어온 것이 도저히 이해가 안 간다고 말했다. 이후 2012년 중반쯤인가. 선거에서 떨어진 뒤 병원에서 심장수술을 받는 아내 곁을 지키던 정태근은 박 의원의 전화를 받았다. 검찰에서 '정태근 때문에 사찰을 받은 것이 맞느냐'는 확인 전화가 왔다는 것이었다. 그래서 박 의원도 사찰을 당했다는 것을 알았고 세무조사가 진행된 배경도 드러났다. 그때 총리실에서 사찰한 것으로 공개된 명단에는 남경필, 박덕흠과 함께 박세철 장훈학원 이사장의 이름도 들어있었다. 다른 이들이야 정치권 인사들이니 그렇다 해도 박세철이 들어간 것은 도저히 이해할 수 없는 일이었다. 그는 나와 가까운 박재성과 친했다. 박재성, 정태근, 박세철이 같이 저녁 먹고 술 먹는 현장을 누군가 사찰한 후 박세철을 털면 박재성과 정태근을 잡을 수 있겠다고 생각하고 사찰한 것으로 추측된다.

정태근이 아내 회사를 대상으로 한 사찰이 있었다는 것을 알게 된 때는 2009년이다. 사실상 박영준, 김주성의 지휘를 받는 청와대 소속 국정원 직원이 2008년에 사찰을 한 것이었다. 그들이 정태근 아내의 회사와 관계된 업체들을 돌아다니면서 '누가 전화해서 수주한 것 아니냐' 하고 캐물은 사실을 감지하면서 사찰을 당하고 있다는 것을 알게 됐다. 심지어 정태근의 아내가 다니는 회사에서 인천세계도시축전 관련된 일을 했는데, 거기에서 한 업체가 공무원과 짜고 과당 수수한 일도 있었다. 그것을 기화로 정태근의 아내가 다니는 회사도 연관된 게 아닌지 사찰하기도 했다.

이처럼 이명박 정권의 사찰은 역대 어느 정권보다 더 사적이었고 비열했으며, 지휘체계도 문란했다. 최악의 권력 사유화가 벌어진 게 바로 사찰 현장이었다. 심지어 박영준은 아무런 직함을 갖고 있지 않던 야인 시절에도 인사에 깊이 개입했다. 포스코 회장을 선정하는 과정에 박태준, 이구택 등 주요 인사들을 만나며 관여한 것이 대표적이다. 그는 도대체 무슨 자격으로, 누구의 지휘를 받아서, 무엇 때문에 포스코 회장 선임과정을 좌우했던 것일까.

한나라당 연찬회에서 터진
사찰 파동

그러다가 이른바 '민간인 사찰 사건'으로 널리 알려진 '김종익 사건'이 터졌다. 곧이어 남경필 의원이 이미 자신과 정태근도 사찰받은 사실이 있다고 공개하면서 파문이 커지기 시작했다. 정태근은 외국에 나갈 일이 있었는데 출국 전 장다사로 비서관을 만났다. "이번에는 도저히 묵과하지 못한다. 한나라당 연찬회 시작 전에 어떻게 조치하는지 보겠다. 전에 내가 전화로 국정원 사찰 문제를 이야기하지 않았냐"고 따졌다. 장다사로 비서관은 "사실은 그래서 그들에게 쓸데없는 짓 하지 말라고 엄하게 경고했다"고 말했다.

나와 정태근은 이런 일들을 겪으면서 속이 부글부글 끓고 있었다. 결국 2010년 8월 31일 천안 지식경제부 공무원교육원에서 열린 의원 연찬회에서 사찰 파동이 발생했다.

나는 연찬회에서 사찰 문제를 짚고 넘어가야 한다는 생각을 갖고 있었다. 정태근이 연찬회에서 사찰에 대해 강하게 문제를 제기했다. 당연히 언론이 주목할 만한 주제였다. 의원 연찬회 행태는 MB 정권 들어서 과거와 달리 매우 형식적으로 바뀌었다. 과거에는 의원들 간의 난상토론이 의원 연찬회의 메인 이벤트였다. 그러나 MB 정권 때는 토론을 못하게 하려고 그랬는지 첫째 날은 외부 강사를 초청해 강의를 듣고, 토요일인 다음 날 오전 3시간 정도 토론을 했다. 게다가 전날 밤 늦은 시간까지 삼삼오오 회식하느라 다들 지쳐있는 데다 주말에 집에 갈 사람들은 이미 다 가버린 탓에 맥 빠진 토론이 될 수밖에 없었다. 그런데 이 날은 중진 중의 중진인 이상득이 어제에 이어 초선의원들처럼 처음부터 끝까지 앉아 있었다. 마침 그의 옆에 앉은 한 여성의원이 이상득의 어깨를 주물러주며 아부성 수다를 떨고 있었다. 이래저래 빈정이 상해 있던 나는 그 장면을 보고 화가 나서 토론 도중에 밖으로 나왔다. 기다리고 있던 기자들이 이것저것 물어보기에 "영감이 말이지, 왜 저 자리에 저렇게 버티고 앉아 계시나. 감시하는 것도 아니고"라고 했다. 나의 이 발언이 일을 키웠다. 언론들은 기다렸다는 듯이 사찰 파동이라고 대서특필 했다. 2010년 당 연찬회에서 사찰문제가 공식적으로 제기되자 청와대에서는 "자기들은 떳떳한가"라는 반론을 펴며 반격했다. 〈조선일보〉 2010년 9월 1일자는 '사찰 피해자라고 말하지만 정권 초에는 이들도 권력자였다. 쏟아진 제보를 알아봤던 것뿐이다'라며 한 청와대 사정라인 관계자의 발언을 보도했다. 발언을 접한 나는 가만히 있을 수 없었다. 이날 열린 최고중진연석회의에서 나는 이렇게 발언했다.

어제 우리는 의원 연찬회를 마치면서 이렇게 결의했다. 헌정질서와 의회질서를 바로 세우는 원칙 있는 민주주의 국회가 되도록 최선을 다하겠다. 또 원칙과 상식, 대화와 타협, 소통과 화해로 구태는 단호히 배격하며 공정한 사회 실현에 앞장서겠다고 결의했다. 그런데 바로 이 날 청와대 고위관계자라는 일부 인사들이 국회와 여당을 부정하고 국회의원을 협박하는 발언들을 쏟아냈다. 청와대 일부 인사들의 이러한 작태는 민심을 전달하려는 의원들의 자유로운 표현을 원칙적으로 봉쇄하는 것이다. 그리고 또 당 · 정 · 청 관계를 재정립해서 민심과 소통하려는 당의 노력을 전면적으로 부정하는 것이다. 이것은 당 · 정 · 청 관계를 다시 억압적이고 종속적인 관계로 끌고 가려는 의도라고 본다. 이런 식으로는 대등한 당 · 정 · 청 관계는 불가능한 것이고 국민과의 소통도 불가능해진다. 더구나 대통령이 공정사회 구현을 청와대부터 먼저 실천하라고 강조하고 있는 마당이다. 그런데 대통령을 보좌하는 청와대 고위관계자라는 인사들이 대통령마저 무시하고 부정하면서 국회와 여당을 부정하고 협박하는 것은 실로 충격이라고 하지 않을 수 없다. 대통령실장은 이 문제에 대해서 분명히 해명하고 발언자를 엄중 문책해야 한다. 만약 이에 상응하는 적절한 조치가 없을 경우에는 대통령실장도 같은 입장이라고 볼 수밖에 없다.

그러던 차에 당시 원내대표인 김무성이 중재를 한다며 저녁을 먹자고 나와 정태근, 남경필, 임태희, 원희룡(당시 사무총장), 이춘식 등을 덕수궁 옆에 있는 한 식당으로 불렀다. 이 자리에서 나는 지금까지 있었던 이야기를 하면서 이춘식에게 맞는지 물었고 동의하는 답변을 이끌어냈다. 결국 그 자리에 있었던 사람들 모두가 '정두언 사찰 사건'의 증인이 된 셈이다.

다시 보는
사찰 업무의 본질

이명박 정권에서 진행한 사찰의 목적은 좌파세력을 발본색원하기 위해서라고 지금까지 해명해 왔다. 그러나 사실은 그것보다 훨씬 더 광범위한 목적에서 이루어졌다. 물론 좌파를 발본색원하려는 목적도 있었다. 그런데 이것도 난센스다. 권력을 잡았으면 화합 차원에서 다 끌고 가야지, 좌파를 발본색원하겠다며 사찰을 하는 것은 시대착오적인 냉전적 사고에 바탕을 둔 구태의연한 발상이다. 그러나 그것마저도 시늉에 불과했으며 사실은 자신들이 국정을 마음대로 농단하기 위한 수단으로 사찰을 활용했던 것이다.

한마디로 MB 권력은 권력을 비판하거나 눈엣가시인 존재들을 제압하기 위해서 사찰을 이용했다. 또 자신들이 챙기는 이권과 인사 청탁을 들어주지 않는 기관장들에게 압박을 가하는 용도로 사찰을 활용하기도 했다. 사찰 중 가장 질이 안 좋은 것이 이권 청탁을 거절한 것에 대한 사찰이었다. 이 또한 많은 사례가 있다. 그 중의 한 사례로, BC카드의 한 최고위 인사가 지인에게 이렇게 털어놓기도 했다. "하루는 공직윤리지원관실이라면서 전화가 왔는데 아무개 씨를 이사로 해달라고 하더라. 내부적으로 인사가 이미 끝나서 못 하겠다고 했더니 다음 날 지원관실에서 회사를 덮쳤다." 당시 BC카드의 최대 주주는 우리은행이었고 우리은행은 정부의 영향력 아래 있었다.

그 중 압권은 '감사원 사건'이다. 그랜드레저코리아의 자회사가 세븐럭인데, 공직윤리지원관실에서 세븐럭 알짜 자리에 누구를 승진시켜 앉히라는 압력을 넣었다. 사장이 도저히 그렇게 못하겠다고 했더니 감사원 감사가 들어왔다. 그런데 감사 결과가 문제가 없다고 나왔음에도 불구하고, 감사원 감사를 다섯 차례나 되풀이했다. 그래도 아무런 문제를 발견할 수 없자 감사원이 미적거린다고 생각했는지 공직윤리지원관실에서 감사원 핵심인사를 미행시켰다. 감사원에서 신망을 얻고 있던 유력한 사무총장 후보였던 핵심인사는 이 일로 중도 탈락했다. 나중에 그의 후임으로 온 사람은 권력의 온갖 청탁을 다 들어주었다고 들었다. 나는 그 후임자에게 감사원이 그런 식으로 하면 어떻게 뒷감당하려고 그러는 거냐고 말한 적도 있다. 권력이 고분고분하지 않는 사람을 내쫓고 말랑말랑한 사람을 앉혀놓은 후 감사원을 좌지우지한 것이다. 이런 일이 감사원에서만 일어났을까.

사찰의 최대 피해자
정태근

　　　　　　　　　　MB나 이상득은 내가 저러는 것은 그나마 이해가 가는데 왜 쟤까지 그러냐면서 정태근에게 불만이 많았다고 들었다. 박영준은 정태근이 서울시 정무부시장이 되기까지는 자신도 나름 역할을 했다고 생각하고 있었다. 이런저런 감정이 겹치면서 정태근은 사찰의 1차 타깃이 됐다. 그래서 그의 부인이 다니는 회사가 주 사찰 대상이 된 것이다. MB 정부 초창기 때부터 정태근 부인이 다니는 회사가 입찰하는 건마다 뒷조사를 했다. 검찰에서 사장을 두 차례나 영장 신청해서 모두 다 기각되었는데도 억지로 기소를 했고, 재판에서 무죄가 나왔는데도 이어서 세무조사까지 했다. 종업원 80명밖에 안 되는 회사에 20명의 세무조사 요원들이 들이닥쳤고, 기간도 세 번이나 연장했다. 참다못한 나는 이현동 국세청장을 찾아가서, 정태근의 부인이 다니는 회사에 대해 세무조사를 하지 말라고 하면 압력이 되니, 국세청 본청에서 종업원 80명 이하 회사에 세무조사 요원 20명을 동원한 사례를 내놓으라고 요구했다. 이현동은 아무런 말도 못했다. 나는 자료를 줄 때까지 안 가겠다며 버텼다. 나는 그날 정몽준과 조선호텔에서 저녁 약속이 있었는데 그 약속 시간까지 미루면서 버텼다. 저녁 7시 30분에 이현동이 "실은 제가 오늘 생일이에요"라고 하는 바람에 할 수 없이 국세청을 나왔다.

그런데 당시 권재진 법무부 장관에 대한 청문회가 있었다. 권재진 법무장관이 임명될 때도 당내에 반발이 심했다. 하루는 권재진이 남경필에게 도와달라는 전화를 받았다. 권재진을 만난 남경필은 정태근 부인이 다니는 회사 좀 그만 괴롭히도록 해달라고 했다. 그래서인지 몰라도 그 이후에는 잠잠해졌다. 정태근의 부인은 오랜 기간 시달림을 당한 나머지 나중에 화병을 얻어 심장수술까지 했다. 앞서 보았듯이 정태근을 집중적으로 미행하다가 박덕흠과 밥 먹는 현장이 나오자 박덕흠을 사찰했고, 기업하는 박세철이 나오니까 스폰서겠구나 해서 박세철을 사찰했다. 매사가 이런 식이었다.

민간인 사찰의
역풍

　　MB 정권의 사찰과 관련해 이름이 거론되는 사람은 굉장히 많고, 분야도 다양하다. 민간인 사찰 대상은 김종익이 대표적이고, 김제동, 김미화 같은 연예인들도 그 카테고리에 들어간다. 정말 기가 막혔던 것은 때마침 선거철에 김제동, 김미화를 사찰해서 선거를 망치는 결정적인 계기를 만들었다는 점이다. 민간인 사찰 파문은 2010 지방선거와 그에 앞서 벌어진 분당 재보궐 선거에 악영향을 끼쳤고, 결국 지방선거에 참패하고, 강재섭 후보도 낙선하는 결과를 낳았다. 하필이면 선거를 앞두고 참으로 무지한 짓을 벌였다.

　사찰 문제가 공개적으로 불거진 것은 2010년이다. 그해 지방선거에서 야당이 이겼다. 안 그래도 MB 정부에 대한 사람들의 불만이 상당히 쌓여 있는 상황이었다. 한나라당에서도 위기의식이 있었는데 사찰 사건이 터진 것이다. 사찰은 국가 공권력을 남용한 것이라 국기문란에 해당한다. 야당 내에서도 이미 정두언, 정태근을 어떻게 사찰했는지 정보를 듣고 있는 상황이었다. 심지어 평소 친분 있는 야당 의원이 정태근에게 전화를 걸어 사찰에 대해 더 할 이야기 없느냐고 물을 정도였다. 여기서 야당 이야기를 안 할 수가 없다. 민간인 사찰은 큰 사건이다. 그때 야당에 이와 관련한 팀이 있었는데 박선숙이 팀장이었다. 자료 수집까지 해놓고도 물건을 만들지 못했다. 야당 입장에서는 크게 공세를 펼칠 만한 일이었는데, 그런 호재를 놔두고 왜 유야무야 넘어갔는지 미스터리이다. 두 가지로 해석할 수 있다. 하나는 야당이 무능해서 중요한 어젠다에 대해서 무디어진 것이고, 다른 하나는 검찰과 무언가 거래를 했을 가능성이 있다. 당시 야당 의원들은 정태근을 만나면 "정 의원이 다 해버려서 야당이 할 게 없다"고 말했다. 과연 그럴까? 정태근은 지금도 야당이 미적거린 막후에 무언가 있다고 보고 있다.

06

권력 사유화 파동의 전말

청와대의 보복 사찰

앞장에서 본 바와 같이 이명박 정부의 사찰 주체는 국무총리실의 공직윤리지원관실이었다. 그러나 처음에는 청와대 기획조정비서관실에서 사찰을 진행했던 것 같다. 공직윤리지원관실에서 했던 사찰에 대해서는 잘 알려져 있으나 청와대 기획조정비서관실에서 했던 사찰은 잘 알려져 있지 않다.

우선, 청와대의 사찰은 여당 의원에 대한 '길들이기', '겁박' 차원에서 이루어졌다. 2008년 3월, 국회의원 55인이 이상득의 총선 불출마를 촉구한 이른바 '55인 사건' 이후부터 본격화되었다.

이때부터 나에 대한 마타도어가 정가에 흘러나오기 시작했다. 온갖 음해가 난무하니 당시 나와 가까웠던 청와대 민정비서실 C비서관이 내게 수시로 전화해 "이런 보고가 올라오는데 이게 뭡니까?"하고 걱정하기 시작했다.

예를 들면 '정두언이 서대문에 있는 한 예식장을 재건축하는 업자로부터 5000만 원을 받았다'는 소문이 있었다. 내용이 너무 구체적으로 올라오니 민정비서관실에서 확인 차 전화를 한 것이었다. 청와대로부터 전화를 받은 나는 "그런 예식장이 있다. 사장도 잘 안다. 하지만 거기 재건축 아직 멀었는데? 말도 안 되는 소리하지 마라"하고 이야기한 뒤 혹시나 해서 현장에 가봤다. 그랬더니 그 사이에 그 예식장은 철거되어 있었다.

나도 몰랐던 일이다. 그 예식장 사장이 평소 나를 팔고 다닌 것은 사실이다. 그게 와전되어 근거 없는 소문이 나도는 것을 누군가 듣고 그것을 마치 사실인 양 청와대에 보고를 한 것이다. 대통령과 민정수석이 그것을 보면서 '정두언이 그렇구나' 했을 것이라고 생각하니 속에서 열불이 났다.

박영준은 기획조정비서관으로서 비서관들을 총괄하면서 수석비서관 회의도 들어가고 비서관 회의도 주재했다. 그리고 자신과 가까운 TK 출신 행정자치부 공무원 김명식을 인사비서관으로 앉혔다. 인사비서관실 행정관도 자기 사람을 갖다 앉혔다. 박영준과 가까운 행정관들은 "정부에서 정두언과 가까운 자들의 씨를 말리겠다"고 공언하고 다녔다.

나는 그런 말을 들을 때마다 억장이 무너졌다. 그래서 나는 "씨를 말리는 것은 좋은데 나한테 확인 좀 하라고 해라. 나하고 친하지도 않은데 친하다는 이유로 당하면 당사자는 얼마나 억울하겠냐"라는 이야기를 한 적도 있다.

급기야 나와 가까운 박재성이 찾아왔다. 주간지 기자들과 밥을 먹었는데, 청와대에서 나와 관련한 자료를 기자들에게 주었다고 들었다는 것이었다. 그렇잖아도 나는 청와대 한 비서관의 입에서 내가 자주 다니는 술집 이야기가 나와서 이상하다고 생각하던 참이었다. 나는 "이 놈들이 나를 잡으려고 여기까지 뒤지는구나" 생각했다. 조사를 하려면 접근을 해야 하고, 접근을 하다 보면 들키게 되어 있다. 그러나 그렇게 해도 뚜렷한 게 안 나오니까 나에 관한 엉뚱한 자료를 여기저기 흘리며 음해를 한 것이다. 그리고 한발 더 나아가 평소 인연이 있는 주간지, 월간지 기자들한테 자료를 주면서 취재해서 기사를 쓰라고까지 했다. 청와대에서 나를 사찰하고 나에 대한 음해성 기사를 쓰라고 사주를 했다면 이는 심각한 사안이다.

분명하게 확인을 할 필요가 있었다. 그래서 당시 청와대에 있던 주간지 기자 출신의 한 후배를 불러 확인해보라고 했다. 2~3일 뒤 후배에게 연락이 왔는데 모두 사실이었다. 나는 속이 부글부글 끓었다. "어떻게 이런 일이 있을 수 있습니까"라며 당시 이종찬 민정수석에게 항의했다. 이종찬도 박영준에 대해서 불만이 많았지만 어쩌지는 못하고 있는 상황이었다. 나를 사찰한 국정원 파견 청와대 직원 이 아무개는 이종찬과 김성호 국정원장이 만나 무슨 이야기를 나눴는지까지 사찰했다. 이 아무개는 박영준의 지휘를 받고 있었다. 이종찬은 그럼에도 어쩌지 못하고 계속 어정쩡한 태도를 취했다.

조선일보 인터뷰 사건

그 즈음 조선일보 기자가 계속 인터뷰를 하자며 연락을 해왔다. 나는 인터뷰는 힘드니까 만나서 이런저런 이야기나 하자고 했는데 내가 두세 번 펑크를 냈다. 답답한 마음에 그 무렵 기자들과 술을 많이 마셨다. 하루는 낮에 MBC 기자들과 점심을 먹고 폭탄주를 많이 마셨다. 대낮에 2차까지 가며 폭음을 했다. 그날 조선일보 기자와 2시에 약속을 했는데 상황이 그리 되니 약속을 지킬 수가 없었다. 계속 전화가 오기에 결국 나는 "4시에 만나자"고 했다. 만취한 나는 조선일보 앞 한 카페에서 기자를 만났다. 나는 정황을 이야기할 테니 정보 보고나 하라며 이야기를 시작했다. 분명히 인터뷰는 안 된다고 다짐을 받은 상태였다. 술에 취해서 이야기하다 보니 감정이 격해져 MB 정부의 권력 사유화 실태에 대해 다듬어지지 않은 표현들이 많이 나왔던 것 같다. 아래는 인터뷰 전문 내용이다.

[〈조선일보〉 2008. 6. 7.]

'이명박의 腹心' 정두언 의원이 말하는 '100일간 청와대에서 무슨 일이'

기자는 지난달 19일 정두언鄭斗彦 한나라당 의원을 만났다. 그를 만나기까지 곡절이 있었다. 오후 2시로 잡혔던 약속이 두 차례 늦춰져 오후 5시에야 이뤄졌다. 인터뷰가 시작되자 정 의원은 "인터뷰는 곤란하다"는 말을 여러 번 했다. 녹음기 앞에서 그는 파문이 우려된다면서 이야기하고, 인터뷰는 곤란하다면서 다시 이야기했다.

기자가 정 의원을 처음 만난 것은 2002년이다. 그때 그는 서울시 정무부시장이었다. 그는 이후 이명박李明博 당시 시장이 대통령이 될 때까지 뒤를 따랐다. 언론계는 그런 그를 '이명박의 복심腹心'이라 불렀다. 별호처럼 그는 대통령직 인수위원회 때까지 핵심역할을 하더니 얼마 전부터는 견제를 받아 밀려났다는 소문이 정가政街에 파다했다. 기자는 정 의원과 2시간 넘게 이야기했다. 첫 질문은 국민들이 가장 궁금해하는 것으로 잡았다. "취임 후 100일간 청와대에서는 도대체 무슨 일이 벌어진 겁니까?"

정 의원의 답은 "이명박 정부는 당내 경선이 워낙 치열하다 보니 대선大選 승리 후 국정을 수행할 준비를 제대로 하지 못했다"는 것으로 시작됐다. "그래도 인재 풀만 잘 가동했으면 준비가 없었어도 괜찮았을 겁니다. 문제는 청와대의 일부 인사가 국정 수행에 집중한 게 아니라 전리품 챙기기에 골몰하면서 생겼습니다."

■ 100일간 청와대에서 무슨 일이 벌어졌나

- 이 대통령이 '준비된 대통령'인 것처럼 말했는데 요즘 상황이 의 웁니다.

"집권을 막상 해보니 여러 가지가 필요했어요. 그때 집중해서 잘해야 했는데 매뉴얼도 없고 사람도 없었어요."

- 그런 건 어느 정권이나 초기에 겪는 일 아닙니까.

"문제는 국정 운영보다 전리품戰利品 챙기기에 신경 쓴 사람들도 나왔다는 데서 비롯됐죠."

– 알기 쉽게 설명해주시죠.

"이런 비유를 해보죠. 한나라당이 막 고지高地(대통령 선거)를 점령했어요. 고지를 점령한 뒤 몇 명이 자기 혼자 전리품戰利品을 독식獨食하려고 같이 전쟁에 참가했던 동료들을 발로 막 차서 고지 근처에 오지 못하게 하는 거예요. 어떻게 되겠어요. 사람들이 다 등 돌리고 떠나지 않겠어요."

– 전리품이 구체적으로 뭘 말하는 거죠?

"현대에서의 전리품은 인사人事죠. 장·차관 자리, 공기업 임원 자리에 자기 사람을 심는 게 전리품이요, 이권利權이 되는 거죠."

– 어떤 사람들이 그런 전리품 챙기기에 나섰나요.

"청와대의 세 명, 국회의원 한 명이 그랬다고 봅니다."

– 그들이 왜 전리품 챙기기에 골몰했다고 봅니까.

"국정 수행을 하려면 능력이 있어야 합니다. 능력이 없으면 최소한 인품이라도 갖춰야 합니다. 그런 자질이 없는 사람들은 보통 인사人事를 장악하려 합니다."

■ 청와대는 일부에게 장악됐다

– 그 사람들은 어떤 사람들입니까.

"청와대의 A 수석을 예로 들어볼까요? 그는 민비閔妃(명성황후)와 같은 존재입니다. 민비가 누구입니까. 흥선대원군이 세도勢道정치 없애겠다며 아무 연고도 없는 사람을 고르고 골라 앉혀놓은 인물이잖아요. 그런데 나중에 어떻게 됐어요. 대원군을 쫓아내고 또 다른 세도를 부리기 시작했죠."

– 정 의원이 대원군이란 말입니까?

"제가 그렇다는 게 아니라 비유하자면 그렇다는 거죠."

– A 수석이 2인자 노릇을 한다는 이야기인데, 이 대통령은 원래 그런 구도를 싫어하지 않습니까.

"그렇죠. 대통령은 서울시장 시절에도 제가 추천한 인물은 절대 등용하지 않았어요. 2인자라는 말, 누구에게 힘이 실린다는 말을 대통령은 기업에 있을 때부터 굉장히 싫어했습니다. 그래서 A씨를 쓴 거죠. 욕심이 없는 사람인 줄 안 거죠. 그런데 이렇게 된 것을 보면 대통령이 아직 상황을 정확히 모르는 것 같습니다."

– B 비서관은 어떤 사람입니까.

"A 수석보다 더 문제 있는 사람이 B씨입니다. 역대 정권의 실력자들을 보면 노태우 정부의 박철언朴哲彦, 김영삼 정부의 김현철金賢哲, 김대중 정부의 박지원朴智元, 노무현 정부의 안희정安熙貞 이광재李光宰씨가 있었죠."

– 굉장한 실력자라는 말이네요.

"B 비서관은 이 사람들을 다 합쳐놓은 것 같은 힘을 가졌다고 보면 됩니다. 그는 대통령 주변의 사람들을 이간질시키고 음해하고 모략하는 데 명수名手입니다. 어떻게 공부를 했는지 그런 분야에서는 정말 '엑설런트'해요. 대통령의 말이라며 호가호위狐假虎威한 거죠. 누가 대통령이 진짜 그렇게 말했나 확인할 수 있겠어요. B 비서관을 대통령 주변에서 떼어놓으려 하면 C 비서관이 나섰어요."

– 행정부 인사에 그렇게 간여했다면 국회의원 공천 때는 가만히 있었습니까.

"대통령이 절대 공천에서 떨어뜨리지 말라고 한 사람들까지 B비서관이 작업해서 떨어뜨린 적도 있어요. 이방호 전 사무총장에게도 전화했다고 합니다."

– B 비서관을 천거한 게 정 의원이라고 알고 있는데요.

"맞습니다. 제가 바보짓 한 거죠."

– 그렇다면 B 비서관은 은혜를 모르는 사람이라는 말이 되는데요.

"저만 없어지면 자기 세상이 된다고 생각했겠죠."

– 아까 말한 국회의원 D씨와 청와대의 A, B, C씨가 관계있지 않습니까. 청와대의 세 사람에 대한 이야기를 국회의원 D씨는 모르나요.

"관계있죠. 그런데 부작용을 지적하면서 '내 아들도 내 마음대로 못 하네'라는 답만 돌아와요. 그분은 부작용이 있어도 권력을 장악하기만 하면 된다고 생각하는 모양이더군요."

■ 그들이 '강부자 내각'을 만들었다

– 대통령의 복심이라면 이런 사정을 왜 진언하지 않았습니까.

"했죠. 총선 전에 제가 청와대 들어가 대통령과 점심을 함께 한 적이 있어요. 대통령께서는 '내가 장관들에게 차관 인사까지 다 위임했다'고 자랑하시더군요. 그래서 제가 말씀드렸어요. '대통령님, 실제로 그렇게 안 되고 있습니다'."

– 대통령은 그에 대해 어떻게 반응하던가요.

"펄쩍 뛰시더군요. 말도 안 되는 소리 하지 말라고. 무슨 소리냐고. 그러시는데 제가 뭐라고 더 이상 이야기하겠어요. 대통령도 주변에서 일어나는 일을 모른다는 뜻이겠죠."

- 권부權府에서 어떻게 그런 일이 일어날 수 있을까요.

"몇몇이 대통령의 말도 어기고 자기들 '(인사)장사'를 한다는 이야기죠."

- 이 정부 들어 계속 사람들이 지적하는 '강부자' '고소영' 내각이 된 게 그 사람들 때문이라는 겁니까.

"그렇죠. 어느 고위 공직자는 제게 이렇게 접근하기도 했어요. 하도 밥 먹자고 졸라서 나가 보니 '오빠, 나 이번에 안 시켜주면 울어버릴 거야~잉. 알았지~잉' 이래요. 이런 사람을 A 비서관과 B 비서관이 합작해 고위직에 임명한 거예요."

정두언 의원은 최근 "청와대에 정무政務 기능이 없다"고 말해 파문을 일으킨 적이 있었다. 이날 인터뷰에서도 그는 당시 그 보도가 나간 후 곤욕을 치렀다고 했다. '인터뷰'라는 말만 들어도 손사래를 친 데는 이유가 있어 보였다.

- 정무 기능이 없다는 건 무슨 뜻인가요.

"언론에서는 청와대의 정무 기능을 정무수석이 하는 걸로 오해하는데요, 실제 정무 기능이라는 것은 청와대뿐 아니라 장관, 차관들도 모두 발휘해야 하는 겁니다. 독자적 책임을 져야 한다는 뜻이죠. 그런데 장관들이 인사권이 없는데 어떻게 정무 기능을 수행하겠어요."

- 그건 또 무슨 이야기입니까.

"만일 문 부장이 기획취재부장인데 아랫사람 인사를 남이 다 한다고 생각해보세요. 일할 맛이 나겠어요? 남들이 문 부장을 부장으로 인정하겠습니까."

－차관 인사를 청와대의 몇 명이 다 했다는 뜻인가요.

"그렇죠. 장관들이 차관이 어떤 인물이고, 그 밑에는 또 어떤 사람들인지 하나도 모르고 그냥 함께 일을 하는 거예요. 청와대 수석들도 마찬가지예요. 심지어 어느 부部는 총무과장 인사에까지 간여했어요. 이러니 일이 되겠어요? 장관들이 책임 있게 일하기는커녕 눈치만 보게 되죠."

■ 대통령은 그들의 '발호跋扈'를 모르고 있다

－대통령직 인수위원회 시절에는 정 의원이 영향력이 있었을 때인데 왜 그런 일이 벌어졌을까요.

"인수위 일을 끝내고 내각 인선人選작업을 한 1주일 정도 해보니까 황당하더라고요. 너무 주먹구구식이고 우리끼리 하는 것 같은 느낌을 받았어요. 인사라는 게 원래 어렵잖아요. 그래서 제가 '도저히 이 상태로는 안 되겠다'는 생각이 들어 대통령께 건의를 했어요. 위원회를 하나 더 만들어 더 많은 사람을 검증하고 크로스체크도 해보자고요. 그래서 위원회를 만들었는데 제가 배제된 거죠."

－정 의원이 배제된 이유는 있습니까.

"제가 앞서 말한 국회의원 한 분이 한번은 저를 보고 이런 이야기를 했어요. 너는 왜 내가 추천한 사람은 안 쓰고 '빨갱이'만 데려다 쓰려느냐. 제가 다음 대통령 되려고 자기 사람 심는다는 이야기도 있었어요. 대통령께도 그런 이야기가 들어간 것으로 알고 있습니다."

－ 대통령은 뭐라고 하시던가요.

"대통령은 제가 어떤 인물인지 아는 분이죠. 저러다 정두언이가 다치겠다 싶어 내각과 청와대 인선에서는 손을 떼고 당纛의 일만 맡으라고요."

－ 그 뒤로는 어떻게 됐습니까.

"제가 뒷전으로 빠지자 '공직자 중에 정두언과 관계있는 ×들은 뿌리를 뽑겠다'는 이야기까지 나올 정도였어요. 아니, 세상에 왜 뿌리를 뽑습니까. 이러니 저뿐 아니라 대통령을 위해 뛴 주변 사람들이 너무 기분이 나빠진 거예요."

－ 이런 상황에서 최대 피해자가 누구라고 생각합니까.

"대통령이죠. 모든 관심이 대통령에게서 사라졌으니까요. 몸도 떠나고 마음도 떠나버린 거죠."

－ 대통령은 사람들이 자꾸 떠나는 이유를 뭐라고 생각하나요.

"정확한 내용보다는 뭔가 본인한테 삐친 게 있구나 하는 정도로 생각하는 것 같아요."

－ 정 의원이 이야기하는 몇 명을 왜 한나라당에서 견제하지 못하는 겁니까.

"지하철 타면 왜 왔다갔다하면서 사람들 어깨 툭 치고 지나가는 (건달 같은) 사람들 있잖아요. 쳐다보면 '야, 이 ××야!'라고 험상궂은 표정을 짓잖아요. 청와대 수석들이 그 몇 명에게 모두 그런 식으로 당하고 있는 거예요."

기자가 황당한 표정을 짓자 정 의원은 수첩에서 메모 한 장을 꺼내더니 기자에게 읽어주기 시작했다. 깨알 같은 글씨가 가득 찬 그 메모는 어느 장관이 자필로 쓴 기도문이었다. 내용은 '분하다, 억울하다, 그들이 나에게 어떻게 이렇게 할 수 있느냐…(중략) 너는 기억하라. 지금의 이 근본이 너에게 있음을 기억할지어다…." 정 의원은 이 장관의 실명實名을 밝힐 수 없다고 했다.

"이상득 의원 불출마 시도했지만 실패"
대통령도 문제 심각성 인식… "형에게 전국구 末番 주면 어떻겠나" 말해

– 이야기를 듣다 보니 어처구니가 없는데 그렇게 당에 힘이 없는 겁니까.
"집권 초 '55인 사건'이란 게 있었잖아요. 그때 의원 55명이 이런 상황을 예견하고 세 가지 원칙 준수를 촉구한 게 바로 55인 사건입니다. 당시 조건은 첫째 세대교체를 위해 고령자 은퇴, 부정부패자 은퇴, 대선大選 과정에서 네거티브 운동을 한 사람을 은퇴시킨다는 거였어요. 다 실패했죠."
– 세대교체란 대통령의 형인 이상득李相得 의원을 말하는 건가요?
"대통령도 그 문제를 인식하고 있었어요. 대통령은 "형에게 전국구 말번末番을 주면 어떻겠느냐"고도 했어요. 그런데 55인 사건에 앞장섰던 이재오李在五 의원이 빠지면서 저희들만 이상하게 된 거죠. 그때 정말 '띠용~'하는 황당한 기분이었어요."
– 그 사건으로 대통령의 눈 밖에 났겠군요.

"왜 직접 이야기하지 않느냐고 하셨어요. 다음부터는 밖에다 대고 이야기하지 말고 할 말 있으면 직접 하라고 했어요."

– 국민은 그동안 청와대와 한나라당에서 일어나는 일이 친이親李친박親朴 논쟁에 이재오파다, 이상득파다 하는 것만 생각했는데 전혀 뜻밖의 일이 벌어지고 있었군요.

"그걸 어떻게 국민들에게 이야기할 수 있겠어요."

– 이재오 전 의원이 괜한 오해를 받은 건가요.

"그 양반이 성격이 나이브해서 다 뒤집어쓴 측면도 있죠."

– 앞으로 현 정권 임기가 4년 9개월이 남았는데 이런 구경만 하다가 끝나야 하는 건가요?

"아니죠. 역대에도 그런 간신들은 다 기회가 되면 정리됐죠."

정두언 의원은 한번 입을 열자 쉴새없이 말했다. 녹음기가 앞에 놓인 것을 알고도 말을 멈추지 않았다. 그는 심지어 청와대의 몇몇 핵심들이 마구잡이로 자파自派세력을 키우다 보니 노무현盧武鉉 정부의 부산 인맥이 스며들어오기도 했다고 주장했다. 그는 이런 내막을 빨리 밝히는 게 이명박 정부가 더 실패하지 않도록 하는 길이 아니냐는 기자의 지적에 "나는 장기적으로 전도양양하고 그 사람들은 하느님이 (악을 세상에 알리는) 도구道具로 쓴다"고 주장했다.

인터뷰 후기

정 의원과의 인터뷰가 끝난 직후 정치부 기자들 사이에서는 "정의원이 술에 취해 조선일보를 욕했다"는 소문이 돌았다고 한다. 다음 날에는 한나라당의 한 여성의원이 "인터뷰 내용이 뭐냐"고 탐문^{探聞}하더니 이윽고 정부의 한 기관에서도 "혹시 대통령을 욕한 것 아니냐"고 물어왔다. "인터뷰가 이번 주에 게재되느냐"는 질문도 잇따랐다. 인터뷰 당사자인 정 의원에게는 B 비서관이 전화를 걸어 "그동안 소원했던 일은 잊고 앞으로 잘해보자"고 말했다고 한다. 이런 정보수집력을 지닌 현 정부가 왜 다른 데서는 헛발질을 계속하는지 알다가도 모를 일이다.

시간이 꽤 지나고 그런 일이 있었다는 것조차 잊고 있던 어느 날, 박재성이 찾아왔다. 그는 조선일보에서 내 인터뷰 기사를 보도한다는 이야기가 있다고 했다. 나는 그 기자에게 사실 여부를 물었다. 그는 아니라고 했다. 나는 그러면 그렇지. 인터뷰가 아니라고 분명히 말했고 본인도 동의했는데 하고 생각했다. 다시 며칠이 지났다. 그런데 6월 첫째 주 금요일에 저녁을 먹고 있던 내게 박재성이 내일 토요일 아침 조선일보에 내 인터뷰 기사가 나온다는 말을 전했다. 나는 정신이 번쩍 들었다. "인터뷰 안 한다고 했는데 기사를 쓰다니!" 어쨌든 빨리 사태를 수습해야 했다. 조선일보로 달려가보니 담당 기자는 사태를 짐작했는지 이미 잠적한 뒤였다. 정치부장은 자기 담당이 아니고 벌써 기사가 넘어갔다고 하고 편집국장은 난색을 표명했다. 기사를 막을 도리가 없었다. 결국 다음 날 아침에 기사가 나왔다.

인터뷰 기사가 보도된 6월 7일, 나는 세상으로부터 완전히 고립되었다. 그날 점심 때 김용태 의원, 김원용 교수, 강만수 장관 등과

"청와대는 일부가 장악… 그들이 '강부자 내각'을 만들었다"

■ 문갑식의 하드보일드 '이명박의 腹心' 정두언 의원이 말하는 '100일간 청와대에서 무슨 일이'

국정 난맥 진원지는 어디건가

청와대의 세 명과 국회의원 한 명이
국정 뒷전… 차관 人事까지 간여

그들은 어떤 사람들인가

욕심없는 줄 알았던 A수석, 2인자 행세
B비서관은 음해·모략·이간질 춤꾼

구체적으로 어떤 폐해가 있었나

마구잡이로 自派 세력 키워
盧정부의 부산 인맥 스며들기도

대통령에게 이런 사정 진언하지 않았나

총선前 청와대 들어가 상황 보고
대통령, 펄쩍 뛰며 "그럴 리가…"

이명박 정부 출범 직후 청와대 개편 등 여권을 발칵 뒤집어놓은 문제의 취중 인터뷰
(조선일보 2008년 6월 7일)

"이상득 의원 불출마 시도했지만 실패"

점심을 먹었다. "큰일 냈다"고 자책하며 점심 이후 집에 돌아와 혼자 깡소주를 마셨다. 아내도 해외출장 중이라 집에는 아무도 없었다. 이야기를 전해 듣고 걱정이 됐는지 저녁이 되니 정태근, 김용태, 박재성 등이 찾아왔다. 기자들도 몇 명 왔다. 거기서 그들에게 밤새 야단맞으면서 술을 마시고 새벽 3시쯤에 쓰러졌다. 주말 내내 나는 고민했다. 결론은 하나밖에 없었다. 정공법으로 정면 돌파하는 것이었다. 나는 6월 9일 의원총회에서 "일부 인사들이 권력을 사유화하고 있다"라며 내 입장을 공개적으로 강하게 밝혔다. 돌이켜보면 만약 그때 정면 승부를 하지 않고, 통상적으로 하듯이 진위가 잘못 전달됐느니, 언론에서 악의적으로 왜곡했느니 하며 변명을 했다면 내 정치 생명은 거기서 끝났을 것이다. 그때 정공법으로 고개를 들고 권력 사유화라고 비판했기에 지금껏 살아남아 있는 게 아닐까.

내 조선일보 인터뷰 사건은 정태근이 MB를 만난 시기와 묘하게 겹쳤다. 정태근은 진작부터 MB에게 면담 신청을 해놓았는데 6월 6일 2시에 청와대로 들어오라는 연락을 받았다. 당시 정태근은 다음 날 조선일보에 내 인터뷰가 실릴 것이라고는 상상도 못한 상태였다. 정태근은 청와대에 들어가 MB와 두 시간 정도 이야기했다. 촛불사태 관련 이야기부터 시작해 인사문제까지 갔다. 거기서 1차로 MB로부터 질책을 받았다. 정태근이 "박형준과 같은 사람을 써야 합니다. 몇 년 같이 일해서 잘 아시지 않습니까"라고 했더니 MB가 "정 의원이 잘 몰라서 그런다"면서 대번에 화를 냈다고 한다. 그러면서 박형준에 대한 비리를 몇 가지 이야기했다. 정태근이 들어

보니 선거 때 상대 후보가 주장한 내용과 대동소이했다. 정태근은 "내가 알기로는 그것 때문에 상대 후보가 선거법 위반으로 조사받는 것으로 알고 있다. 확인된 내용이 아니다"라고 박형준을 변호했다. 그런데도 MB는 계속 "네가 뭘 알아"라는 식의 태도를 취했다. 정태근은 "촛불사태를 매듭지으려면 인사문제를 해결해야 한다. 류우익 비서실장을 경질해야 하며, 박영준, 장다사로 문제도 해결해야 한다"고 강조했다. 이러고 청와대를 나왔는데 바로 다음 날 조선일보가 내 인터뷰를 보도한 것이다. 마치 나와 정태근이 짜고 공격한 꼴이 됐다. MB로서는 그런 오해를 할 만한 상황이었다.

어쨌든 MB와 면담을 마친 뒤 청와대를 나온 정태근은 김희중 대통령 부속실장에게 전화를 걸었다. "적어도 내가 판단할 때 MB가 박형준의 문제는 잘못 알고 있다. 내가 확인해서 연락을 주겠다"고 말했다. 그런 뒤 정태근은 당시 부산경찰청장에게 전화를 했다. 대선 때 MB 수행단장을 한 정태근은 그와 안면이 있었다. 정태근은 자초지종을 설명하며 "어떻게 된 것이냐?"고 물었다. 부산 청장은 "그렇지 않아도 진위를 가리기 위해 상대 후보를 소환했는데 출두하지 않고 있다"고 했다. 정태근은 "그 이야기를 대통령 부속실장에게 정확하게 해줄 수 있느냐"고 물었다. 정태근은 김희중에게 전화를 걸어 그가 한 이야기를 전달하고 연결까지 해주었다. 부산 청장에게 다시 확인을 한 김희중은 MB에게 박형준과 관련한 상황을 보고했고, 나중에 박형준은 MB로부터 "오해가 있었다"는 전화를 받았다. 권력 주변에서는 이런 일이 비일비재하게 일어난다.

조선일보 인터뷰 사건의
후폭풍: 청와대 개편

내가 조선일보와 인터뷰한 보도가 나간 3일 뒤 박영준은 6월 9일 사의를 표명하고 청와대를 떠났다. 정태근은 일본에 가기로 되어 있는 이상득을 만났다. 정태근은 이상득에게 류우익, 박영준, 장다사로 등 세 명을 권력 사유화와 관련해 정리해야 한다고 주장했다. 하지만 이상득은 박형준을 등용할 테니 장다사로는 봐주라는 태도를 취했다고 한다. 결국 나의 〈조선일보〉 인터뷰 사건으로 인해 박영준이 물러나고 대통령실장을 류우익에서 정정길로 교체하는 등의 청와대 개편이 이어졌다.

역사는 이처럼 우연적인 일들이 고리가 되어 발화하곤 한다. 사태가 어느 정도 일단락되면서 나는 칩거했다. MB, 이상득과 충돌한 이후로 나는 거의 모든 이들이 기피하는 인물이 되어버렸다. 그 사건 이후 칩거할 당시 유일하게 나를 두둔한 이는 정몽준이었다. 언론에 내가 진정성이 있다고 하면서 한마디 거들기도 했다.

이명박 대통령도 "묻지마식 인신공격이 걱정스럽다"며 우려를 나타냈다.

K 의원은 TV에 나와서 "정두언 의원의 발언 내용은 국민들 삶과는 동떨어진 그들만의 이야기다. 시의적절하지 않고 내용도 옳지 않다"고 말했다. 지역구에 있는 한 전통시장에서 맥주를 마시다가 K 의원의 발언을 접한 나는 발끈해 즉시 전화했다. "나하고 한판 붙자는 거야? 이길 자신 있어?" 그랬더니 그는 "내가 지지" 하면서 꼬리를 내렸다. K 의원은 55인 사건을 주도한 인물 중의 한 명이었다. 그가 위원장으로 있던 서울시당 사무실을 혁명군의 거사 사무

실로 쓸 정도였다. 그러다가 자신이 최고위원에 출마하려면 이상득의 지원을 받아야 한다고 생각되니 나를 비판했던 것이다. 나로서는 이래저래 참 힘든 시기였다.

그 과정에서 나와 정태근, 김용태, 박형준은 내 지역구에서 거의 매일 만나 술을 마셨다. 반면 이상득은 계속 전화를 돌리면서 소장파들을 진압했다. 결국 상황은 다시 무승부로 원점으로 돌아왔다. 소장파들로서는 할 수 있는 게 없었다. 당직이라도 가지고 있었으면 모르겠지만 그렇지도 못했다. 더군다나 그때는 정권 초기였기에 모든 사람들이 이상득 등으로부터 인사에서 혜택을 받으려고 할 때였다. 사람들은 이상득의 권세가 정권 내내 끝나지 않을 것으로 믿고 있었기 때문이다.

결국 청와대는 개편을 했으나, 이상득은 건재했다. 이후 55인 선언의 핵심인물인 나와 정태근, 남경필은 계속 사찰을 당했다. 이런 와중에 엉뚱한 사람도 사찰을 당했다. 부산의 이진복 의원이었다. 그는 왜 사찰을 당했을까. 이 생각을 하면 나는 정말 한숨밖에 안 나온다. 이진복은 O씨와 지역구를 놓고 경쟁했다. O씨는 박영준과 가까웠다. 이진복을 중도 탈락시키면 보궐선거를 할 수 있다고 생각하고 사찰을 한 것 같다. 권력을 사유화한 자들이 무슨 짓을 했는지 볼 수 있는 한 사례였다. 이진복이 공개적으로 그 이야기를 한 것은 사찰 파동이 일어난 2010년이다. 권력의 사찰은 참 다양하게 이루어졌다. 예를 들면 나와 정태근처럼 한번 완전히 망가뜨리기 위해 사찰하기도 하고, 박형준처럼 MB 주변으로 못 들어오게 하기 위해 정보를 조작하기도 했다. 이진복처럼 일파들의 민원을 들어주기 위해 엉뚱한 사람을 조사하기도 했다. 다양한 목적으로 자신들의 구미에 맞게 사찰을 한 것이다. 게다가 인사나 이권 민원을 잘 안 들어주는 사람들도 사찰했다. 그야말로 권력을 개인 물건처럼 남용한 것이었다.

잠정적 휴전

얼마 뒤 나는 이춘식 의원으로부터 연락을 받았다. 이상득이 후환을 없애려고 그랬는지 나를 만나자고 한다는 것이었다. 나는 싫다고 했다. 이춘식 의원이 정태근을 만나, 넷이서 함께 만나자고 하니 정태근이 만나는 게 좋겠다고 했다. 2008년 7월 16일 저녁, 강남 메리어트호텔 지하 일식당이었다. 이날 우리는 술을 많이 마셨다. 취기가 돌 때쯤 이상득에게 사찰 이야기를 꺼냈다. "박영준이 이런 짓까지 해서 내가 열 받은 건데, 말이 되느냐. 그리고 영준이는 청와대를 나갔지만 실제로 사찰을 한 자는 멀쩡하게 그대로 있다. 조치해야 하는 것 아니냐. 그런 자가 청와대에 있어서야 되겠느냐. 목을 자르는 것까지는 바라지 않는다. 국정원으로 돌려보내라"고 요구를 했다. 내 이야기를 들은 이상득의 반응은 "그럼 어떻게 하지?"였다. 사찰을 기정사실화한 셈이다. 나와 정태근은 "이 문제가 해결되지 않으면 우리가 무슨 명분으로 의장님과 화해했다고 이야기할 수 있겠습니까"라고 압박했다. 그러자 이상득이 고민하는 모습을 보다 못한 이춘식이 "제가 나서서 해결하겠습니다" 하고 말했다. 그날 이상득은 자신은 MB가 서울시장 때부터 각종 인사에 전혀 관여한 바가 없다고 변명하는 것으로 일관했다. 그런데 나중에 술이 취하니까 자신이 류우익에게 이야기해서 박형준을 청와대 홍보수석으로 보냈다는 이야기를 대여섯 번이나 되풀이했다. 언제는 인사에 전혀 관여 안 했다고 하더니, 본인이 박형준을 보냈다니 앞뒤가 안 맞았다. 내가 이렇게까지 당신들을 배려하려고 노력하고 있으니 내 말을 잘 들으라는 소리로 들렸다.

이춘식이 해결하겠다고 호언장담했는데 일주일이 지나도 사찰을 한 국정원 직원 이 아무개에 대한 조치는 감감무소식이었다. 내가 채근을 하자 이춘식은 자신이 청와대 총무비서관인 김백준에게 이야기를 했는데 아무 조치가 없다고 말했다. 나는 김백준에게 전화했다. 김백준은 "이상득에게 확인을 해봤는데 모르는 일이라고 한다"고 말했다. 나는 이상득의 보좌관을 불렀다. "이미 이렇게 하기로 했는데 김백준 수석을 통해서 확인해보니 이상득이 완전히 딴청을 부리는 것 같다. 좋다. 이 문제가 해결되지 않으면 이상득 방에 들어가서 농성하겠다. 일이 해결될 때까지 안 나올 테니 알아서 해라"고 큰소리를 냈다. 그랬더니 며칠 뒤 정정길 대통령 비서실장이 만나자고 연락이 왔다. 2008년 9월 7일 청와대 옆 청운동쪽 별관 골목 이탈리아 식당에서 정정길 실장과 점심을 먹었다. 내가 자초지종을 이야기했더니 정 실장은 알겠다고, 자기가 해결하겠다고 약속했다. 그런데 또 감감무소식이었다. 그러는 사이에 김성호 국정원장이 안국포럼 출신 의원들을 내곡동으로 초대했다. 정태근, 강승규, 권택기, 조해진 등이 갔다. 김 원장은 저녁을 먹기 전 나를 따로 만났는데 그때 나는 그에게 그동안의 자초지종을 이야기해주었다.

　김 원장을 만난 얼마 뒤에도 아무 이야기가 없자 나는 다시 정정길 실장에게 전화를 했다. "아니 실장님, 저와 약속까지 해놓고 왜 아무 이야기가 없어요? 어떻게 된 거에요?" 하고 따졌다. 정정길은 "김성호 국정원장이 이 아무개가 국정원으로 돌아오는 것을 허락하지 않고 있다. 총리실로 보내면 안 되겠냐"고 물었다. 총리실에 공직윤리지원관실이 생긴 줄도 몰랐고, 윤리지원관실이 사찰 기능을 하는 줄도 몰랐던 나는 '이것은 또 뭐야?' 하고 생각했다. 그러나 어쨌건 청와대에서 옮긴다고 하니, "알겠습니다. 그 정도면 됐습니다"라고 답했다. 나도 이 일로 언제까지 신경을 곤두세우고 있을 수 없었기 때문이다. 나중에 이야기를 들어보니 김성호 원장은 이 아무개를 왜 자르지 않고 총리실로 보내느냐고 펄펄 뛰었다고 한다. 인사는 실무적으로 김주성 기조실장 소관인데 그가 그렇게 한 것이다. 결국 이 아무개는 그때 총리실로 자리를 옮겼다.

07

노무현 서거 정국과
한나라당 소장파의
쇄신 파동

뒤늦은
당선 축하금

"식사나 합시다." 쌀쌀한 바람이 불면서 촛불정국의 혼돈이 정리되어 가던 2008년 추석 무렵, 나는 MB 원로그룹의 한 분인 C씨의 전화를 받았다. 2008년 9월 8일, 조선호텔에서 C씨와 조찬을 했다. 보통 호텔에 가면 종업원이 메뉴판을 들고 와서 "특별히 필요한 건 있습니까?" 하고 물어보는데, 이 당시 조선호텔에는 'C씨의 메뉴'가 따로 있었다. 매일 아침 거기서 운동한 후 아침을 먹고 출근하는 것 같았다.

그날 C씨는 내게 대략 이런 취지의 이야기를 했다. "정신 차리고 나서 생각해보니 우리가 촛불정국을 거치면서 헤맨 이유가 당선 축하금을 안 받아서 그렇다. 당선 축하금을 받아 뿌렸어야 이런 일이 있어도 지지자들이 총대 메고 나서서 적극적으로 수습을 하는데, 통치자금을 안 걷고 안 뿌렸더니 불만이 많다. 인사에 소외당한 사람들을 돈으로라도 무마를 했어야 했다. 이런 불만이 누적돼서 촛불사태를 막지 못하고 곤욕을 치렀다"라는 것이었다. 나는 C씨의 이야기를 들으면서 황당하다는 생각이 들었다. '당선 축하금이라니!' 사안을 보는 인식이 너무 군사정권식이었다. 조찬을 마치고 헤어지면서 그분은 "차에 뭘 좀 실었다"고 말했다. 나는 추석도 다가오고 하니 과일 상자를 실었나보다 생각했다. 의원회관으로 돌아와 트렁크에서 박스를 내리며 확인해보니 과일 상자가 아니고 현금 상자였다. 현금 2000만 원이 들어 있었다. 나는 돈을 모두 돌려보냈다. 나중에 들어보니 정태근, 김용태도 액수는 나보다 작지만 그분으로부터 돈 봉투를 받았다 돌려보냈다고 들었다.

노무현 서거를 불러온
권력 내부의 음모

'C씨 돈 상자' 같은 우스꽝스러운 일들이 벌어지던 2008년 하반기, 청와대는 권력기관장들의 움직임을 주시하고 있었다. 당시 정가에는 청와대가 권력의 기강을 잡기 위해 권력기관장 세 명 중 하나만 남기고 교체한다는 이야기가 나돌았다. 노무현 대통령으로부터 임명장을 받은 국세청장, 검찰총장, 경찰청장 등 소위 '사정 라인 빅3'는 MB 정권이 출범한 뒤에도 그대로 자리를 지키고 있었다. 먼저 움직인 사람은 A청장이었다. 평소 알고 지내던 B청의 고위 인사가 어느 날 내게 전화를 걸어왔다. "우리 청장이 이상하다. 멘붕 상태인 것 같다"는 것이었다. 뒤이어 B청장이 아웃될 것 같다는 이야기가 다른 라인을 통해서

들려왔다. 나는 B청장에게 전화를 걸어 어찌된 일인지 진위를 파악했다.

B청장은 A청장이 음모를 꾸민 거라고 생각하고 있었다. 권력기관장 교체설이 나오니 A청장은 박연차를 잡으면 노무현을 잡을 수 있다는 아이디어를 내고 박연차가 회장으로 있는 태광실업에 대한 조사를 시작했다. 선제 대응을 한 것이다. 그리고 어느 정도 실마리가 나오니 일정을 잡아달라고 해서 단독으로 대통령에게 보고를 했다고 한다. '조사를 대강 해봤더니 노무현을 잡을 수 있을 것 같다. 그런데 B청장도 나왔다'는 식이었을 것이다. 그렇다면 세상에 밝혀지기 전에 B청장을 미리 사퇴시켜야 하니 '빨리 사표 내!' 이렇게 흘러간 것으로 보인다.

박연차 리스트와 관련해 S은행장이었던 S씨가 동향 출신인 가까운 한 인사에게 이렇게 말하기도 했다. "정두언 의원에게 전해라. 내가 권력실세에게 돈을 줬다. 그런데 검찰에서 그것을 무마시켰다." 내막은 이렇다. 박연차를 조사했더니, S금융지주 회장이 박연차에게 50억 원을 준 것으로 확인이 됐다는 것이었다. 기업을 하는 박연차가 S은행의 회장에게 돈을 준다면 몰라도, 그가 박연차에게 돈을 주는 것은 상식적으로 납득이 잘 안 가는 일이었다. 그 돈은 내용상 그가 권력자에게 준 돈이라는 것이었다. 그런데 그 내용은 조사 결과에서 뺐다. 당시 권력자를 잡으려고 혈안이 됐을 때인데 왜 뺐을까? 불편한 사람이 걸려 있었기 때문이다. 내가 알기로 그때 발견된 전체 금액은 200억 원이었다. 한꺼번에 간 것은 아니었지만 50억 원은 권력자에게 갔고, 나머지는 상당 부분 소위 새로운 권력실세에게 갔다는 것이었다. 그런 와중에 S은행의 회장과 사장 간의 갈등이 시작됐다. 당시 S은행 회장이 회장을 세 번 하고, S행장에게 회장 자리를 물려준다고 했는데, MB 정부 들어서면서 마음이 또 바뀐 것이다. S행장이 보기에 회장이 계속할 것 같으니 "이것은 아니지 않습니까"라고 했다 한다. 이런 와중에 회장의 심복인 L씨가 S행장의 비자금 10억 원을 조사해서 검찰에 제보했다. S행장은 "그 돈은 회장의 지시로 만들어 회장에게 줬다"라고 진술했다 한다. 이 돈 가운데 2억 원 정도가 새로운 권력실세들에게 갔다고 알려졌다. 원로인 C씨가 당선 축하금을 운운하던 무렵이었다.

우리나라는 군사독재정부 이후에 두 번의 권력 교체가 있었다. 야권으로 권력이 넘어갔다가 다시 여권으로 넘어왔다. 이런 과정 속에서 권력을 잡은 사람들의 공통된 인식은 사회를 통합하는 것이 아니라, 반대세력을 밟고 탄압해야 한다는 기조로 바뀌었다. 선거 때는 국민통합을 내걸었지만 집권하면 싹 잊어버렸다. MB 정부도 촛불사태 이후 국민통합이 아니라 상대방을 약화시키는 방향으로 갔다. 촛불사태를 겪고 난 뒤 저 사람들은 화해할 수 없는 세력이다, 그 핵심이 노사모이고 친노라고 생각하게 된 것이다. 사실 태광실업에 대한 세무조사는 본질적으로 대통령 비자금의 영역을 건드린 것이었다. YS나 DJ는 상대방의 비자금에 대해 어느 정도 알고 있었지만 건드리지 않았다. 그런데 MB 정부는 수세에 몰리니까 상대방을 치기 위해 비자금 영역을 건드렸다. 그것을 기획한 인물이 B청장이다. 그가 그렇게 기획을 했더라도 적어도 대통령이나 민정수석, 정무수석, 비서실장 정도는 이것이 어떤 파장을 불러올지 판단을 해야 하는데, MB 정부에는 그런 사람이 없었다. 소위 권력과 자금의 관계가 국정 운영에 비중이 어느 정도 있고, 이것을 어떻게 관리해야 하는지에 대한 고민이 없었던 것이다.

태광실업 박연차 회장에 대한 국세청 조사와 검찰 수사가 시작되자 추부길 전 청와대 비서관이 구명 로비를 했다. 추부길은 2007년 대선 직전 이상득과 노건평의 만남을 주선했다고 내게 말했던 인물이다. 추부길은 나를 찾아와 박연차가 억울하다면서 구명 비슷한 말을 했다. 2009년 4월 12일 〈중앙선데이〉 기자가 "추부길 전 비서관이 정 의원에게 '대통령 패밀리까지는 서로 건드리지 않도록 하자. 우리 쪽 패밀리에는 박연차도 포함시켜 달라'는 노건평 씨의 부탁을 전했다는데" 하고 취재가 들어왔다. 나는 "추 전 비서관이 북한 다녀온 소식도 전하고(추 전 비서관은 북관대첩비 기념사업회 사무총장 자격으로 2008년 10월 북한에 다녀왔다), 이런저런 이야기를 하던 끝에 나온 말이다. 노건평 씨가 박연차를 그쪽 패밀리로 해달라고 했다는 말에 그냥 웃고 말았다"고 답했다. "나는 그때 고단한 처지에서 도를 닦고 있었기 때문에… 그냥 웃으면서 그런 얘길 한 것이다. 나는 그 당시에 로비를 당할 만한 대상이 아니었다"고도 했다. 추부길로부터 그런 이야기를 들은 것은 맞지만 나는 움직이지 않았다. 움직일 힘도 없었고 그럴 이유도 없었다.

나는 당시 추부길을 보면서 저 사람이 제정신인가 생각했다. 그 시점에서 박연차를 살려달라는 로비가 통하겠는가. 돌이켜보면 자신이 급했던 것 같다. 어떻게든 박연차로부터 자기 이야기가 안 나와야 하는데 그러려면 자기가 뭔가 하고 있다, 그를 위해 뛰고 있다는 것을 박연차에게 보여줘야 했던 것 같다.

다 알다시피 박연차 회장에 대한 수사는 결국 노무현 전 대통령의 죽음으로 이어졌다. 사실 당시 권력 내부에서도 박연차 회장에 대한 수사가 무엇을 의미하는지 내다보는 이는 없었다. 나도 역시 마찬가지였다. 노무현의 딸과 부인에 대한 이야기가 검찰에서 나올 때까지도 그랬다. 2009년 4월 보선에서 참패한 정부는 노무현에 대한 수사로 분위기 반전을 꾀했다. 칼끝은 노무현을 향해 갔던 것이다.

쇄신 정국으로
노무현 서거 파고를 넘다

노무현의 죽음으로 '서거 정국'이 조성되면서 MB 정권은 제2의 촛불사태가 일어나지 않을지 걱정이 태산 같았다. 말도 함부로 못하고 눈치만 보고 있었다. 나와 남경필, 정태근 등 이른바 '정남정'은 노무현 서거 정국을 이렇게 둬서는 안 된다, 반전을 시켜야 한다고 생각했다. 방법은 국정을 쇄신하는 길밖에 없었다. 그래서 박희태 당 대표 사퇴 → 청와대 개편 → 정부 쇄신으로 이어지는 그림을 그렸다. 쇄신의 전제는 박희태 대표 등 지도부가 사퇴하는 것이라는 데 공감하고 남경필의 방으로 의원들을 불렀다.

나와 정병국, 권영세, 주호영, 원희룡, 남경필, 정태근, 김용태 등이 모였다. '박희태 사퇴'에 공감하는 데는 오랜 시간이 필요하지 않았다. 나는 "바로 실천에 옮기자"며 박희태 당 대표 비서실장을 맡고 있던 김효재에게 전화를 했다. "30분 정도 시간이 있다"는 이야기를 듣고 우리는 즉시 당 대표실로 갔다. 대표실에 도착했을 때 정병국, 주호영은 보이지 않았다. 권영세가 먼저 말을 꺼냈다. "대표님! 빠른 시일 내에 결단을 내려주십시오." 이야기를 듣는 박희태는 황당한 표정을 지었다.

쇄신으로 몰고 가던 2009년 5월 30일, 나는 진수희로부터 연락을 받았다. 이재오가 저녁을 먹자고 한다는 것이었다. 은평에서 차명진, 임해규, 김용태, 권택기, 진수희 등 7명이 모였다. 이 자리에서 이재오는 강력하게 조기 전당대회를 해야 한다고 주장했다. 조기 전당대회를 하기 위해서는 조직적으로 치밀하게 해야 한다, 보통 일이 아니다, 친박계가 들고 일어날 것이다 하는 말들이 오갔다. 그래서 김용태가 시나리오를 쓰기로 했다. 김용태가 그 다음 날 일련의 시나리오를 써서 참석자들에게 보내줬다. 그 다음 주부터 지도부 사퇴에 대한 공세가 시작될 예정이었는데 갑자기 엉뚱한 이야기가 돌기 시작했다. 이재오가 당권을 먹으려고 의원들을 부추겼다는 소문이었다. 이런 이야기가 돌기 시작하니 조기 전당대회 주장은 친박계는 물론이고 나머지 의원들에게도 호응을 얻지 못했다. 그래서 급하게 모여 회의를 한 후 이재오를 찾아 전당대회 불출마 선언을 하라는 뜻을 전하기로 했다. 정태근이 이재오에게 전화를 했으나 받지 않았다. 행방이 묘연했다. 나는 번쩍 정신이 들어 저녁 모임 참석자들에게 확인을 했다. "그때 밥 먹을 때 이재오가 전당대회 나온다고 생각했던 사람?" 아무도 없었다. 쇄신을 주장하는 의원들을 또 사지로 몰아넣고 이재오는 사라진 것이다. 열받은 김용태가 또 강경론자, 투사로 변했다. 그 다음 날 김용태는 당·정·청은 오만과 독선을 버려야 한다는 내용의 이른바 '오만과 독선' 성명서를 냈다. 지금까지 이상득을 향했던 공세가 처음으로 MB를 향했다.

나는 당시 송태영과 속리산 법주사에 있었다. 주지 스님과 약속이 있었기 때문이다. 법주사로 내려가기 전 나는 박형준 청와대 정무수석을 만났다. 청와대는 노무현 서거 정국을 뒤집으려고 개각을 준비하고 있었다. 박형준은 내게 "입각이 될 것 같으니 (쇄신 서명에서) 이번에는 빠졌으면 좋겠다"고 말했다. 나는 "알았다"고 답했다. 법주사에 있는데 김용태로부터 전화가 왔다. "2시에 기자실 가는데 이름 올려? 말어?" 하고 물었다. 차마 '나 이번에 입각하니까 빼줘'라는 말이 나오지 않았다. 그렇게 말하는 것은 내 자존심이 허락하지 않았다. "올려!" 하고 끊으면서 나는 스스로에게 말했다. '정두언, 너 후회하면 안 돼!'

정태근은 '오만과 독선' 파동이 있기 하루 전날 MB와 폭탄주를 마셨다. 한·아시안 정상회의를 앞두고 MB의 지시로 베트남 특사로 갔다 온 정태근은 5월말 제주도에서 열린 한·아시안 정상회의에서 MB를 만났다. 정태근은 행사가 끝날 즈음 MB의 수행비서인 임재현에게 쪽지를 넣었다. "혹시 행사 끝나고 대통령께서 의원들과 한잔 할 수 있을까?" 그랬는데 금방 그러자는 연락이 왔다. 제주 하얏트호텔 바에 따로 모여서 술을 마시는데 정태근이 "오늘 고생하셨는데 폭탄주나 한잔 돌리시죠?"라며 분위기를 잡았다. MB는 바로 "폭탄 가져와!"라고 했다. 정태근은 MB와 기분 좋게 술을 마셨다. 다음 날 김용태가 '오만과 독선' 성명서로 MB에게 한 방 먹일 것이라고는 꿈에도 모른 채.

　나도 김용태가 오만과 독선 성명서를 내기 전날 맹형규 당시 청와대 정무수석을 만났다. 나는 맹형규를 만나기 전에 성명서 초안을 미리 보냈다. 사전에 대통령에게 보고를 해달라는 뜻이었다. 내 나름대로는 김용태 등이 성명을 발표하더라도 그 진의를 알려야겠다고 생각했기에 사전에 맹 수석에게 내용을 알려준 것이다. 맹형규는 "이렇게까지 해야 하는가" 하며 곤혹스러워했다. 나는 "당에서 총대를 메려고 하는 것이다. 분위기를 만들어 줄 테니 청와대도 쇄신으로 정국을 전환하라"라고 설득했다. 그러자 맹형규는 "알았다. 그렇게 해보시라"고 했다. 나는 당시 맹형규가 대통령에게 사전에 보고를 했을 것이라고 생각했고, 맹형규가 동의를 한 것으로 보아 대통령도 양해했구나 생각했다. 당시 맹형규의 속셈은 무엇이었을까.

　그때 이상득은 특유의 동물적인 감각으로 자신이 주 타깃이 될 것 같다는 위기의식을 느낀 것 같다. 63빌딩 거버너스챔버로 안국포럼 출신 의원들을 불렀다. 그 자리에서 이상득은 "2선으로 물러나겠다. 오늘 발표할 것이다. 앞으로는 자원외교에 전력하겠다"고 선언했다. 안국포럼 출신 의원들을 불렀지만 실은 나와 정태근에게 이야기를 하고 싶은 것이나 마찬가지였다. 이상득의 말을 들은 나는 화가 치밀었다. "아니, 2선으로 후퇴한다고 하면 국민들이 누가 믿겠습니까. 의장님 측근들이 다 요직에 있는데, 측근들도 물러나야 실질적인 2선 후퇴지, 의장님만 자원외교 한다고 하면 국민들을 우롱하는 것 아닙니까? 국민들을 그렇게 우습게 보면 안 됩

니다"고 따졌다. 백성운 의원이 "(이상득이) 그 정도 하면 됐지. 그
렇게까지 할 것 있냐"며 중재하려 했다. 나는 이참에 나에 대한 사
찰이 진행된 것 등을 털어놓으며 "이들이 하는 짓이 무엇인지 알고
하는 이야기냐. 이런 짓을 한 자들을 그대로 놔두면 되겠냐?"며 목
소리를 높였다. 백성운은 "정말 그런 일이 있었냐? 그건 너무 심하
다"며 태도를 바꾸어 이상득에게 그건 너무 심했다고 항의까지 했
다. 그러고 나서 나는 속리산으로 갔었다. 당연히 그 후 개각에서
내 이름은 빠졌다. 박형준 수석은 그런 나를 몹시 안타까워했다.

08

세종시 수정안은
왜 실패했는가?

세종시 수정안과
정운찬의 등장

MB는 '행정수도 세종시'는 안 된다는 생각이 확고했기 때문에 과학비즈니스벨트로 대체할 생각을 갖고 있었다. 과학비즈니스벨트는 애초에 서울대 민동필 교수가 제안했다. 민동필을 MB에게 소개한 사람은 박영준이었다. MB는 경선 기간 중 아베를 만나러 일본에 간 김에 과학비즈니스벨트와 성격이 비슷한 도시인 '쓰쿠바'를 둘러보기도 했다. MB의 생각은 옳았지만, 충청 민심은 그 진심을 몰라주었다. 과학비지니스벨트로 '세종시는 됐다'라고 생각할 줄 알았는데, 과학비지니스벨트와는 별개로 세종시는 세종시대로 해야 한다는 방향으로 흘러갔다.

MB는 할 수 없이 정부 부처 대신 기업이 가는 것으로 세종시 수정안을 구상했다. 나와 내 주변 사람들도 그것이 맞다고 생각했다.

지금도 그 생각은 변함이 없다. 우리는 잘못된 고정관념이나 편견을 갖고 있다. 관공서가 가면 그 지역이 발전될 것이라고 생각하는데 전혀 그렇지 않다. 전남도청이 전남 무안으로 간다고 무안이 발전했는가? 지금은 기업이 가야 도시가 발전한다. 과거 도청 소재지였던 곳이 큰 도시가 될 수 있었던 이유는 관 주도의 세상이었기 때문이다. 지금은 관의 역할은 작아지고 민, 특히 기업의 역할이 커졌다. 기업 위주로 발전하는 것이다. 울산, 광양, 포항은 기업 때문에 불경기가 없는 도시가 됐다. 그런 이유로 세종시도 실속 있게 기업을 넣자고 했는데, 결국 대국민, 특히 충청도민을 설득하는 데에 실패했다. 박근혜가 반대한 것이 큰 영향을 미쳤다. 박근혜가 결국 세종시를 원안대로 밀어붙인 것은 충청표를 붙잡고 가겠다는 정치적인 계산 때문이었다. MB는 그것을 돌파하기 위한 수순으로 충청 출신 정운찬을 총리로 등장시킨다. 내가 알기로 정운찬은 세종시 수정안을 추진하는 것을 전제로 총리로 들어왔다.

MB는 박근혜를 어떻게 생각했을까. 나는 MB에게 들었기 때문에 정확하게 안다. MB는 차기에 박근혜가 되어서도 안 되고 될 수도 없다고 봤다. 그는 박근혜를 견제하기 위해 대타를 만들 필요가 있었다. 정운찬도 그런 의미에서 키워보겠다고 생각한 것 같다. 나중에 김태호도 그런 면에서 총리 후보로 밀었다. 하지만 그것처럼 어리석은 생각도 없다. 후계자를 대통령 본인이 키우는 것은 우리나라 정치권에서는 불가능한 이야기이다. 국민들은 그렇게 키워진 후계자를 차기 지도자로 생각하지 않는다. 국민은 스스로 큰 사람을 지도자로 뽑지, 키워준 사람을 지도자로 뽑지 않는다. 차기에 지도자가 될 뜻이 있는 사람은 오히려 현 대통령이 키워준다고 하면 도망가는 게 맞다. 정운찬, 김태호도 내 기준으로 볼 때 계산을 잘 못한 사람들이다.

정운찬에 대한 실망

MB는 세종시도 돌파하고 차기 주자도 키워보겠다는 뜻으로 정운찬을 등장시킨 것 같다. 정운찬이 총리가 되고 나서 곽승준이 "우리가 정운찬을 도와줍시다" 해서 두세 차례 정운찬을 만났다. 나, 김원용 교수, 김용태, 정태근, 곽승준이 정운찬과 만나서 이야기를 나눴는데 너무 실망스러웠다. 세간에 개혁적인 사람이라고 알려져 있었지만, 그의 주변에 사람이 너무 없었다. 총리의 1급 참모들은 본인이 데려다 써야 하는데, 고작 공보실장을 김창영(전 자민련 대변인) 한 명 데려왔다. 그리고 정운찬이 정무실장으로 누구를 데려다 쓰겠다고 말하는데 급이 안 되는 사람이었다. 결국 여러 사람이 오르내리다가 인수위에서 일했던 국정원 출신 김유환이 적임자로 판단되어 정운찬과 김유환이 만났다. 사실 인품이나 능력, 식견에서 그만한 사람이 없었다. 그런데 김유환을 쓰겠다고 하니 당연히 이상득 쪽에서 견제가 들어왔다. 그래서 결국 질질 끌다가 4달 만에 김유환을 임명한다. 그것을 앞장서서 방해한 게 박영준이다. 정운찬은 박영준이 국무차장(차관급)으로 자신의 밑에 있었는데도 어떻게 하지 못하고 우리를 만나면 박영준에 대한 불만을 토로했다. 총리가 부하 직원인 국무차장에 대해 불만을 토하는 게 얼마나 창피한 일인가. 그래서 "그러면 자르세요!"했다. 반대로 박영준은 기자들에게 총리를 대놓고 비난했다. 자르라고 이야기한 내 꼴만 우스워졌다. 그래도 곽승준이 도와주자고 해서 그만둘 때까지 도우려고 애를 썼다.

나중에 세종시 수정안이 부결된 뒤 MB는 정운찬을 갈아야겠다고 생각했다. 그런데 정운찬은 전혀 감을 잡지 못하고 있었다. 오히려 MB가 자기를 신임하고 있다고 생각했다. 그것 때문에 언론에서 혼선을 빚곤 했다. 그때 정운찬이 우리에게 도와달라고 했다. 그래서 나름 조언을 해주었으나 알겠다고만 하고 결국 실천을 못했다. 자기 브랜드로 정국을 주도하라는 의미에서 감세 철회 등 여러 가지를 제안했지만 그는 엄두도 내지 못했다. 그러다 이동관이 기자실에 가서 총리 교체를 언급했다. 그 이야기를 들은 정운찬이 씩씩거렸다. 그러면서 지난 주말에 MB가 총리 공관에 와서 부부끼리 밥까지 먹었는데 이동관이 뭘 모르고 저런다는 것이었다. 그런데 생각해보라. 어떻게 이동관이 자기 마음대로 기자실에 가서 총리가 교체될 것이라고 이야기를 하겠는가. MB 뜻이 그러니까 이동관이 가서 그렇게 이야기한 것이다. MB가 총리 공관에 가서 밥을 먹은 것은 나름 예우를 해주며 굿바이 사인을 준 것이다. 정운찬은 그것을 거꾸로 해석했다. 너무 눈치가 없다고 해야 할까. 당시 서울대 제자들도 정운찬을 찾아가 더 망가지기 전에 총리 그만두라고 이야기했다고 들었다.

세종시법이 국회에서 부결된 뒤 정운찬이 선택할 수 있는 길은 자리를 던지던지, 아니면 대대적인 국정쇄신을 주장하는 것밖에 없었다. 그런데 본인은 내심 자리를 연장하고 싶어 했다. 그래서 나와 정태근이 정운찬을 찾아가서 "소신껏 국정쇄신책을 이야기해라. 국정쇄신에 대해 MB가 받아들이면 당신을 신임하는 것이고, 그렇지 않으면 그만두는 게 사는 길이다"라고 말했다. 그랬더니 정운찬은 "내가 어떻게 MB한테 그렇게 하냐"며 난색을 표했다.

언론에서는 내가 정운찬과 오래전부터 친하다고 했는데, 나는 정운찬을 총리 공관에서 난생 처음 봤다. 더욱이 총리에 정운찬을 추천하지도 않았다. 그럴 위치에 있지도 않았지만. 정태근도 마찬가지로 정운찬에 대한 구체적인 이해가 적었다.

세종시 수정안이 실패한 이유

세종시 원안을 바꾸기 위해서는 당 소속 국회의원 3분의 2가 찬성해야 수정안이 당론으로 통과된다. 그런데 아무리 따져 봐도 그게 불가능했다. 청와대 박형준 홍보수석에게 계산이 안 나오는데 복안이 있냐고 했더니 마치 대책이 있는 것처럼 이야기했다.

그런데 내 상식으로는 이해가 안 됐다. 이것을 관철하려면 박근혜의 동의가 필요했다. 그러지 않고 이렇게 밀어붙이다가는 MB만 망신당할 상황이었다. 그런데도 마치 무슨 복안이 있는 것처럼 밀어붙였다. 정확히 어떤 계산이었는지 지금도 미스터리다. 사실 수정안을 어떻게 관철할 것인가에 대한 그림을 당시 누구도 갖고 있지 않았다.

당론 변경을 위해 우선 정태근이 대정부질의를 했다. 당초 행정수도로의 결정도 잘못됐고, 한나라당 내에서 의사결정을 한 과정도 잘못됐다며 그 내용을 상세하게 정리했다. 그것을 친박들이 박근혜에게 사전에 보고했던 것 같다. 박근혜는 정태근을 본회의장 복도로 따로 불러서 "정 의원님이 잘못 알고 있는 것 아니냐"고 나름대로 해명했다. 정태근은 "아니다. 내가 이야기하려고 하는 것은 이런 것이다. 나는 당론을 바꿔야 한다고 생각한다. 수정해 달라"고 반박했다. 정태근이 꼬박꼬박 반박을 하니까 박근혜의 얼굴이 일그러졌다. 정태근이 대정부질의를 마칠 때까지 앉아 있던 박근혜는 질의가 끝나자마자 나가 버렸다.

김무성이 원내대표가 되면서 나나 정태근 등은 차제에 친이, 친박 문제를 정리해야 한다고 생각했다. 이렇게 사사건건 당내에서 서로 대립해서는 당이 한 발짝도 나갈 수 없다고 봤다. 김무성이 박근혜와 사이가 틀어지면서 이참에 세종시 수정안을 관철시킬 수 있겠다고 막연히 생각했다. 그래서 세종시 문제를 계속 밀어붙인 것이다. 그러면서 안 될 경우에 대한 대안은 고민하지 않았다. 당내 반대세력이 있는 사안이라 획기적인 방안과 치밀한 전략이 있어야 했지만 그냥 들이박는 그런 형태였다.

김무성은 세종시 수정안에 대해 찬성했다. 아마 이재오와 김무성은 사전에 교감이 있었던 것 같다. 이재오는 김무성을 끌어들이면 친박계를 와해시킬 수 있고 3분의 2를 돌파할 수 있다고 MB를 설득했을 가능성이 있다. 그러지 않고서야 그렇게 계산이 안 나오는 일을 터무니없이 시작했을까. 그래서 그때 김무성이 나서지 않았나 싶다. 김무성으로서는 정치적으로 MB의 지원을 받아 박근혜의 대안으로 서고자 하는 배팅을 했다고 볼 수 있다. 그러나 당시 김무성을 따른 친박계 의원은 단 한 명도 없었다.

또 이런 측면도 볼 필요가 있다. MB 정부가 집권 중 해야 할 일들에 대해 엄밀한 계획을 갖고 있지 않았다는 것이 세종시만큼 극명하게 드러난 사건이 없다. 왜냐? MB 정부는 세종시 문제를 국정의 최우선 과제 중 하나로 잡았다.

노무현 정부의 대표적인 법은 '행정중심복합도시법'과 '공공기관 이전에 관한 혁신도시법'이다. 이게 2007년 초에 통과되었다. 이 법이 통과된 후 MB 정권이 들어설 때까지 공공기관 이전지가 결정 난 곳이 있는 반면, 결정이 안 난 곳도 있어 의원들끼리 우리 동네로 와야 한다면서 서로 싸움박질도 벌어지고 그랬다.

사실 그 당시 세종시를 수정할 생각이 있었다면 혁신도시 사업을 중단시켰어야 했다. 공공기관이라도 대거 그곳으로 옮겨가야 하기 때문이다. MB 정부는 한반도 대운하에 대한 집착 말고는 실제로 국정을 하면서 이 정도 중요한 사안을 언제, 어떻게 다루어 갈지에 대한 고민이 없었던 것 같다.

세종시 수정안이 박근혜라는 벽에 부딪혀서 못 나가고 있을 때 그것을 뚫으려고 뛰어든 사람은 나와 정태근, 김용태 이외엔 없었다. 소위 '친이 충성파'라는 의원들도 박근혜 눈치를 보느라 아무도 나서지 않았다. 오죽하면 MB 정권에 비판적이었던 우리가 나섰겠는가. MB는 당내에 다수파를 거느리고 있었지만, 이들은 정작 싸움이 필요할 때는 무용지물이었던 것이다.

엉터리 권력놀음으로 탄생한
세종시

세종시 문제로 MB 정권은 완전히 결딴났다. 수정안이 부결되면서 권력이 사실상 박근혜에게 넘어간 것이다. 박근혜가 완승을 한 것이나 마찬가지이니 정치적으로도 의미가 굉장히 컸다. 사실 박근혜는 세종시 문제와 관련해 MB를 꺾은 뒤 권력을 쥔 것이나 마찬가지였다. 박근혜는 처음에 아무런 입장 표명을 안 하다가 갑자기 세게 치고 나왔다. 박근혜도 'MB가 무슨 대안이 있기 때문에 저럴 것이다'라고 생각했을 것이다. 그래서 숨을 죽이고 한 달 가까이 지켜만 보고 있었다. 그러다 김무성이 수정안에 찬성하고 나왔다. 거기에 별 호응이 없자, 박근혜는 결단을 내린 것이다. 박근혜가 치고 나오면서 야당도 붙고, 수정안에 우호적이던 여론도 확 바뀌었다. 박근혜가 그런 면에서는 위기관리를 잘했다고 볼 수 있다.

나는 2005년 4월 13일 대정부질문에서 세종시 문제와 관련해 당시 이해찬 총리와 문답을 한 적이 있다. "위헌 결정이 났기 때문에 못했다"는 이 총리에게 나는 "꼭 필요한 사항이라면 헌법을 개정해서라도 했어야 하는 것 아니냐"고 따졌었다.

정두언 왜 한 것이지요, 수도 이전을?
이해찬 여러 차례 말씀을 제가 이 자리에서 드렸는데 제가 2000년도에 교육부장관을 그만두고 정책위 의장을 할 적에 당시 김대중 대통령이 "수도권 과밀을 해소할 수 있는 특별한 대책을 준비를 해 봐라" 하고 저한테 과제를 주셨어요. 그래 가지고 새천년민주당 시절

인데 새천년민주당에다가 과밀 해소 태스크포스를 만들었습니다. 거기서 한 6개월을 전문가들을 모시고 토론을 해보니까 '수도권에 다른 어떤 방법도 과밀 해소를 할 수 있는 방법이 없다, 행정수도를 이전하는 수준 정도의 계획이 아니면 과밀 해소가 어려울 것이다' 라는 결론이 나서 그것을 대통령께 그때 제가 보고를 못 드렸습니다. 왜냐하면 2001년도로 넘어가니까 집권 말기로 들어가는데 도저히 그것은 할 사안이 아니기 때문에 거기서 연구를 종결을 시키고 일단 보류를 해 두었다가 2002년 대통령선거 때 정책으로 공약화를 시킨 것입니다.

정두언 그러니까 수도 이전은 수도권 과밀 해소하고 국토 균형 발전을 위해서 하신 것이라는 말씀 아닙니까?

이해찬 예.

정두언 그러니까 국가 백년대계를 위해서 필요한 일이지요?

이해찬 예.

정두언 그래서 노무현 대통령은 정권의 명운을 걸겠다고 했습니다. 그런데 왜 이것을 포기하셨습니까?

이해찬 위헌 결정이 나서 못 하지 않습니까?

정두언 글쎄요, 위헌 결정은 하지 말라는 이야기가 아니고 헌법사항이기 때문에 헌법 개정 절차를 밟아서 하라 이 소리입니다. 그러니까 그렇게 백년대계를 위해서 꼭 해야 될 일이면 헌법 개정 절차를 밟아서, 다시 말해서 국민의 뜻을 물어서 했어야 될 일이지요.

이해찬 지금 헌법 개정을 그것을 가지고 할 수가 없지 않습니까?

정두언 그러니까 헌법재판소의 뜻은 '헌법 개정 절차를 밟아라, 다시 말해서 국민투표를 부쳐라, 국민의 의사를 물어라' 그 소리입니다. 그러니까 그렇게 국가 백년대계를 위해서 꼭 해야 될 일이면 개정 절차를 밟아서 하면 되지요. 헌법재판소가 하지 말라는 이야기가 아닙니다. 그런데 그것을 안 했습니다. 포기했습니다.

이해찬 지금 어떻게 헌법을 개정하겠습니까?

정두언 그러니까 이야기는 국민의 다수가 반대한다는 것을 인정한 것입니다. 그러니까 자신이 없으니까 포기해 버린 것이지요.

이해찬 아니, 헌법을 개정하려면 다른 것보다도 우선 국회에서 의원 3분의 2의 동의를 받아야 되는데 전체 의원 3분의 2의 동의를 어떻게 받겠습니까?

정두언 국가 백년대계를 위해서 꼭 해야 될 일이라면 그렇게 노력을 하셨어야지요.

수도이전 위헌 판결 후 노무현 정부는 수도이전의 편법으로 행복도시를 대안으로 내놓았다. 그런데 오히려 박근혜의 한나라당이 행복도시법을 주도했다. 이 와중에 박세일 정책위의장이 의원직을 사퇴했다. 나도 행복도시 특위에 들어가서 계속 반대했지만 역부족이었다. 이때 특위에서 만든 1, 2, 3안이 뭐냐면, 만약에 이전 대상 부처기관이 ① 20곳이라면 다 가야 한다, ② 15곳 가야 한다, ③ 10곳 가야 한다는 것이었다. 이런 코미디 같은 대안이 어디 있는가. 그래서 내가 대정부질문에서 다시 이야기를 했다. "어느 학교에 빵을 주는데 20개 줄까요, 15개 줄까요, 10개 줄까요, 그러면 당연히 다 달라고 하지 않겠냐. 그게 무슨 대안이냐. 대안이라면 이래야 대안이다. 행복도시가 50만 자족도시를 목표로 하는 것 아니냐. 20개 정부기관이 전부 가는 것 1안, 15개 정부 기관이 갔을 때, 그 대신 여기에 기업 등 무엇을 몇 개 넣겠다가 2안, 10곳이 간다면 그 대신 기업 등을 몇 개 넣겠다가 3안, 이런 것이 대안 아닌가?" 국민의 대표기관이라는 국회에서 하는 일이 이렇게 엉터리인 것이 한둘이 아니다. 지금 생각해보아도 세종시 수정안이 딱 맞다. 50만 명이 사는 자족도시를 위해서는 이러이러한 기업이 들어가야 한다는 MB가 제시한 방안이 옳았다는 말이다.

세종시는 헌법 개정 절차를 밟아서 제대로 하던지, 포기하던지 했어야 하는데, 정치적인 이해관계로 적당히 타협한 변종으로 바뀌었다. 당 대표였던 박근혜가 노무현 정부와 타협해서 기형적인 도시가 탄생한 것이다. MB는 세종시 수정안이 실패하자, 과학비즈니스벨트도 안 보낸다고 나왔다. 국정 운영을 감정적으로 한 것이다. 수정안이 안 됐으면 과학비즈니스벨트라도 붙여서 제대로 된 도시를 만들어야 했다. 어떻게 국가 지도자가 감정적으로 일을 처리하는가. MB는 대선 과정에서 과학비즈니스벨트를 대전 근방으로 하겠다고 공약했다가 수정안이 무산되자 다른 곳으로 할 것처럼 했다. 나는 약속을 지켜 대전 부근에 과학비즈니스벨트를 만들어야 한다고 주장했다. 지금 과학비즈니스벨트는 대전뿐 아니라 광주로도 가고 포항으로도 가고 한마디로 누더기가 됐다. 계획만 세워놓고 예산도 잘 안 내려가고 진행이 안 되고 있다. 거의 실종되어 가는 것이나 마찬가지이다. 충청도 사람 빼놓고는 관심도 없다. 국가 정책이 이래서야 되겠는가.

4부
참회의 시간

이제는
말할 수
있다

01

나는 왜 2010년
전당대회에 출사표를
던졌나

전당대회에
출마하게 된 경위

청와대, 이상득, 이재오로부터 삼중으로 견제를 받은 나는 옴짝달싹 못했다. 정치적으로 움직이거나 뛸 공간이 없었다. 타이틀도 없이 혼자 정책적인 측면에서 목소리를 낼 수밖에 없었다. 다행히 언론이 많이 도와줬지만 한계가 있었다. 사실 내가 정부에 입각하지 않는다면 당·정·청 관계나 여러 가지 역학 구도상 당에서 사무총장을 하는 게 맞았다. 그런데 전혀 사무총장을 줄 생각이 없었다. 당시 당을 장악하고 있던 이들이 마음대로 당을 쥐락펴락해야 하는데 내가 사무총장을 하면 녹록치 않다고 보고 내켜하지 않았던 것 같다. 물론 사무총장이 되지 못한 데는 내 귀책사유도 있을 것이다. 그럼에도 정권을 같이 만들었으면서 그 한 자리도 주지 않고 내팽개쳐둔 것은 심했고 옹졸했다. 내

4부 참회의 시간_이제는 말할 수 있다   235

입장에서 보면 무언가 역할을 해야 하는데, 때로는 스스로가 한심하다는 생각마저 들기도 했다.

그러던 중 2010년 지방선거를 앞두고 당에서 내게 지방선거 기획위원장을 맡으라고 했다. 물론 선거 기획위원장은 책임만 있고 아무 권한도 없어서 소위 말하는 끗발 있는 자리는 아니다. 지방선거 공천은 사무총장을 중심으로 당청 지도부가 알아서 했다. 나는 공천에는 전혀 관여하지 못했고 큰 틀에서 선거 분위기를 조성하고, 주요 전략만 짰다. 그 당시 박형준, 김해수를 수시로 만나면서 긴밀하게 선거를 끌고 나갔다. 역대 선거 중 그때처럼 여론조사와 현장이 다른 적도 없었다. 여론조사상으로는 서울, 수도권에서 한나라당이 다 이기는 것으로 나왔다. 나는 시종일관 지지도에서 10% 정도는 빼야 한다고 주장했다. 내가 계속 경고를 주었더니 인천시장에 출마한 안상수 후보는 "나는 잘하고 있는데 왜 사기를 떨어뜨리냐"며 항의하기도 했다. 바닥 민심은 지고 있는데 이기고 있다는 판단 하에 선거를 치르니 당연히 질 수밖에 없었다.

지방선거가 끝나고 한 달여 뒤에 한나라당 전당대회가 열렸다. 나는 전당대회에 나갈지 말지 고민했다. 정권을 잡은 지 2년이 넘어가는데 아무 자리도 없이 있으려니 힘들었다. 뭔가 활동공간을 확보하고 움직여야 한다는 생각이 들었다. 권력 핵심부에서 줄 생각을 안 하니 내 스스로 쟁취할 수 있는 방법은 전당대회밖에 없었다. 그때 나는 목 디스크가 심해서 팔에 마비가 올 정도로 힘들었다. 그런데 주말에 신재민으로부터 전화가 왔다. 통화 중 전당대회 이야기가 나왔다. 그 당시 전당대회에 나가는 사람들 중 친MB라고 할 수 있는 사람이 한 명도 없었다. 그래서 그랬는지 MB가 신재민과 이야기하다가 "정두언은 뭐해? 전당대회도 안 나가고"라고 했다는 것이다. 그때는 내가 목 디스크 수술을 하기 위해 보라매병원에 입원하기 전이었다. 신재민의 이야기를 들은 나는 '아, MB가 나에게 정부에 자리를 만들어 줄 생각이 전혀 없구나'라고 판단했다. 그래서 기대를 버리고 바로 보라매병원으로 가서 목 디스크 수술을 했다. 2010년 6월 5일이었다. 수술 후 입원 중에 찾아온 김효재전 의원이 내게 전당대회 출마를 적극 권했다. 그는 후보자 중에 제대로 일할 사람이 전혀 없다고 애통해 했다. 그리고 퇴원한 직후인 6월 15일 나는 7·14 전당대회에 출마하겠다고 선언했다.

전당대회에 출마하며…

지방선거가 끝난 지 10여 일이 지났지만 우리는 아직도 충격에서 벗어나지 못하고 있습니다. 왜 민심이 등을 돌렸는지, 우리는 왜 그것조차 모르고 있었는지 아직도 멍합니다. 하지만 마냥 이러고 있을 수만은 없는 일입니다. 위기가 곧 기회입니다. 생각해보십시오. 만약 이런 일이 내후년 총선에서 벌어졌다면 어쩔 뻔 했습니까? 이제라도 우리가 철저하게 자기반성을 하면서 새롭게 태어난다면 우리는 다시 민심을 얻을 수 있습니다. 과거의 우리 정치사를 보면 그것은 분명합니다.

한나라당은 지금 전당대회를 앞두고 있습니다. 우리가 이번 전당대회를 통해서 근본적으로 변화를 한다면, 우리는 이명박 정부의 성공과 함께 내후년 총선의 승리와 정권 재창출에도 성공할 수 있습니다. 하지만 그렇게 하지 못하면 우리는 참여정부가 2006년 지방선거 후에 걸어간 길을 그대로 걷게 될지도 모릅니다.

이번 선거에서 나타난 한나라당의 문제는 크게 두 가지인 것 같습니다. 하나는 너무 '낡은 이미지'요, 또 하나는 '기득권 이미지'입니다. 그러다 보니 지난 대선 때 표를 주었던 중도세력과 젊은 층들이 등을 돌려버린 것입니다. 그래서 한나라당의 변화의 방향은 마땅히 '세대교체'와 '보수혁신'이 되어야 합니다.

세대교체는 단순히 연령의 교체가 아닐 것입니다. 시대의 흐름에 맞는 사고를 하는 것이 세대교체요, 젊은 층과도 소통이 되는 것이 세대교체입니다. 산업화 시대의 사고방식과 꽉 막힌 행동양식으로는 시대의 흐름을 따라갈 수 없으며, 젊은 세대의 언어와 문화를 모르고서는 그들과의 소통은 불가능합니다. 지금까지의 적당한 관리형 지도체제가 자유롭고 유연한 자세와 함께 새로운 가치와 비전을 가진 자율적인 지도체제로 바뀌어야 진정한 세대교체라 할 수 있을 것입니다.

지금 우리 사회에서 보수는 의무이행보다는 편법이 더 많고, 양보보다는 독식이 성행하며, 절제보다는 과시가 많아 보이고, 희생·봉사·기여보다는 외면과 회피가 엿보이며, 사회적 책임의식보다는 개인적 특권의식의 모습이 더 많아 보입니다. 그리고 한나라당이 이러한 기득권적 보수의 오명을 뒤집어쓰고 있습니다. 더욱이 한나라당은 보수의 기본 가치인 자유와 인권을 존중하는 자세가 부족하다고 인식되고 있습니다. 한나라당은 자유민주주의의 기본

가치를 바탕으로 앞으로 의무, 절제, 양보, 희생, 봉사, 기여, 책임을 실천하는 보수혁신에 앞장서야 합니다. 그러면서 성장과 효율의 이면에 가려진 낙오되고 소외된 우리 이웃에게 진정성을 가지고 더 가까이 다가가야 합니다. 이번 전당대회는 한나라당이 세대교체와 보수혁신으로 거듭나느냐 마느냐의 중대한 갈림길이라고 생각합니다.

하지만, 한나라당은 반反 대한민국 세력과는 강력하게 싸워나가야 합니다. 지난 10여 년 동안 일부 사회의 진전도 있었지만 사회의 적폐가 심화되었습니다. 국가 안보의 해이, 떼법과 무법질서, 사회 부패세력의 만연 등이 대한민국의 선진화를 가로막고 있습니다. 선거에 졌다고 대한민국과 민주주의의 기본가치와 원칙마저 흔들릴 수는 없습니다.

한편, 한나라당은 이번 전당대회를 계기로 당·정·청 관계를 완전히 새롭게 재정립하여야 합니다. 당은 정부를 지원하되 견제할 것은 확실히 견제해야 합니다. 당은 청와대의 의견은 존중하되 청와대로부터 자유로워져야 합니다. 정권 재창출은 정부가 아니라 당이 하는 것입니다. 임기 후반기 이명박 정부의 성공을 위해서도 한나라당이 반드시 국정 운영의 중심에 서야 합니다.

저 정두언은 오랜 공직생활을 마치고 정치에 입문한 10년간 자리職보다는 일業에 충실하며 늘 당당하고 떳떳한 정치를 하려고 노력했습니다. 개인적으로는 자존심과 의리를 지키는 정치의 모범을 보이고자 애도 써 보았습니다. 정치에 대한 딱딱한 이미지를 바꾸고자 무대에 올라 파격을 꾀하기도 했습니다. 이명박 정부 들어와서는 워치독Watch dog 역할을 하며 할 말을 하느라 애써 양지를 피해서 고단한 세월을 보내기도 했습니다.

저는 이제 저의 길을 분명하게 걸어가려 합니다.

이명박 정부의 탄생에 일조를 한 저는 이명박 정부의 성공에 무한책임을 느끼고 있습니다. 그래서 이명박 정부의 성패가 걸린 이번 전당대회에 나가 한나라당이 '세대교체'와 '보수혁신' 그리고 '당 중심의 국정 운영'으로 새롭게 태어나는 데 앞장서고사 합니다.

아직 50대 초반 재선이고, 부족한 게 많지만 지금까지 그래왔던 것처럼 역사 앞에 정면 승부한다는 마음으로 당대표 경선에 나섰습니다. 노 · 장 · 청의 조화를 이루면서 한나라당을 젊고 활력 있는 정당으로 만들 열정과 자신이 있습니다.

따뜻한 관심과 따끔한 질책 모두 기다리겠습니다.

감사합니다.

2010. 6. 15
국회의원 정두언 올림

사면초가에서 치른 전당대회

나는 거론되던 후보 중 제일 먼저 출마를 선언했다. MB가 신재민에게 한 말도 있고 하니 적극적인 지원은 아니더라도 방해는 하지 않을 것이라고 생각했다. 그런데 그게 아니었다. 전당대회가 시작되니 이재오, 이상득, 박영준 등이 다 방해하기 시작했다. 사면초가였다. 대통령선거와 총선 등을 거치며 내가 많이 챙겨주고 아껴준 후배들이 내게 싸늘하게 등을 돌렸다. 나는 마음의 상처를 크게 받았다. 그게 제일 힘들었다.

거기에 더해 내 주요 득표 거점 지역 중 하나였던 호남표를 분열시키기 위해 호남 출신에 선진국민연대의 핵심이었던 김대식까지 출마시켰다. 상황이 심상치 않게 돌아갔다. 나는 이상득을 만났다. 김대식 문제를 이야기하면서 "김대식을 주저앉혀라. 김대식은 자기 뜻이 아니라고 하는데, 그럼 대통령 뜻이겠냐? 누구 뜻이냐?" 하면서 강하게 따졌다.

우리 캠프에 국회의원이라고는 정태근과 김용태, 두 명밖에 없었다. 직간접적인 온갖 압력으로 사람이 붙지 않으니 무슨 수로 전당대회를 치르나 하는 생각이 절로 들었다.

하루는 내가 캠프에 나가기 싫어서 꾸물거렸더니 아내가 "당신 왜 그러냐?" 했다. 그래서 "진짜 선거 운동 하기 싫다. 때려치우고 싶다"라고 했다. 그랬더니 "우리가 처음 시작할 때 생각해보라. 우리가 정치 시작할 때 뭐가 있었냐. 배경, 돈, 조직 아무것도 없었다. 여기까지 온 것만 해도 고맙게 생각해야지. 하기 싫으면 하지 마"라고 했다. 그 즈음 정태근과 박재성이 이런 식으로 하면 도저히 안 되니 남경필과 단일화하자는 이야기를 꺼냈다. 그래서 그날 결심을 하고 밤에 남경필을 만났다. 남경필에게 단일화하자고 했더니, 그는 고맙다고 말했다. 그때는 단일화를 하면 무조건 내가 지는 것으로 되어 있었다. 사실은 나도 내심 포기하려고 단일화 시도를 한 측면이 있다. 2010년 7월 9일 나는 남경필과 후보 단일화를 하기로 하고 합의문을 발표했다.

정태근은 당시 상황을 이렇게 설명했다. "당시 전반적으로 한나라당에 대한 민심은 좋은 편이 아니었다. 한나라당은 2009년 벽두부터 미디어법을 국회에 기습 상정했다. 언론노조는 총파업에 돌입했고 여야는 미디어법 처리를 놓고 7월 중순까지 갈등을 계속했다. 7월22일 이윤성 국회부의장은 미디어법을 직권 상정해 표결 처리했다. 이에 반발한 민주당은 미디어법은 무효라고 주장하며 장외 투쟁에 돌입했다. 민주당은 헌법재판소에 미디어법 효력 정지 가처분신청 및 국회의장에 대해 권한쟁의 심판을 청구했으나 기각됐다.

MB는 2009년 정운찬 총리를 임명하는 개각을 통해 국면 전환을 꾀했다. 그러나 정운찬의 등장과 세종시 수정안 논란으로 여야 간, 또 여권 내 MB 세력과 박근혜 세력 간 대립은 점차 격화됐다. 2009년 10월, 다섯 곳에서 실시된 재보궐 선거에서 한나라당은 참패했다. 그 해 12월 한나라당이 예산안을 강행 처리하며 민심은 더욱 싸늘해졌다. 2010년 6월 지방선거 패배는 이런 민심이 반영된 결과였다. 지방선거 직후 치러진 2010년 7월의 한나라당 전당대회는 무언가 변화가 요구되는 상황에서 열렸다. 정두언은 이런 흐름을 읽고 변화와 쇄신, 화합을 주장했다.

당원과 일반국민 대상으로 여론조사를 했는데, 일반국민 대상 여론조사는 남경필이 이기는 것으로 나왔다. 내가 계산을 해보니 당원 여론조사에서 정두언이 4%만 앞선다면 최종적으로 이길 수 있다는 결론이 나왔다. 여론조사가 이루어지던 날 오전 누군가 조해진, 권택기, 김영우 등이 10시쯤에 성명을 발표할 예정이라는 말을 해줬다. '지방선거 패배의 책임이 있는 사람이 전당대회에 나가서는 안 된다. 즉 정두언은 지도부가 되어서는 안 된다'는 내용이라고 했다. 그래서 권택기에게 전화를 했더니 자기도 연락을 받았는데 할까 말까 망설이고 있다는 것이었다. 나는 배후에 이상득이 있다고 보고 이상득에게 전화를 했다. 이춘식에게도 전화했는데 역시 안 받았다. 결국 박형준 정무수석에게 전화를 걸어 큰 소리로 이럴 수 있느냐고 따졌다. 만약 이 움직임이 그대로 진행이 되면 우리가 알고 있는 것을 다 공개하겠다고 했다. 그랬더니 이춘식이 전화를 해왔다. 이춘식한테도 한바탕 소리를 질렀다. 그랬더니 효과가 있었다. 성명을 내려던 국회의원들의 움직임은 중단됐다.“

전에도 그런 일이 있었다. 조선일보 인터뷰 사건 나고 분위기 안 좋을 때 평소 내가 아끼던 한 의원으로부터 연락이 와서 프라자호텔에서 만났다. 그는 좀 참으시라는 뉘앙스로 말했다. 나는 "너희가 몰라서 그러는데 참을 일이 아니다, 앞으로 큰일이다"라고 격앙되어 이야기를 했다. 그랬더니 그가 "형님! 계속 그러시면 우리가 가만히 안 있을 것이에요" 그러는 것이었다. 이상득 측에서 보낸 게 분명했다. 그래서 "그렇게 해봐! 어떻게 되나. 내가 그냥 넘어갈 것 같아? 당장 안 하면 내가 너부터 가만 안 둘 거야" 그랬더니 아무 소리를 못했다.

어쨌든 남경필과의 후보 단일화에서는 내가 이겼다. 그날 오후 박형준이 나를 만나자고 했다. 박형준 정무수석은 "더 이상 청와대를 공격할 필요도 없어요, 박영준을 정리하기로 했어요. 그러니까 더 이상 국정농단에 대한 문제 제기는 하지 마세요"라고 말했다. 나는 "알았다. 그렇게 한다면 내가 더 뭘 하겠냐"라고 했다. 그런데

나중에 박영준은 지경부 차관으로 영전했다. 박형준 수석이 내게
허언을 했을 리는 없다. 그는 그런 사람이 아니다. 그런데도 그런
일이 벌어졌다. 당시 대한민국에는 낮의 대통령과 밤의 대통령이
따로 있다는 이야기가 공공연하게 퍼져 있을 때였다.

우여곡절 끝에
지도부에 입성하다

전당대회 기간 중에 국정농단 사
선이 터졌다. 민주당은 박영준, 이영호 등 선진연대 핵심인물들이
호텔에서 비밀리에 상시 모임을 갖고 국정을 농단했다고 주장했
다. 국정농단이 이슈가 되니 우리 집 앞에 기자들이 뻗치기를 했다.
밤늦게까지 뻗치기 하던 동아일보 기자가 애처로워 "차나 마시고
가라"고 했는데, 그 기자가 내 속을 긁었다. 그래서 내가 흥분해서
이런저런 이야기를 했는데, 다음 날 아침 그 내용이 동아일보에 보
도됐다. 나는 졸지에 또 트러블 메이커가 돼버렸다. 정태근은 나 때
문에 못 해먹겠다며 소리를 높였다. 나는 할 말이 없었다.

전당대회 전날 연설 연습을 하는데, 정태근, 김용태는 내가 연설
을 못한다고 생각했는지 그 전날부터 와서 나를 달달 볶았다. 그래
서 원고를 써서 밤 10시에 다시 만나기로 했다. 만나서 원고를 읽으
니까 내용은 좋은데 그렇게 말해서는 안 된다며 내일 다시 만나자
고 했다. 그런데 정태근, 김용태가 모르는 부분이 있었다. 나는 웅
변조의 통상적인 스피치는 잘 못하지만 행사장에 다니면서 하는
즉석연설은 나름 잘한다고 생각한다. 나는 통상적이지 않게 말하
고, 알맹이 있는 이야기만 한다. 그게 보통 사람이 보면 연설을 못

한다고 생각할 수 있지만 나는 내 고집대로 하고 싶었다. 사람들은 내가 연예인 기질이 있다는 것을 간과한다. 연예인은 사람들이 모이면 기분이 업$_{up}$ 된다. 가수들은 관객이 100명, 1000명, 1만 명일 때 노래 부르는 게 달라진다. 전당대회장에 가면 사람들이 꽉 찬다. 내가 생각해도 그날 전당대회에서 연설을 진짜 잘했다. 분위기가 좋았다. 모든 사람들이 다 그렇게 평가했다. 전당대회를 치르며 의외로 전국적으로 내 팬이 많이 있다는 것도 확인했다. 전당대회가 끝나고 나서 김창균이 〈조선일보〉에 '정두언의 회생'이라는 칼럼을 썼다. 김창균은 나의 정치 역정을 이야기하면서, 한편으로 가볍고, 즉흥적이라고 비판하면서도 내가 다시 살아나는 과정을 썼다.

전당대회에서 안상수 대표는 대의원 투표와 일반국민 여론조사를 합산한 결과 총 4316표를 얻어 1위를 기록했다. 최고위원으로는 나와 홍준표, 나경원, 서병수 의원이 각각 선출됐다. 홍 의원은 3854표를 기록해 2위를 차지했다. 이어 나 의원이 2881표로 3위, 내가 2436표로 4위, 서 의원은 1924표로 5위를 각각 차지했다.

전당대회의 후유증

전당대회 때 당에서 나를 도와준 사람이 김문수과 황우여다. 그 전 원내대표 선거 때 황우여를 안 되게 한 사람이 나였음에도 불구하고 황우여가 도와줬다. 그때 황우여는 앞으로 정국 흐름이 바뀔 것을 예상하고 나 같은 사람들과 같이 가야 하겠다는 생각을 했던 것 같다. 그래서 결국 성공한 셈이다. 김문수는 자신의 보좌관 출신인 차명진에게 나를 도우라고 해서 차명진이 선거대책본부장을 맡았다. 김문수의 아내가 '가수 정두언' 팬인 것도 작용했는지 모른다.

나는 전당대회 중 후보들 간 토론회를 할 때 김대식에게 지명직 최고위원을 하지 왜 출마했냐고 여러 차례 물었다. 그랬더니 자기는 지명직 최고위원은 절대 안 한다고 여러 차례 이야기했다. 그런데 전당대회가 끝나고 지명직 최고위원 두 자리를 임명하는데, 안상수가 한 명은 박성효, 한 명은 김대식을 추천했다. 나는 기가 막혀서 "제가 대표님 잘 도와드려서 일 좀 하시게 하려고 했더니 제 뺨을 때리시면 됩니까?"라며 항의했다. 이에 안상수는 "내가 하고 싶어서 그렇게 하는 겁니까?"라며 곤혹스러워 했다. 청와대에서 그렇게 하라고 했다는 이야기였다. 기가 막혔다. 전당대회 중간에 그만둘 테니 청와대 수석 자리를 만들어 달라고 한 사람에게 최고위원직을 준다는 것이 도무지 이해가 가지 않았다. 안상수 본인이 생각해도 말이 안 된다고 생각했는지 결국 '김대식 최고위원 카드'를 철회했다. 그때 안상수는 이렇게 말했다. "그것은 내가 하고 싶어서 하자는 것 아닙니다."

지방선거가 끝나고 일주일 만에 MB는 장애인고용촉진공단 이사장에 양경자 전 의원을 임명했다. 장애인들이 들고 일어나서 여의도에서 천막농성하고 단식하고 난리가 났다. 고려대 법학과를 나온 양경자는 MB의 서울시장 선거부터 대선까지 특보, 홍보 부위원장을 맡는 등 이 대통령과 가까운 인사였다. 지방선거에 졌으면 총선, 대선을 생각해서 민심 달래기를 해야 하는데, 지방선거 이후 첫 번째 인사로 장애인 전체에 대해 뺨을 때린 격이었다. 그래서 내가 제동을 걸기 위해 나섰다. 7월 15일 최고위원회의에서 나는 이렇게 말했다.

"여태까지 장애인이 아닌 사람이 장애인고용촉진공단 이사장을 한 적이 없다. 그래서 지금 거의 모든 장애인들이 마음의 상처를 받고 들고 일어났다. 알다시피 장관 집에, 이사장 집에 공단에 찾아가서 천막농성을 벌이고 있다. 선거에 지고도 이런 일이 벌어지는 것이 이 정부의 현실이다. 이 일은 반드시 바로잡아야 한다. 이 일이 바로잡아진다 한들 이미 상처받은 장애인들의 마음을 근본적으로 돌리려면 얼마나 많은 노력을 해야 하고 얼마나 많은 시간이 필요하겠나. 그런데 이런 일들을 그냥 아무 생각 없이 하고 있다. 그래서 반드시 당 중심의 국정 운영이 되어야지 우리가 이 정부를 성공시킬 수 있고 정권 재창출도 반드시 할 수 있기 때문에 저는 새삼, 재삼 강조한다. 앞으로 이명박 정부 임기 후반기는 반드시 당 중심의 국정 운영이 되어야 한다고 생각한다."

양경자 씨는 결국 5개월인가 끌다가 11월 18일에 사퇴했다. 양경자 씨는 내가 얼마나 원망스러웠겠나. 그런데 양경자 씨는 내가 검찰 수사를 받을 때에도 여러 번 전화를 했었고, 구치소에 갔다 와서도 만났다. 그래서 내가 "죽을죄를 지었습니다. 할 말이 없습니다" 그랬다. 그런데 양경자는 나를 만나기 전부터 문자로 '나는 누가 뭐래도 항상 정 의원 팬입니다' 그러곤 했다. 나는 처음에는 장난 하나, 놀리나 생각했다. 그런데 구치소에 갔다 와서 만나 보니 그 말은 진심이었다. 본인도 모처럼 자리 하나 얻었는데, 내가 그걸 쫓아내다시피 했음에도 불구하고 그래도 내 팬이며, 나를 위해서 기도한다고 했다. 그분은 지금도 가끔 전화해서 격려해준다.

MB의 개헌 추진에
반대하다

전당대회 이후 청와대에서는 이재오가 앞장서 개헌을 추진했다. 나는 민생이 실패했는데 무슨 개헌이냐며 말도 안 된다고 주장했다. 홍준표도 비슷한 입장이었다. 2010년 2월 20일 MB가 청와대에서 저녁 먹자고 최고위원들을 불렀다. 밥 먹으면서 이야기를 들어보니 결국 개헌 이야기였다. MB는 개헌을 설득하기 위해 자리를 만든 것이었다. 나는 거기서 콧방귀도 안 뀌고 있었다. 그리고 다음 날 아침 최고위원회의에 참석하려고 내부순환로를 가고 있는데 홍준표에게서 전화가 왔다. "MB가 개헌 의지가 강하더라. 아무래도 내가 좀 도와줘야겠다"라고 했다. 내가 "그러세요. 도와주세요" 했다.

홍준표는 그날 최고위원회의에서 마이크를 잡고 개헌을 해야 한다는 식으로 말을 바꿨다. 내가 옆에서 듣고 있자니 화가 치밀었다. 그렇게 개헌을 반대하더니 어쩌면 저럴 수 있는가 싶었다. 그래서 최고위원회의가 끝난 뒤 기자실로 가 개헌에 대해서 나는 지금까지 말한 것과 하나도 변함이 없다는 입장을 밝히며, 개헌 논의에 끼지 않겠다고 밝혔다. 그리고 국회 정론관에서 기자 회견을 열고 여권 일각의 민심이 뒷받침되지 않은 개헌 추진은 정치적인 이해관계를 위한 일방적인 국정 운영이라며 강도 높게 비판했다.

MB 입장에서 보면 내가 정말 미웠을 것이다. 지금 생각해보면 내가 어리석었다. MB가 그렇게 한다고 개헌이 되나. 어차피 안 될 것을 가만히 놔두면 될 텐데 왜 들이박고 그랬을까. 내가 스스로 매를 번 것이다.

공식적으로 개헌이 추진되기 전 이재오가 난데없이 당이 역할을 해야 한다면서 범친이계를 불러 모았다. 의원들이 스물 댓 명 가까이 모였는데, 나는 불러주지 않아서 그 자리에 없었다. "세종시 수정안이 무산되고 지방선거에서 졌으니 우리가 역할을 해야 한다, 그게 개헌이다"라는 것이 이재오의 이야기였다. 어떤 경우는 메시지보다 메신저가 더 중요할 수도 있다. 개헌이라는 메시지는 나쁘지 않다. 그런데 메신저를 잘못 쓰면 그나마 더 안 된다. MB가 개헌으로 정국을 주도하고 싶었다면 이재오를 메신저로 쓰지 말았어야 했다. 전혀 전략적이지가 않다. 훗날 이재오를 만나서 이렇게 이야기한 적이 있다. "대표님! 진짜 개헌을 원하십니까? 그러면 대표님이 빠지세요. 될 일도 안 됩니다"라고.

나는 어쨌든 최고위원이 되자마자 장애인고용촉진공단 이사장 교체, 개헌 반대 등 MB 정부가 잘못 가는 길에 제동을 거는 일에 앞장선 꼴이 되었다. 그리고 이 역할은 추가 감세철회, 외고 개혁, 원자력안전위원회 신설 등 MB 정부의 정책기조를 바꾸는 일로 이어졌다.

02

자원외교,
무엇이 문제였나

자원외교 자체가
난센스였다

MB 정부 주요 정책 중에 가장 논란이 되는 것이 4대강 정비사업이다. 하지만 나는 자원외교가 더 큰 문제라고 생각한다. 4대강 사업은 강을 정비한다는 명분이 있었다. 하지만 자원외교는 장래를 내다 본 국가적인 관점에서 추진됐다기보다는 이상득, 박영준이 전면에 나서면서 정치적인 성격이 너무 강했고, 실질적인 성과도 미미했다. 원래 자원을 둘러싼 사업은 국제 브로커들 판이다. MB 정권에서 자원외교와 관련해 96건의 MOU를 맺었으나 계약한 것은 10여 건밖에 안 되는 것으로 안다. 볼리비아 같은 경우 대통령 선거 전에 다리를 놔주고, 도로를 닦아 주겠다고 미리 배팅을 하기도 했다. 그 돈이 어디서 나오겠는가. 국고에서 나갈 수는 없으니 기업의 돈을 끌어오던지, 광물자원

공사가 내야 한다.

정권을 잡으면 누구나 자원과 관련해 돈이 생긴다고 생각하는 것 같다. MB 정부는 자주개발률을 들고 나왔다. 자주개발률은 대한민국이 전체 사용하는 자원의 양 중에 확보한 자원의 양이 얼마인가 하는 것이다. 그 양을 늘려야 한다는 것인데 쉬운 일이 아니다. 〈프레시안〉의 관련 기획연재 기사를 보면 자원 관련기관들이 성과를 의식하여 통계치를 늘리기 위해서 기준을 바꿨다. 그 전 통계기준으로 하면 안 되니까 아예 기준을 바꿔서 퍼센티지(%)를 늘려버린 것이다.

캐나다 하베스트가 문제가 되는 것은 우리가 확보한 매장량이 얼마인가가 중요한 게 아니라 적정 가치에 인수해서 경제적 이윤을 남기느냐가 중요하기 때문이다. 즉, 실제 투자 대비 얼마나 벌어들이느냐가 중요하다. 예를 들어 석유를 보자. 아프리카에서 석유 유전 개발권을 따냈다고 치자. 그럼 거기에 있는 석유를 여기로 가져오는가? 아니다. 거기서 팔고 그 돈으로 중동에서 석유를 사오면 된다. MB 때 자주개발률 문제를 정권 핵심에서 들고 나오면서 석유공사, 가스공사, 한전, 광물자원공사 등에 오더가 내려졌다. 그러면 자주개발률을 높이는 것, 즉 많이 취득하는 것이 실적이 되는 것이다. 국제 자원외교의 핵심은 큰 프로젝트를 기획해서 실제로 개발권을 따거나, 개발에 성공하거나, 괜찮은 유전을 싸게 인수하는 것 등이다. 그런데 국내 공기업들은 프로젝트 매니지먼트를 할 수 있는 역량이 없다. 보통 우리가 이야기하는 EMP라고 해서 개발 역량만 일부 있을 뿐이었다. 그런데 MB와 이상득은 옛날 현대에 있던 사람을 관련기관에 앉혀놓고, 박영준은 대우에 있던 사람을 앉혀놓고 자원외교 프로젝트를 진행했다.

한승수 총리는 2008년 5월 11일부터 10일간 중앙아시아 3개국 및 아제르바이잔을 순방했다. 이때 국내 굴지의 기업들이 순방에 참여했다. 이 중 이름이 알려지지 않은 K사라는 다소 작은 규모의 열병합설비 전문업체가 포함되어 눈길을 끌었다. 나중에 이 회사는 뇌물 수수 사건에 휘말렸다. 당시 수사선상에 올랐던 김영철 총리실 차장이 자살하기도 했다.

한승수 국무총리 시절부터 자원외교 한다고 기업체들 몰고 가서 MOU를 체결했다. MOU는 해도 그만, 안 해도 그만이다. 그런데 해당 국가 입장에서는 무언가 남는 게 있어야 좋은 것을 주는 법이 아니겠는가. 그러니까 기업이 뒷돈을 대는 구조가 생긴다. 실제적으로 돈이 안 되면 대충 MOU만 체결하는데, 이는 형식적인 외교적 성과로 남는다. 그런 일들을 이상득과 박영준이 나눠서 했다. 실제 실적이 필요한 공기업들은 무리하게 인수를 했다. 영국 다나 유전처럼 잘 인수한 사례도 있으나, 하베스트 같은 경우는 자금 여건이나 기술력에 대한 충분한 검토 없이 부채를 안고 정유공장까지 인수하는 말도 안 되는 일이 벌어졌다.

외교 상식에서 자원외교를 전면에 내세우는 것은 촌스러움의 극치다. 외교에 자원이라는 말 자체를 붙이는 게 난센스이다. '나 자원외교 합니다'라고 이야기하고 자원외교 하는 게 어디 있나. 이는 상대로 하여금 값을 올리게 하는 행위다. 그쪽 나라 입장에서 보면 '아, 호구가 나타나는구나. 우리가 어떻게 말아 먹을까' 하고 생각하는 게 당연하다. 그래서 MOU를 맺고, 양로원이든 뭐든 다 짓도록 해놓은 다음 국유화 해버린다. 리튬 광산 개발과 관련한 볼리비아의 사례가 그렇지 않았나. 노무현 대통령 시절 가스를 들여올 때 국제가격보다 비싸게 받고 계약도 길게 해서 가스공사가 손해를 봐 문제가 된 적이 있었다. 자원외교는 대통령 형의 측근들이 기업을 몰고 세계를 돌아다니며 할 일이 아니다. 물론 이상득은 자원외교를 위해 노구를 이끌고 순수한 마음으로 무척 열심히 뛰었다. 하지만 '자원외교'라는 이미 그릇된 생각을 가지고 뛰어들었으니 결과는 뻔한 것이었다.

CNK의 사례

자원외교와 관련한 CNK 사례에 대해 정태근은 이렇게 증언했다.

"박영준이 자원외교를 한다고 기업들을 끌어 모았다. 그런데 난데없이 주식시장에서 다이아몬드가 떴다며 주가가 폭등했다. 어떤 회사인지 알아보니까 '코코'라는 이철 전 의원이 재혼한 여성의 회사였다. '코코'는 애니메이션 밑그림으로 성공해서 상장한 업체인데 다이아몬드라니 황당했다. 알고 봤더니 우회 상장을 한 것이었다. CNK 대표인 O씨가 이 회사를 인수해 상호를 바꾼 것이다. 그런가 보다 하고 있었는데 2011년 1월 외교부에서 CNK와 관련해 보도자료를 냈다. 이후 주가는 다시 폭등했다. 그때부터 이상하다는 생각이 들어 추적하기 시작했다. 내가 결정적으로 의심을 한 것은 외교부에서 보도자료 내고 두 번째 폭등한 다음에 정승희라는

CNK 이사가 주식을 다 팔아버린 일이 있었다. 실제 다이아몬드가 많이 매장되어 있다면 팔 이유가 없지 않을까 하는 생각이 들었다.

외교 역사상 이런 문제로 외교부가 보도자료를 내는 일은 없었다. 특히 외교부는 그런 일을 절대 안 한다. 공무원 중에 제일 몸 사리는 관료 집단이 외교부 아닌가. 설령 다이아몬드가 실제로 어마어마하게 나왔고, 홍보를 할 일이 있어서 보도자료를 내달라고 해도 안 하는 게 외교부이다. 그런데 이건 실체도 없는 것을 보도자료까지 낸 것이다. 공무원들이 단임 정권하에서 실세들에게 눈치 보고 놀아나고 줄을 선 단적인 사례라 할 수 있다. 정부 전체가 그런 식이었으니 나라가 멍들었던 것이다. 실체를 명확히 알기 위해서는 일단 카메룬 광산에 실제로 다이아몬드가 있는지 없는지를 확인해야 했다. 그런데 국내에 다이아몬드 광산 전문가가 없었다. 그래서 온갖 인터넷 자료들을 다 뒤져서 다이아몬드 공부를 했다. 확인해보니까 다이아몬드 1차 광산이 솟는 것을 kimberlite라고 하고 흩어져 있는 것을 conglomerate(충적층)이라고 하는데 충적층에서는 구조 상 그렇게 많은 다이아몬드가 나올 수가 없다는 것이었다. 그래서 확신이 섰다.

그러던 중 O씨에게 사기당했다는 사람과 접촉이 됐다. O씨와 같이 카메룬에 갔다가 사기라는 것을 알고 독립해서 사금 사업을 하는 사람이었다. 그래서 실체가 뭐냐고 물었더니 '없다'는 반응이 나왔다. 그럼 다이아몬드가 나왔다는데 그것은 뭐냐고 물어봤더니, 산 것이라고 했다. 그래서 조사를 진행했다. O씨를 국감에 불러냈다. 예결위 때 연 3일을 그것만 질의했다. 그런 매장량이 있다고 하는 UNDP보고서를 가지고 오라고 했는데 서류가 없었다. 그러니까 외교부가 발칵 뒤집어진다. 그런데 상장회사고 하니 그쪽에서도 방어 차원에서 움직였던 것 같다. 내가 3일을 계속 질의했는데 기사가 하나도 안 나왔다. 3일째 되는 날 CBS가 처음 썼다. 그러니까 주식시장에 반영이 되더니 그 다음에 한겨레가 쓰면서 본격적으로 CNK 사건이 문제가 되기 시작했다.

그런 와중에 어떻게 할 방법이 없어서 결국 감사원에 감사를 청구하는 수밖에 없다고 생각했다. 예결위에서 의결하면 감사 청구를 할 수 있었다. 그때 내가 예결위원이었는데, 예결위 간사가 장윤석이고, 예결위 소위 멤버가 이정현, 이종혁 등 네 명이었다. 내가 감사 청구를 했는데, 이 사람들이 다 반대했다. 제일 반대한 게 이정현이었다. 처음엔 안 되겠어서 야당 간사였던 강기정에게 이것도 해결 못하냐고 했더니 도저히 안 된다고 했다. 그래서 소위 회의에 들어가 "만약 감사 청구를 의결하지 않으면 내가 탈당을 하던지 수를 낸다. 각오해라"고 큰 소리를 쳤다. 그래서인지 소위에서 감사 청구를 의결했다. 그런데 감사원도, 금융감독원도 조사를 미적거렸다. 전에는 기한이 없었는데 그때 예결위 법이 바뀌어 3개월을 조사하고, 다시 2개월을 연장할 수 있었다. 그게 시한 만료가 다 되어 발표를 하지 않을 수 없는 상황이 됐다.

나는 감사원 사무총장에게 "예의주시하고 있으니 어영부영하지 마라"고 전화를 했다. 감사원은 억지로 감사를 하는 시늉만 냈다. 마침 종편이 출범을 했는데, TV조선에 이진동이 부장으로 내정이 됐다. 내가 이 건에 대해 설명을 하니까 이진동이 개국 특집으로 그걸 잡았다. 그래서 출장비까지 타내 카메룬에 갔다. 나는 다시 감사원 사무총장에게 전화해서 "지금까지 이야기만 듣고 했는데, 감사가 현장 확인을 해야 하는 것 아니냐"고 다그쳤더니 우물우물했다. 그래서 조선일보에서 현장 확인 다 하고 시리즈로 나오고 있으니 감사팀한테 그것을 보라고 알려줬다. 마침 TV조선의 보도가 나와, 감사원도 어떻게 하지 않을 수가 없었다. 그래서 감사원 감사가 진행된 것이다. 금감원도 그제야 움직이기 시작했다.

권혁세 금감원장에게도 CNK 주가 조작사건에 대해 민원이 들어갔는데, 왜 조사를 안 하느냐고 했더니 권혁세가 대답을 못했다. 금감원에서 결국 고발은 했는데 검찰은 즉각 수사에 착수하지 않았다. 그러는 사이에 O씨는 카메룬으로 날아가 버렸다. 더 기가 막힌 것은 사기라고 기사가 났는데도 그 다음 날 주가가 또 폭등했다. 도무지 이해할 수가 없었다. 작전 세력이 개입한 것이 분명한 이 사례는 우리나라 주식시장이 얼마나 취약한지 보여준다.

자원외교를 통해 돈을 챙기려는 이들의 1차 목표는 주가 조작이다. 그것을 노리고 그런 판을 벌인다. CNK의 경우도 상종가를 치게 만들어 놓고 빠져나갔다. MB 정권 때는 저탄소녹색성장 전략을 발표한 뒤 삼천리 자전거 주가가 엄청 뛰었다. 발표되기 전에 일부에서 삼천리 주식을 대량으로 사들인 흔적이 있다. 예전에 이름만 대면 알 만한 광산 재벌이 있었다. 이 회사가 광산을 폐쇄한 뒤 남은 돈으로 아르헨티나에 있는 한 유전을 샀다. 책임자도 현지에 보내고 했는데 정작 회사는 자원 개발을 빌미로 주가를 조작해 튀긴 뒤에 돈만 챙겨 빠져나왔다. 현지에서 실제로 자원을 개발하려던 이들만 곤욕을 치렀다. 이 회사는 그 돈으로 호텔을 지었다. 이처럼 자원을 둘러싼 뒤편에는 흑막이 있는 경우가 다반사이다.

자원외교와 관련된 자세한 내막은 여러 언론에서 구체적으로 다루었기에 여기서는 이만 줄인다. 다만 마지막으로 강조하고 싶은 것은 외교든, 경제든, 문화든 불순한 정치적 의도가 개입되면 모든 것이 어긋나 비틀어지고 그 피해는 고스란히 국민들의 몫이 된다는 사실이다.

03

MB 정부의 경제정책 기조를 바꾸다

신자유주의의 종언을 최초로 주장

이명박 정권은 세종시 수정안 의결을 기점으로 무기력해지면서 레임덕을 맞기 시작했다. 당은 박근혜에게 주도권이 넘어갔다. 이명박은 원래부터 여의도를 멀리하긴 했지만 이때부터 '이명박 정치'는 사라지고 '박근혜 정치'가 여의도를 움직였다. '정치'에서 밀린 이명박은 정책에 관심을 뒀다. 이명박 정부의 경제정책 기조는 신자유주의였다. 중도실용을 내세웠지만 오히려 그와 배치된 정책이 많았다. 감세를 추진한 것도 중도실용과는 맞지 않았다. 신자유주의에 맞춘 공약은 '747공약'이었다. '747공약'은 경제 공약 비전으로 연평균 7% 경제 성장, 국민소득 4만 달러, 세계 7대 강국을 달성해 경제 강국 시대를 열겠다는 것이었다. 강만수가 재경부장관이 되면서 감세 정책을 내건

것은 결국 신자유주의를 바탕으로 해서 747공약을 달성하겠다는 의도였다. 그러나 결과적으로 보면 결국 노무현 정부 때보다 더 낮은 성장률을 기록했다. 노무현 정부의 평균경제성장률은 4.5%인데 반해 이명박 정부는 3.2%에 불과했다.

이미 전 세계적으로 신자유주의의 모순이 드러나 폭발한 것이 2008년 금융위기이다. 신자유주의를 보완하거나 반대되는 정책을 폈어야 하는데 신자유주의 기조를 유지하면서 금융위기를 사전에 막지 못하고 경착륙을 해버렸다. 그나마 수습을 잘했다. 고환율 정책으로 수출을 유지시켜서 성장 기조를 붙들어 매 위기를 탈출했다. 그러나 그 부담은 서민들에게 돌아왔다. 반면 대기업은 가장 큰 수혜자가 됐다. 당시 삼성전자나 현대자동차가 대호황을 누렸던 배경에는 기술적인 것보다는 이러한 고환율 정책에 힘입은 바가 컸다. 그로 인해 가격경쟁력이 높아져 수출이 호조를 띤 것이다. 한마디로 말하면 이명박 정부는 수입품 즉 생필품 가격 상승으로 인한 서민들의 부담으로 경제위기를 돌파한 셈이다. 그러다 보니 결국 복지 문제가 다시 촉발될 수밖에 없었다.

나는 2009년 4월 9일 '석학과 함께 하는 학문과의 소통 – 한나라당의 신자유주의 돌아보기'라는 주제로 장하준 캠브리지대 교수를 국회로 초청했다. 예전 한나라당에서 세미나나 연찬회를 할 때 보면 거의 극우파들을 불러서 이야기를 듣는다. 그러면서 '맞아, 맞아!' 하며 자기만족을 한다. 나와 똑같은 생각을 가지고 있는 사람을 불러서 이야기를 듣는 것은 전혀 자기발전이 없다. 나와 입장이 다른 사람을 불러서 이야기를 듣고 자기를 점검하고, 받아들일 것은 받아들이는 게 자기발전이다. 그래서 나는 장하준 교수의 이야기를 들어보자고 한 것이다. 당시 한나라당 정책위의장을 맡고 있던 임태희 의원과 여의도연구소장을 맡고 있던 김성조 의원이 축사를 했다. '이래도 신자유주의인가?'라는 도발적 주제는 당시로서는 낯설었지만 시간이 지날수록 공감을 얻었다. 나는 2010년 12월에 다시 한 번 장 교수를 초청했다. 1년 8개월이 흐른 시점이었지만 세상은 많이 바뀌어가고 있었다. 2010년 장 교수의 강연에 앞서 나는 대략 이런 내용으로 인사를 했다.

장하준 교수는 그동안 일련의 저작을 통해서 신자유주의가 세계적인 저성장, 양극화, 고용불안, 금융위기 등의 주범이라고 일관되게 비판해왔습니다. 장하준 교수의 주장에 대한 찬반을 떠나서 우리는 이제 신자유주의를 무비판적으로 수용해 온 우리 자신을 심각하게 되돌아볼 때가 되었다고 생각합니다. 천장이 무너져 비가 새는데, 천장 고칠 생각은 않고 계속 날씨 탓만을 할 수는 없기 때문입니다.

지금까지 우리가 믿고 따라온 길을 되돌아보며 '오메, 이 길이 아니었나벼!'라고 하는 것은 참으로 불편한 일입니다. 하지만 그렇다고 우리가 불편한 진실을 외면할 수만은 없는 일입니다. 고통과 저항이 따르더라도 우리는 불편한 진실을 받아들이며 새로운 길을 모색해야 합니다. 만약 우리 한나라당이 이 시점에서 그 일을 게을리 한다면 우리는 역사의 흐름 속에서 도태되고 말 것입니다.

감세 철회의
깃발을 들다

나는 이런 맥락에서 추가 감세를 철회해야 한다고 주장했다. 야당에서도 감세를 철회하라고 했지만 야당만으로는 힘에 부쳤다. 여당에서는 김성식 의원 정도가 목소리를 냈으나 메아리가 없었다. 내가 최고위원이 된 후 최고위원회의에서 이 문제를 제기하면서 1년여 동안 이슈를 끌고 간 끝에 감세 철회를 이루어냈다. 이명박 정부 경제정책의 기조를 바꾸자고 주장해 진통 끝에 결국 관철을 시킨 것이다. 급기야 18대 국회 마지막에는 증세법안까지 통과시키면서, 18대 국회를 마무리했다.

정치를 해오면서 느낀 것인데 정책에서 핫이슈가 되는 것은 교육과 세금 분야이다. 국민, 특히 서민들의 생활과 밀접한 관련이 있기 때문에 민심이 민감하게 반응한다. 따라서 교육이나 세금과 관련해 문제를 제기하면 이슈가 굉장히 오래 간다. 정치적으로 보면 장사를 잘할 수 있다. 나는 추가 감세 철회 문제로 거의 1년 동안 이슈를 끌고 갔다. 외고 개혁도 한 1년 정도 이슈가 됐다. 정치인은 교육과 세금과 관련한 문제에 도전하고 성과를 내는 것이 의미가 있다.

영국의 보수당도 세금 문제로 국면을 전환시키곤 했다. 영국 초기의 보수당을 돌아보면 지주계급과 귀족계급의 정당이었다. 산업화가 진행되면서 중소상공인을 위주로 하는 신흥 자산계급인 부르주아 계층이 늘어났는데 보수당은 그들의 이해관계를 대변하지 못했다. 그것이 첨예하게 대립해 터져 나온 것이 곡물법 파동이었다. 지주계급과 귀족계급의 기반은 농장이었다. 보수당은 대농장을 보호하기 위해 유럽에서 들어오는 곡물에 대해 굉장히 높은 관세를 부과했다. 그러니 중소상공인인 신흥 부르주아 계급의 생활비용이 높아졌다. 당연히 이것을 낮춰야 한다는 목소리가 나왔다. 이것은 결국 관세 철폐로 이어진다. 보수당은 지주계급과 귀족계급의 이익을 대변했으므로 관세를 계속 고수하려고 했지만 보수당의 필내각은 곡물법 관세를 철폐했다. 이것이 곡물법 파동이다. 결국 보수당은 재집권에 실패했다. 하지만 역설적으로 보수당은 곡물법 파동을 계기로 '중산층'의 중요성에 눈뜨면서 중산층 정당으로 거듭나게 된다. 그러지 않았으면 보수당은 사라졌을 것이다.

한나라당은 서민 대중정당을 표명하지만 기득권 정당이라는 오명을 가지고 있다. 한나라당이 오랫동안 집권하고 국정을 주도하려면 지지 기반을 넓혀야 한다. 그러기 위해서는 서민·대중을 위한 세금 정책을 써야 한다. 감세는 혜택이 기업이나 부유층에 돌아간다. 낙수효과로 인해 그 혜택이 서민층으로 전가된다고 주장하지만, 어떤 감세든 성격 자체가 부자 감세일 수밖에 없다. 그것을 다시 거둬들여서 복지로 쓰는 게 결국 서민·대중에 맞는 정책이다. 결국 감세를 철회하고 나아가 증세까지 해야 결국 복지 정책으로 나가는 기반을 만들 수 있다. 증세 없는 복지는 없다.

2010년에는 대한민국 어디에도 신자유주의를 이야기하는 사람이 없었다. 불과 1, 2년 사이에 금융위기를 겪으면서 흐름이 바뀌었는데, 이명박 정부는 그때까지 감세를 고집하고 추가 감세까지 밀어붙였다. 그 정도로 거꾸로 가는 정권이었던 것이다. 친서민 중도 실용은커녕 극우 정권으로 가버렸다. 그야말로 부자와 기업을 위한 정권이 됐다. 그렇게 가면 안 된다고 주장했으나 받아들여지지 않았다. 모두 이명박의 자존심 때문이었다. 감세로 승부 보겠다, 성장을 달성해서 복지를 하겠다는 게 MB노믹스였다. 그런데 그 방향을 바꾸면 실패를 자인하는 것이라고 생각한 것이다. 친서민이 아니라 자신의 자존심을 지키기 위해 정책 기조를 유지했다.

경제는 정치다

세종시 수정안이 폐기된 때가 2010년 6월이다. 그 이후 이명박 정부는 새로운 일을 하지 못하고 인물이나 정책 면에서 수비적으로 갔다. 2010년 8월 이후의 정부는 그 전 정부와 완전히 다르다. 이재오가 2인자 역할, 컨트롤 타워, 실질적인 얼굴마담 역할을 했다. 이명박 정부는 국민을 선도하기보다는 방어적인 국정 운영을 시작했다. 송태영 한나라당 충북도당위원장은 이렇게 말했다.

"단순한 권력투쟁의 문제가 아니다. 문제는 정책 지향점과 수단의 차별화다. 이명박은 기업 하던 사람이라 그런지 기업 논리가 강했다. 보수주의자의 DNA가 있다. 우리나라의 경우 보수 정권이 잡으면 기본적으로 대처리즘을 생각한다. 자본 논리가 과도하게 자유방임적으로 가다 보니 빈익빈 부익부가 심화되었지만, 이명박 정부는 거기에 대해 관심이 없었다. 그런데 정두언 의원이 그 부분을 개선하기 위해 물을 댄 것이다. 이 물이 새로운 흐름이었는데, 이 부분에 대한 평가가 잘 되지 않았다. 그런 흐름들이 '추가 감세 철회안'이라는 이름의 법안으로 나타났다. 만약 정두언류의 생각이나 구상이 이명박 정부의 국정 전반에 능동적으로 펼쳐졌으면 이명박 정부는 달라졌을 것이다.”

송 전 위원장의 분석이 맞는지는 알 수 없지만, 솔직히 나로서는 듣기에 싫지는 않다.

이제 이 이야기를 해보자. 이명박은 과연 서민인가? 그가 쓴《신화는 없다》라는 책의 주제는 그가 서민 출신으로서 성공 신화를 이루었다는 것이다. 그는 결국 서민 이미지로 국민적 인기를 얻어서 대통령까지 됐다. 그리고 친서민 중도실용을 표방했다. 그런데 이명박의 정신세계, 사고방식은 과연 서민이었는지 의문이 든다. 결론부터 이야기하면 그는 서민이 아니었다. 그가 대학교를 졸업할 때까지가 서민이었다면, 현대그룹에 들어간 이후부터 기업인으로서, 재벌 CEO로서 제2의 인생을 살았다. 전반부의 인생은 로맨틱하고 낭만적인 추억으로만 남아 있을 뿐 그의 실제 사고방식은 재벌이었다. 이게 집권 후에 여지없이 드러났다. 강부자(강남, 부자), 고소영(고려대, 소망교회, 영남) 인사를 한 이유도 그런 것이다. 주변에 소위 말해 가진 자들이 포진했다. 그러니 정책도 그렇게 갈 수밖에 없었다. 감세 등을 통해 기업을 부양해서 기업이 성장의 견인차가 되도록 하는 신자유주의로 간 것이다. 어떤 정책을 표방하고 관철시키려면 거기에 맞는 사람을 자리에 앉혀야 한다. 사람은 다 기득권층을 쓰면서 그들에게 서민 정책을 하라고 하면 시늉밖에 할수 없다.

미국의 로버트 라이시, 폴 크루그먼, 조셉 스티글리츠 등 좌파경제학자들은 경제가 곧 정치라고 말한다. 경제가 정치지, 경제를 경제로 보면 경제는 불평등으로 가고 성장률이 떨어질 수밖에 없다는 이런 주장은 실제로 미국 역사를 통해 증명이 된다. 단적인 사례로 레이건 시대에 그 이전까지와는 정반대인 정책 전환을 하는데, 기업인과 신고전주의 경제학자를 등장시키면서 감세 정책으로 간다. 그러면서 결국 불평등이 심화되고 경제성장률이 현저하게 떨어진다. 1950년대 초부터 1970년대 말을 대압축시대라고 하는데, 이때가 가장 소득분배율이 좋았고 성장률도 높은 호황이었다. 그때는 최고소득세율이 80~90% 사이였다. 이게 레이건 시대에는 20~30%대로 떨어진다. 기업가들이 정책을 담당하고 감세정책을 쓰면서 불평등을 심화시키고 성장률을 떨어뜨려 미국을 재정적자 국가로 전환시켰다.

흔히 우리는 기업가나 경제학자가 경제를 잘 안다고 생각하는데, 이것은 아마추어적인 편견과 선입견이다. 경제가 정치라고 전제한다면, 정치를 모르는 기업가에게 국정을 맡기면 경제를 망칠 가능성이 훨씬 높다. 정치에 문외한인 경제학자도 마찬가지이다. 정치의 핵심은 세금과 교육이다. 이런 것으로 경제를 풀어가야 하는데, 완전고용을 목표로 규제를 완화하고 경쟁을 촉진해서 기업을 살찌우고 소득 불균형만 심화시킨 것이 신자유주의의 최종 모습이다. 기업하는 사람이 경제를 안다는 것은 결국 말이 안 되는 이야기다. 이명박이 경제를 안다는 말은 지나고 보니 우스꽝스러운 이야기였다. 기업을 아는 것이지 경제를 아는 것이 아니었다. 기업과 경제를 동일시하는 것은 지극히 초보적인 생각이다.

미국도 민주당이든, 공화당이든 재무장관들을 다 월가에서 데려다 썼다. 그래서 어떤 결과를 초래했나. 결국 그 사람들은 미국의 경제를 살린 것이 아니라 금융자본만 살찌웠다. 그런데 오바마도 그렇게 했다. 선거 자금이 거기서 나왔기 때문이 아닐까. 기업가 출신들은 친기업 정책을 쓰지 친국민 정책을 쓰지 않는다. 다시 말하지만 정책을 전환하면 거기에 맞는 사람을 써야 한다. 안 맞는 사람에게 그렇게 해보라고 하면 절대 그렇게 되지 않는다. 이것이 이명박 정부의 경제정책이 실패한 가장 큰 원인 중 하나이다. 이명박 정부의 경제정책과 관련해 박재완, 강만수, 나성린, 백용호는 신자유주의적인 사고방식을 갖고 있었다. 굳이 반대편에 있다고 할 수 있는 사람은 곽승준, 조원동 정도에 불과했다.

감세 철회가 성공하기까지

당시 여의도에 〈한겨레〉 기자 출신인 장정수가 운영하던 미래사회연구원에서 조원동(당시 조세연구원장)과 가끔 이야기를 나누곤 했었다. 하루는 조원동 원장이 3페이지짜리 자료를 가지고 왔다. "지금까지 감세를 해왔고, 앞으로 더 한다는데, 앞으로 더 할 것을 안 하면 매년 세수를 3조원 이상 확보할 수 있다. 그것을 복지로 쓰면 아주 유용하게 쓸 수 있다"고 말했다. 나는 그 자료를 정운찬 총리에게 가지고 가서 정책 어젠다로 만들면 좋겠다고 했다. 정운찬은 내 앞에서는 좋다고 하더니, 이명박 대통령에게는 말도 못 꺼냈다. 그래서 결국 내가 최고위원회의에서 감세 이야기를 한 것이다. 이야기를 꺼내고 보니 생각보다 반응이 뜨거웠다. 역시 세금 문제가 반응이 뜨겁다는 게 여기서도 확인이 됐다.

최고위원회의에서 그렇게 주장을 하고 나서 청와대 정책실장과 경제수석, 기재부장관에게 의견을 달라고 했다. 당시 윤증현 기재부장관을 사석에서 만났다. 그때만 해도 윤증현 장관은 장관직에 무척 피로를 느끼고 있는 듯했다. 그는 내 의견에 동감하며 소신껏 하라고 조언해주었다.

최고위원회의에서 추가 감세 철회를 주장하고 난 후 나는 박근혜를 찾아갔다. 본회의장 박근혜 자리에 가서 자료를 보여주며 설명을 하는데, 카메라 플래시가 막 터졌다. 박근혜가 곤란하다는 듯이 "카메라 있잖아요" 하며 불편해 했다. 그래서 "알겠습니다. 자료 드릴 테니 보십시오" 하고 놓고 나왔다. 그게 사진도 나오고 기사도 됐다. 그것도 감세 문제를 이슈화 하는 데 큰 역할을 했다.

2010년 10월 27일 한나라당 최고중진연석회의에서 추가 감세를 다시 주장했다. 그때가 정기국회의 기획재정위원회 법안소위가 열릴 시점이었기 때문이다. 기획재정위원회 법안소위에서 소득세법이나 법인세법에 대해 정리를 한다. 그때 이종구 의원이 법안소위 위원장이자 정책위 부위원장이었다. 그래서 내가 이종구 의원에게 "이제 우리 선거도 치러야 하는데 계속 감세해서 어떻게 선거 치르려고 해. 그게 맞아?" 했더니 이 의원 말이 "조세소위에서 수치상으로는 이견이 있지만 추가 감세를 철회하는 것으로 정리가 되어가고 있다"고 답했다. 나는 이종구 의원과 함께 안상수 대표를 만났다. 전날 교섭단체 대표 연설에서 안 대표는 "한나라당은 명실공히 서민과 중산층을 위한 정당이 되겠다. 개혁적 중도보수로 거듭나겠다. 고소득층까지 아우르는 '보편적 복지'보다 서민과 중산층을 포함한 '70% 복지'를 목표로 선택과 집중을 하겠다"고 선언한 상태였다.

나는 이렇게 말했다. "대표님, 어제 중도개혁 한다고 했잖아요. 그러면 구체적인 게 나와야 합니다. 그래서 제가 추가 감세 철회해야 한다고 하는 겁니다. 지금 기획재정위원회 법안소위 분위기가 어떤지 이종구 의원 이야기를 한번 들어보세요." 이 의원의 이야기를 들은 안 대표는 그럼 그렇게 해보자고 했다. 나는 일이 너무 쉽게 풀리는 것 같아 흥분했다. 바로 문화일보 기자에게 전화해 "안 대표도 감세 철회하겠다고 했다!"라고 전했다. 이 내용은 바로 기사화 됐다. 그랬더니 청와대에서 바로 안 대표에게 항의를 했고, 안 대표는 다시 번복을 했다. 졸지에 내가 일방적인 언론플레이를 한 것처럼 돼버렸다. 그런데 그게 오히려 이슈를 더 키웠다. 법안을 발의하고, 박재완과 강만수 등과 언론을 통해 논쟁을 벌였다. 그러는 가운데 이슈는 계속 커져갔다.

점점 선거가 다가오자 당에서도 감세 철회로 갈 수밖에 없다는 분위기가 형성되었다. 의원들은 피부로 민심을 느낀다. 박근혜도 당초 감세 철회에 대해 부정적이었다. 측근인 최경환과 나성린의 입장이 그랬기 때문이다. 박근혜 눈치를 보는 의원들도 나한테 와서는 내 주장이 맞다며 말하곤 했다. 결국 2011년 6월 16일 의원총회에서 '감세 철회'를 당론으로 결정했고, 그 해 9월 7일 고위 당·정·청 협의에서 그 방향으로 다시 최종 정리했다. 마침내 법인세법 일부 개정안은 2011년 12월 30일 국회를 통과했다.

내친김에
소득세 증세도 주도

감세 철회 문제가 가닥이 잡힌 뒤인 2011년 11월 7일 나는 미국에서 논란이 되고 있는 버핏세를 인용하면서 "소득세 증세를 해야 한다"고 주장했다. 버핏세 논쟁의 시작이었다. 기획재정부에서는 반대하고, 유승민은 찬성했다. 박근혜는 최경환의 입을 빌어서 문제가 있다며 부정적으로 나왔다. 나는 내친 김에 소득세법 개정안을 대표 발의 했다. 그런데 조세소위에서 관철이 안 됐다.

당시는 복지 논쟁이 터져 나오고 박근혜도 경제 민주화 한다고 할 때다. 당연히 증세를 해야 했다. 상징적으로라도 해야 했다. 부자들의 소득세 최고세율을 높여야 하는데, 박근혜가 또 반대했다. 결국 법안소위에서 최종적으로 소득세 증세는 없는 것으로 여야가 합의해 법안이 12월 본회의에 올라왔다. 나는 증세가 필요하고 이왕 할 것이면 한나라당이 주도해서 해야 한다고 생각했다. 그래야 부자 정당이라는 이미지를 불식시킬 수 있는 것 아닌가. 그러던 차에 김성식, 정태근, 조문환 의원 등과 "우리가 본회의장에서 수정안이라도 냅시다"라고 뜻을 모았다. 수정안을 내려면 의원 정족수 30명을 채워야 했다. 그래서 아침 일찍부터 전화를 돌렸다. 그런데 의외로 응원군들이 많았다. 그때는 친이계에서 이탈하는 의원들도 많았을 때다. 이재오, 이상득 눈치 안 보고 빠져나온 인원을 모으니 20명 가까이 됐다.

그런데 공교롭게 10시 반쯤 민주당 정책위의장이던 이용섭에게서 전화가 와서는 "듣자하니 수정안을 낸다고 하는데 같이 냅시다"하고 제안했다. 나는 내 귀를 의심했다. 그래서 "세율에 차이가 있지 않습니까" 했더니 "우리가 맞추겠습니다" 하는 것이었다. 그래서 여야 의원들이 합동으로 50여 명이 수정안을 냈다. 수정안이 들어오니까 황우여 원내대표가 화들짝 놀라 본회의를 중단시켰다. 그런 뒤 의총을 열었다. 의총에서 최경환, 나성린 등이 안 된다고 했다. 정책위 부의장인 나성린은 "이걸 하면 강남 전문직 사람들이 파출부를 쓰다가 못 쓰게 됩니다"는 발언을 해 의원들의 빈축을 사기도 했다. 나는 그날 의총에서 이런 이야기도 했다. "장관들이 하루 내내 만나는 사람이 교수, 공무원, 기업인, 언론인들이다. 서민 만나본 적 있나? 우리는 지역 관리하면서 서민 밀집 지역에 다니다 보면 세 집 걸러 한 집이 실업자다. 남자들은 소주 마시고 있고 여자들이 파출부나 식당에서 일하면서 먹고 사는 집이다. 미안하고 맥 빠져서 못 걸어 다닌다. 그런데 맨날 다 갖춘 사람만 만나는 사람들은 세상이 어떻게 돌아가는지 모른다. 그러니까 저런 발언이 나온다."

의원들은 내 의견에 동조하는 이들이 많았다. 나성린과 황우여가 그날 밤 박근혜를 설득하러 갔다. 박근혜를 만나서 이야기하니까 "내가 그냥 하라고 그랬잖아요" 하고 집에 가버렸다. 그 다음 날 또 의총이 열렸지만, 나는 뜻을 굽히지 않았다. 결국 나성린이 세율을 약간 낮춘 수정안을 냈다. 그러면서 이주영 정책위의장이 의총장에서 "정두언 의원, 이렇게 하면 어떻겠습니까?"라고 물었다. 그래서 김성식, 정태근에게 "내 생각에는 박근혜 체면을 생각해서 저 정도면 받아주자" 했더니 "안 됩니다"라고 했다. 그럼에도 나는

"좋습니다" 했다. 결국 나성린 안으로 재수정안이 나왔고 수정안이 통과됐다. 아이러니컬하게도 의정기록상으로는 내가 아니라 나성린이 대표 발의자가 됐다. 수정안이 본회의에 통과되는 순간 내 머릿속에는 'This is politics!'라는 말이 떠올랐다. 이명박의 반대도 무릅쓰고, 그 막강한 박근혜 비대위원장의 반대도 무릅쓰고, 헌정사상 처음으로 증세안을 한나라당 주도로 야당과 연합해서 통과시킨 것이다. 그런데 당시 이 의미를 제대로 아는 기자들은 거의 없었다.

따지고 보면 나는 국가 주요 정책에 관한 노선 투쟁에서 이명박, 박근혜를 이긴 셈이다. MB 정부의 완강한 반대에도 불구하고 추가 감세 철회를 끝내 관철시켰고, 박근혜 비대위의 반대 방침에도 불구하고 소득세 증세안도 야당의 협조를 끌어내 관철시켰다. 이후 박근혜는 내게 한 번 더 완패했다. 저축은행 사건과 관련하여 내 체포동의안을 처리할 때 박근혜는 (체포동의안을) 처리하라고 하고 지방에 갔다. 나중에 "정두언 의원이 책임져야 한다"고도 했다. 그러나 표결 결과, 여야를 떠난 압도적인 반대로(찬성 74, 불찬성 179) 부결되었기 때문이다.

노선 투쟁을 하다 보면 재미있는 면이 하나 있다. 이슈가 심플한 것 같아도 논쟁을 하다 보면 계속 새로운 논리가 개발되고, 새로운 비유가 떠오른다. 이슈 파이팅이 변화무쌍하게 진화한다. 내 딴에는 설득 논리를 완벽하게 준비했는데도 시간이 지나면 이걸 이렇게 말하면 되겠구나, 이렇게 말하면 상대가 꼼짝 못하겠지 하는 식으로 생각이 진화한다. 그러다 보면 처음에는 아마추어인데 나중에는 전문가가 되어 있는 자신을 발견한다.

04

외고 개혁 등 MB 정부의
주요 정책을 주도하다

외고 개혁의 추진 과정

　　　　　　　사교육 개혁 문제는 MB정권이
내세운 친서민 중도실용 노선에 딱 맞는 정책 과제였다. 서민들의
삶에 가장 큰 부담을 주는 주범이 바로 사교육이기 때문이다. 곽승
준 미래기획위원장이 정책에 관심을 기울이면서 처음 들고 나온
것도 바로 이 사교육 문제였다. 나는 학원 심야 교습시간 규제를 사
교육 개혁의 첫 번째 과제로 하자고 곽승준 위원장, 이주호 교육부
차관과 합의했다. 당시 한나라당 정책위의장은 임태희였다. 그 즈
음 임태희 의장도 미래기획위원회를 방문해 곽승준으로부터 사교
육 개혁 문제와 관련해 브리핑을 받았다. 곽승준은 내게 임태희도
동의했다고 말했다.

　그런데 정작 이 문제를 공개적으로 제기하자 여러 곳에서 반대

가 터져 나왔다. 그러자 임태희는 말을 바꿨다. 당시 이주호는 청와대 교육문화수석을 하다가 그만두고 교육부 차관으로 갔는데, 그는 잠시 그만두게 된 것에 대해 굉장히 고난을 당했다고 생각하고 있었다. 교육계에서 자신을 비판해서 그렇게 되었다면서 반대가 나오는 것을 굉장히 두려워했다. 그래서 반대에 직접적으로 맞서지 않으면서 일을 하려고 했다. 임태희와 이주호가 주춤하니 곽승준과 내가 전면에 나설 수밖에 없었다. 그러다 우여곡절 끝에 지금 시행되는 학원 심야 교습시간 규제(밤 10시까지만 교습 가능)가 확정이 됐다. 결과적으로 좋은 성과를 거뒀다고 생각하고 지금도 자부심을 갖고 있다.

교육부도 아니고, 한나라당도 아니고, 정두언과 곽승준이 정책을 추진했는데 성공할 수 있었던 비결은 무엇일까? 한마디로 민심이 뒷받침됐기 때문이다. 일반 서민 학부모들은 자신들의 고충을 덜어주는 문제가 나오면 적극 찬성한다. 당시 조선일보, 중앙일보, 동아일보도 찬성했다. 교육 이슈는 항상 생각보다 반향이 크다. 대중의 반응이 크다 보니 언론에서도 크게 다루었다.

학원 심야 교습 규제가 이슈가 된 것을 계기로 한나라당에서는 사교육 개혁 TF 팀을 만들었다. 나는 사교육비 절감 7대 방안을 만들어서 발표했다. 한나라당이 만든 TF 팀은 내가 발표한 7대 방안을 그대로 받았다. 위원장이 최구식이었는데 내용을 잘 모르니까 내 안을 그대로 담은 것이다. 그런데 이 안에 외국어고 개혁 문제가 들어 있었다. 나는 7대 방안 중에 외고 개혁이 가장 중요하다고 생각했기 때문에 학원 종사자 간담회, 교사 간담회, 학부모 간담회,

학생 간담회 등을 가지며 줄기차게 이슈 제기를 하던 차였다. 그렇게 군불을 때웠는데도, 마땅한 터닝포인트가 안 나왔다. 그러던 중 국정감사가 2009년 10월 6일 시작되었다.

국감 첫날 오전 질의에서 외고 개혁과 관련해 주로 질의를 한 사람은 이철우 의원이었다. 수학 교사 출신인 그는 현장을 잘 알고 있었고 준비도 많이 해왔다. 교육부장관은 외고 개혁이 파장이 큰 이슈인 만큼 이 의원의 질의에 섣불리 대답을 못하고, 검토해보겠다며 답변을 얼버무렸다. 나는 오후 질의 시간에 보좌진들이 준비한 내용은 뒤로하고, 안병만 교육부 장관에게 외고 문제에 대해 집요하게 물어서 결국 '외고 개혁에 대해 용역을 줘서 연말까지 검토하겠다'는 답변을 얻어냈다.

이 장면을 마침 MBC 백승규 기자가 지켜보고 있었다. 백 기자는 한나라당을 출입하다가 사교육 문제, 특히 외고 문제에 열을 받아서 일부러 교육팀으로 옮긴 상태였다. 그날 MBC는 외고 개혁 문제를 톱뉴스로 보도했다. 그때부터 외고 개혁에 불이 붙었다. 이철우 의원 혼자서 그렇게 했다면 달랐을 것이다. 이명박 정권의 실세라고 알려진 내가 이슈를 제기했기에 뉴스 가치가 높아졌을 것이다.

사교육 기득권의 반발

그 후로 좌충우돌 노이즈 마케팅을 하면서 외고 개혁 이슈가 점점 커졌다. 그런데 조·중·동, 특히 〈조선일보〉가 제동을 걸고 나왔다. 또 외고 쪽과 이른바 SKY 대학에서 반발이 나오면서 기사가 커지기 시작했다. 그러나 목소리 큰

극소수는 반대했으나 일반인 대부분은 당연히 지지했다.

재미있는 에피소드가 하나 생각난다. 하루는 아침에 방송 인터뷰를 하는데 "외고가 사교육과 무슨 관계가 있느냐? 사교육의 주범이라고 하는데 근거가 뭐냐?"라는 질문이 나왔다. 나는 "어제 여의도에 전국학원연합회 사람들 5만 명이 모여 데모를 했다고 한다. 이게 바로 증거 아니냐. 사교육이 어려워지니까 반대하는 것 아니냐" 이렇게 대답했다.

또 어처구니가 없었던 것은 교총에서 반대하고 나선 점이다. 교총 회장이 TV토론에서 외고 개혁에 반대하는 쪽 패널로 나왔다. 교총은 일반 교사들이 주축인데 그들을 대표하는 교총 회장이 반대한다는 것이 이해가 되지 않았다. 조·중·동은 교총 회장의 말을 인용해 마치 전 교육계가 반대하는 것처럼 1면에 기사를 올리곤 했다. 당시 교총 회장이 서울시 교육감에 출마한다고 준비하고 있을 때였다. 나는 이주호에게 이야기해서 교사들 자료를 달라고 했다. 교사들을 상대로 1000만 원 가량의 비용을 들여서 여론조사를 했더니, 교사들은 외고 개혁에 대해서 90% 이상이 찬성한다는 결과가 나왔다. 일반인보다도 찬성 비율이 더 높았다.

내가 외고 개혁에 대해서 토론회를 하면 교총에서는 가급적 사람을 안 보내려고 했다. 토론회 모양을 갖추기 위해 억지로 오게 하면 와서 엉뚱한 소리를 했다. 토론회가 끝나고 내 방에서 간담회를 하던 중에 교총에서 온 실장에게 물었다. "여론조사 했더니 교사 대부분이 찬성인데 왜 교총은 반대합니까?" 교총 실장은 "저희들 조사 결과는 안 그렇습니다"라고 했다. 그래서 "무슨 조사냐, 언제,

어느 기관에서 조사를 한 것이냐?" 다시 물었더니 대답을 못 했다. 그래서 "그럼 돈은 내가 낼 테니 공동으로 조사하자. 조사 기관도 교총에서 정하라"고 해도 대답을 안 했다. 결국 교사들을 대상으로 한 조사 결과를 언론에 알렸다. 외고 개혁과 관련해 이철우 의원이 준비를 많이 했는데 나만 부각됐기 때문에 그를 배려하기 위해 이철우 의원 명의로 발표했다. 그럼 왜 교총은 외고 개혁에 반대를 했던 것일까? 그것은 교총과 사교육과의 밀접한 관계 때문이다. 교총 회장으로 출마할 때 주로 어디서 시원을 받는지, 그리고 그가 교육감으로 출마할 때 주로 어디서 후원을 받는지를 생각해보면 답이 나올 것이다.

편견과 고정관념의 반발

　　　　　　　외고 개혁과 관련해서는 〈조선일보〉 칼럼도 생각난다. 조선일보는 2009년 12월 24일자 1면에 외고 문제에 대한 기사를 쓰면서 나를 비판했다. 그 기사에 동의할 수 없었던 나는 조선일보에 전화를 해서 내게도 발언권을 달라고 요구했다. 처음에는 핑계를 대면서 거부하더니 결국 '편집자에게'라는 난을 내줬다. 나는 조선일보에 2009년 12월 29일 '외고 독점체제가 교육시장을 왜곡한다'라는 칼럼을 썼다. 마침 그날 저녁 양상훈 정치부장의 상가에 문상을 가서 앉아 있는데, 방상훈 조선일보 사장이 들어와서 방 사장과 내가 마주앉게 됐다. 조선일보 논설위원, 편집국장이 다 있었는데, 방상훈 사장이 "외고 때문에 정두언 의원을 욕하고 다녔는데, 오늘 칼럼 읽어보니까 정두언 의원 말이 맞던데요?" 그랬다. 나는 기자들에게 "여러분 지금 사장님 말씀 들었죠?"라며 쾌재를 불렀다.

개혁이라는 게 결국 기득권과의 싸움인데, 개혁이 어려운 것은 기득권의 반발 때문이다. 그런데 그것보다 더 큰 개혁의 장애는 잘못된 편견과 고정관념이다. 그게 기득권의 반발보다 더 싸우기 어렵다. 외고가 교육 경쟁을 위한 학교라는 편견 때문에 조선일보 기자라는 똑똑하고 잘난 사람들이 외고를 두둔하고 있었던 것이다. 외고는 경쟁을 저해하는 학교이다. 경쟁은 전체 학생들이 경쟁해야지 공부 잘하는 애들만 모아서 경쟁을 시키는 것은 독과점이다. 더구나 학교와 교사들은 경쟁하지 않으면서 학생들만 경쟁시키는 것은 우리나라에만 있는 일일 것이다. 외고 같은 학교는 역사상 없었고 지구 상에도 없는 해괴망측한 학교다. 경쟁도 교육 경쟁이 아니라 선발 경쟁을 하고 있다.

당시 조선일보 교육팀장이 선두에 서서 나를 비판했다. 그런데 2014년 그가 특목고에 대해 칼럼을 썼다. 외고는 잘못된 학교고, 그 후에 외고 입시 학원이 한산해졌는데, 이주호가 만든 자사고가 외고 자리를 대체하고 있다며 자사고를 비판하는 내용의 칼럼이었다. 그래서 내가 그에게 전화를 해서 기사 잘 봤다고 했더니, "그때 사실 정 의원 말을 잘 이해 못했는데, 정 의원 말이 맞았고, 열심히 잘 싸우셨다"라고 했다.

우리가 추구해야 할 것은 수월성 교육이지, 수월성 선발이 아니다. 당시 내가 앞장서서 외고 개혁을 주장하니 야당에서 굉장히 곤

외고 독점체제가 교육시장 왜곡

정두언

이명박 정부가 자율과 경쟁을 지향하면서 외고를 규제하는 것은 모순이라는 주장이 있다. '하나는 알고 둘은 모른다'는 말이 이럴 때 쓰는 말이다. 자율과 경쟁의 적은 하나가 규제라면 둘은 독과점이다. 경제학의 기본이다. 규제가 분명한 적이라면 독과점은 불분명한 적이다. 그래서 후자가 더 폐해가 크고 시정이 어렵다. 외고가 딱 그런 꼴이다.

외고는 독점 중에서도 가장 악성이다. 탈법 특혜성 독점이기 때문이다. 외고는 설립 목적과 전혀 다르게 운영되고 있는데도 이를 방치하고 있고, 일반고는 손발을 묶어놓고 외고 등에만 선발권을 주고 있다. 외고가 성적 우수자를 싹쓸이하다 보니 일반고들은 타의에 의해 대부분 삼류고로 전락하고 만다.

과거 평준화 이전의 명문고들은 교육 경쟁으로 일류가 된 것인데, 우리는 마치 선발권을 주어서 일류가 된 걸로 착각하고 있다. 당시는 모든 학교가 선발권을 가지고 있었기 때문이다. 이렇듯 외고의 독점체제는 평준화 규제 이상으로 교육시장을 왜곡시켰고, 그 결과 온 나라가 사교육 광풍에 빠져버린 것이다. 하지만 교육시장의 왜곡을 시정하기 위해서 지금 당장 평준화 조치를 풀고 모든 학교에 선발권을 주는 것은 너무 충격과 부담이 크다. 그래서 일반학교에 고교선택제를 시행하고, 자율형사립고 등 다양한 학교를 신설하는 등 단계적으로 규제를 풀 수밖에 없다. 그리고 앞서 얘기했듯이 이와 반드시 병행해야 하는 것이 외고의 독점체제를 깨는 것이다.

물론 독과점을 깨는 것도 단계적으로 가야 한다. 외고가 설립 목적대로 운영된다면 모든 문제가 해결된다. 이게 싫다면 민족사관고와 같은 자립형사립고처럼 하면 된다. 재단이 매년 학생 납입금의 25%를 투자해서 사교육이 필요없는 우수한 교육경쟁을 하라는 말이다.

외고생의 사교육비는 일반고보다 두 배 이상이다. 그런데 지금 외고는 등록금은 일반고보다 세 배 많이 받으면서 재단이 아무런 투자를 안 하고 있다. 외고가 독점권을 남용하여 우수 학생만 뽑아놓았지 교육 경쟁에서 우수하다는 증거는 그 어디에도 없다. 매년 학생 납입금의 3~5%를 투자하는 자율형사립고도 내신 50% 이상에서 선지원 후추첨 방식으로 선발권을 제약하고 있다. 외고에 자율형사립고 정도의 선발권을 주어도 아직도 특혜라 할 수 있다.

그런데 선행학습을 조장하여 사교육을 유발케 한 죄(?)가 있는 외고에 벌은커녕 자율형사립고 이상의 이런 터무니없는 특권을 계속 주어야 하는 이유가 무엇인가. 공정하지 않은 자율과 경쟁으로는 사교육을 유발하는 교육시장의 왜곡현상은 결코 시정되지 않을 것이다.

국회의원(한나라당)

외고 개혁을 반대하던 보수 언론의 입장을 선회시키는 역할을 한 기고문

(조선일보 2009년 12월 29일)

혹스러워했다. 자신들의 어젠다를 내게 빼앗겨버렸기 때문이다. 심지어 조국 서울대 교수와 오연호 오마이뉴스 대표가 쓴《진보집권플랜: 오연호가 묻고 조국이 답하다》라는 책에는 '수구·보수 세력의 정치적 집합체인 한나라당 소속의 정두언 의원도 외고 폐지를 과감히 주장하는데, 스스로 진보 개혁 세력이라고 여기는 386 정치인이나 386 생활인들은 그것에 대한 목소리를 뚜렷하게 내지 못했다. 상상력이 빈곤해지고 관리자 모드로 들어가면 당연히 의제 설정의 주도권을 뺏기게 된다'라고 나와 있다.

질시에 의한 반발

이 과정에서 이런 일도 있었다. MB가 외국 방문길에 올랐을 때 박형준과 통화를 하던 중 "외고 문제가 왜 이렇게 시끄러운거지?"라고 물어보았다고 한다. 박형준은 "사실 외고는 그렇게 해야 하는 겁니다. 그게 친서민입니다"라고 이야기했다. 그랬더니 MB가 "그럼 우리가 주도적으로 해야지 왜 끌려가듯이 하느냐"면서 들어가서 이야기하자고 했다. MB가 귀국한 후 외고 개혁 관련 서별관 회의가 열렸다. 교과부도 내 의견을 받아들이는 것으로 정리가 되자, 서별관 회의 내용이 어느 매체에 보도됐다. 다음 날 수석비서관 회의에서도 MB가 "이왕 할 것이면 정부가 주도적으로 하라"고 정리를 했다. 그런데 L수석이 회의실에서 나오자마자 전혀 엉뚱한 이야기를 했다. MB가 포퓰리즘을 경계하라고 했다는 것이었다. 서별관 회의 기사와 L수석발 기사가 상충됐다. 그래서 뭐가 맞느냐 하면서 오전 내내 청와대가 시끄러웠다. 확인을 해보니 L수석이 일부러 그렇게 한 것이었다. 결국 오후에 L수석이 스스로 나와서 바로잡았다. 개혁이 어려운 첫 번째 이유는 기득권의 반발, 두 번째는 잘못된 고정관념과 편견. 그리고 세번째는 개인적인 질시 때문이다. 누군가의 정치적인 성과가 부각되면, 배가 아파서 일이 안 되게 하는 사람들이 나타나는 법이다.

<u>외고 최후의 저항으로 인한
절반의 성공</u>   드디어 정부 입장이 확정되고 이주호 차관 주도로 외고 개혁을 위한 정부 용역이 발주되었다. 그런데 막판 걸림돌이 안병만 장관이었다. 외국어대학교 총장 시절 외고를 만든 안병만 장관은 정정길 대통령 비서실장의 후배인데, 정실장은 안 장관에게 오더를 내려서 외고 폐지를 막으라고 했다고 한다.

그래서 이주호가 트릭을 써서 두 가지 안을 만들었다. 하나는 외고를 포기하고 자사고나 일반고로 전환하는 안, 두 번째는 외고를 살리는 대신 내실화하는 안이었다. 두 번째 안이 트릭인 것은 외고를 내실화하는 방안으로 학급당 학생 수를 3분의 2로 줄이는 것이었는데, 이렇게 되면 학교 운영이 안 되니 일반고로 가든지 자사고로 가든지 해야 했다. 내용상으로 본다면 둘 다 없애는 방안이었다. 왜 차관이 트릭을 썼겠나. 장관의 반대 때문이다. 장관은 뭔지도 모르고 결국 2안으로 정리가 됐다. 발표가 되니까 외고에서 난리가 났다.

한나라당 TF 팀에서 회의를 하는데 이군현 의원이 오더니 학급당 학생 수를 올려야 한다고 했다. 그는 원래 교총 회장 출신이다. 이상하게도 대부분 의원들도 그에 동조를 했다. 결국 학급당 학생 수를 다시 올리게 됐다.

나는 이왕 여기까지 왔는데 이렇게 결론이 나면 안 되겠다는 생각에 대통령 면담을 신청했다. 그래서 청와대에서 대통령을 일대일로 만났다. 늘 그렇지만 대통령을 만나면 이야기가 산으로 간다. 대통령 이야기를 다 들어주다가 시계를 보니까 면담시간이 10분 정도밖에 안 남았다. 그래서 내가 "외고 문제는…"이라고 이야기를 꺼냈더니 "외고? 그것 천천히 해도 되잖아?" 이러다가 끝났다. 외고를 없애는 대신, 입시를 없애고 중학교 1, 2학년 영어 내신만으로 선발하도록 해 특목고 입시학원들을 유명무실하게 만들어버렸다. 결국 외고 개혁은 절반의 성공으로 끝났다. 그리하여 외고는 막판에 간신히 살아났다.

이명박 정부 때 사람들은 'MB가 문제다'고 하면, '그래도 대통령이 일은 열심히 하잖아'라고 말하곤 했다. 그러면 다들 '그건 그렇지'라고 했는데, 내 생각은 그렇지 않다. 대통령이 일을 열심히 하면 절대 안 된다.

대통령이 일을 열심히 한다는 것은 많은 일을 한다는 뜻이다. 일이라는 것은 많은 이해관계가 걸려 있기에 대통령이 그 내용을 다 알려면 너무 많은 시간이 필요하다. 그런 정보를 얻으려면 두세 시간씩 몇 번을 설명해야 한다. 그런데 한 가지 안건을 대통령에게 그렇게 오래 설명할 수가 없다. 결국 대통령은 대부분 내용을 잘 모르는 가운데 결정을 내린다. 잘 모르고 결정하다 보니 엉뚱한 방향으로 결정하기 십상이다. 나는 대통령에게 교과부의 외고 개혁안은 외고 측으로부터 로비 받은 사람들 때문에 왜곡된 것이라는 이야기를 하고 싶었는데 그 이야기를 할 시간이 없었다.

대부분의 정책 결정은 대통령이 아니라 장관, 차관, 국장이 해야 한다. 위임전결 규정이 왜 있나. 우리나라는 위임전결 규정이 다 형식적이다. 모든 것을 장관, 대통령이 결정한다. 그러니 아랫사람들이 책임을 안 지려고 하는 것이다. "그때 다 보고했잖아요" 이런 식이다.

이런 일도 있었다. MB 정부 들어서 학자금 융자 정책을 의욕적으로 내놨는데, 활용이 저조했다. 그때도 몇 차례 개선을 하자고 해서 한나라당에서 조찬을 하며 당정회의를 했다. 다른 회의 때문에 늦게 참석해 결론을 들어보니 학자금 융자를 받으려면 B학점 이상이어야 한다는 기준을 만들었다고 한다. 그러면 그 돈은 융자이지 장학금이 아니지 않나. 나중에 갚으라는 돈인데 왜 학점을 따지는 것일까 하는 생각이 들었다. 학자금을 내기 힘든 학생들은 알바를 몇 개씩 해야 하니 학점이 좋을 수 없다. B학점으로 하면 정작 힘든 학생들은 제도를 활용할 수 없을 것이다. 그래서 나는 C학점으로 내려야 한다는 생각이었다.

교과부 실장으로 있는 선배에게 "학자금 융자 왜 이렇게 됐어요?" 하고 물었더니 귓속말로 "대통령이 그대로 하라고 그랬어요"라고 했다. 내가 "대통령이 그런 것까지 일일이 지시를 해요?"라고 소리치니 모든 사람이 쳐다보았다.

우리나라는 그런 것까지 대통령이 결정하는 나라다. 그러니까 모든 일에 시간이 걸릴 뿐 아니라 왜곡되기 쉽다. 대통령이 일을 많이 하면 절대 안 되는 이유가 이것이다. 파악할 시간이 많은 장관, 차관, 국장이 결정하면 된다. 대통령은 어떤 일에 도사리고 있는 암수를 모른다. 그러니까 그 중요한 외고 개혁 문제도 "천천히 하지 뭐"이러고 끝내버리는 것이다.

정태근도, 대통령이 해야 할 일과 다른 사람이 해야 할 일이 있는데, 노무현 때부터 MB, 박근혜 정부로 오면서 대통령이 해야 할 큰일은 안 하고 대통령이 하지 말아야 할 소소한 일, 특히 대통령이 할 필요가 없는 일을 하는 경향이 짙어졌다고 말했다. 대통령이 되고 나니까 모든 일에 관여하고 싶어 하는 것이다. 대통령 스스로는 보고받고 체크하고 하니까 열심히 일하는 것 같다고 느끼는데, 국민들이 보기엔 전혀 의미가 없는 일이 많다고 평가했다.

행정고시 폐지 철회

2010년 8월 12일 맹형규 행정안전부 장관은 행정고시 폐지를 들고 나왔다. 공직사회의 진입장벽을 무너뜨리고, 공직 문호를 열어놓는다는 취지였다. 발표 당시 맹형규는 마치 한 건 했다는 표정이었다. 나는 최고위원회의에서 행시 폐지 철회를 강력히 주장했다. 이 문제를 둘러싸고 옥신각신하다가 결정적인 순간에 유명환 외무부장관 딸의 특채 사건이 터지면서 한방에 정리가 됐다. 그것 봐라, 폐지하면 저렇게 된다는 사례가 나타난 것이다. 이후 정부는 당정회의를 거친 후 행시 폐지안을 백지화하겠다고 발표했다.

동남권 신공항 백지화

동남권 신공항 문제 또한 대통령 공약 사항이라 정부에서 외부 용역을 통해 검토한 후 발표를 앞두고 있었다. 내가 대정부질문 때 신공항 공약의 철회를 주장하겠다고 했더니 보좌진이 다 반대했다. 대통령 공약 사항이기도 하지만, 그것보다도 앞으로 전당대회를 치를 경우 영남의 지지도 받아야 하는데, 신공항 공약 철회를 하면 표가 다 날아간다는 것이었다. 그럼에도 나는 대정부질문에서 질의를 했고, 역시 뜨거운 논쟁을 불러일으켰다. 그러나 결국 정부는 나의 주장대로 신공항 백지화를 공식화했다.

당연히 부산과 대구에서 난리가 났다. 항의하는 이들을 실은 버스도 올라왔다. 나는 그 전에 이미 대구 100인 포럼에서 강연하기로 약속이 되어 있어서 대구를 가야 하나 말아야 하나 고민했다. 가기로 결심하고 대구에 가서 택시에서 내리는데, 강연장 입구에 등산복을 입은 사람들이 나를 손보겠다고 기다리고 있었다. 흉흉한 분위기 속에서 강연을 시작한 나는 정공법으로 돌파했다. 내가 그동안 정치적으로 어려웠던 이야기부터 시작해서 내가 왜 이런 주장을 하는지 소신껏 호소했다. 그리고 결국 참석자들로부터 박수를 받으며 강연을 끝냈다. 마침 조선일보 기자가 따라와서 기사를 써서, 혈혈단신으로 적지에 들어가서 반발을 잠재운 이야기가 보도됐다. 매일신문 등 지역신문은 대구에는 정두언 같은 국회의원이 왜 없느냐는 사설도 썼다.

원자력안전위원회
산파역을 하다

내가 MB 정권 때 정책적으로 관심을 가졌던 것 중 하나는 원자력 안전성 문제였다. 2008년 하반기 원자력 전문가인 경희대 황주호 교수가 찾아와서 원자력의 이용 개발과 안전 규제가 분리되어야 하는데 우리나라는 그게 안 되어 있다고 했다. 국제 규범에도 분리하도록 되어 있는데 그렇다는 것이었다. "그래? 그럼 바로잡아야지!" 마침 나는 교육과학기술위원회에 속해 있었다. 그래서 2008년 10월 1일 '원자력 사용의 미래, 과연 순조로운가'라는 주제로 토론회를 열었다. 그 후 의원실에서 외부에 용역을 줘서 12월에 '안전 규제 체제 독립 방안' 정책보고서도 만들었다. 언론에 기고도 하면서 이슈를 만들려고 노력했는데 잘 안 됐다. 그 이유는 주무부처인 교과부가 강력 반대했고, 곳곳에 반대 세력이 쫙 깔려 있었기 때문이다. 나는 여러 차례 세미나도 하고 간담회를 가지며 왜 반대를 하는지 들어보았으나 이해가 안 됐다. '이러이러해서 하면 안 된다'가 아니라 '꼭 지금 안 해도 됩니다'가 반대하는 이유였다. 꼭 지금 안 해도 되는 것이 반대 이유면 지금 하면 되는 것 아닌가. 나로서는 이해할 수가 없었다. 그래서 국회에서 7월에 정태근과 함께 이에 관한 법안을 대표 발의했다.

그때 반대파들의 핵심이 교과부 원자력 국장과 원자력안전기술연구원장이었다. 국회 국정감사 때 대덕 원자력안전연구원에 가서 원자력 안전 체제의 문제점을 지적했으나 정부, 학계, 업계 모두가 완강히 반대를 했다. 그렇게 공전되다가 급기야 장관과 저녁을 먹으면서 설득을 했다. 내가 "결과적으로 공무원들 밥그릇 지키기 하는 것입니다" 했더니 장관이 "교과부 일이 너무 많아서요. 더 줄였으면 좋겠어요" 그랬다. 자기는 그렇게 하겠다는 것이었다. 그런데 막상 상임위 때 이야기하면 다른 소리를 했다. 공무원들 이야기에 다시 넘어간 것이다.

그러다가 2011년 3월 11일 후쿠시마 원전 사고가 터졌다. 청와대에서 난리가 나 2011년 3월 25일 당정 협의를 했다. 대통령이 우리나라는 왜 안전에 대한 독립기구가 없냐고 질타를 해서 결국 내가 낸 법안이 햇빛을 봤다. 안상수 한나라당 대표는 "정두언 최고위원은 선견지명이 있네요"라고 했다. 이 법이 통과되고 2년이 지나 안전위원회를 신설하는데 듣자 하니 위원장은 서울대 원로교수가 됐고, 부위원장에는 그동안 줄곧 반대하던 원자력안전기술연구원장이 내정되었다는 얘길 들었다. 그해 국감에서 "원장은 2년 전 국감 때 분리하면 안 된다고 반대하더니, 이번에 원자력안전위의 부위원장으로 내정되었다는데 맞습니까?" 했더니 자기는 그렇게 말한 적이 없다고 했다. 그래서 속기록을 찾아 봤더니 그렇게 이야기한 것으로 나와 있었다. 그런데도 자기는 그런 취지로 이야기하지 않았다고 했다. 나는 화가 나서 유명희 청와대 미래수석에게 전화해 그를 위증죄로 고소하겠다고 했다. 그랬더니 이미 내정을 한 상태라며 뛰어와 내게 참아달라고 통사정을 했다. 나중에 알고 보니 그는 임태희 비서실장의 경동고 선배였다. 세상은 이렇게 돌아가는 것이다. 이들은 왜 그렇게 반대를 했을까? 당시에는 정말 미스터리였다.

그런데 2013년에 원자력 비리 사건이 잇따라 터졌다. 원자력 비리가 어제오늘 일이 아닌데 왜 안전위원회가 생기고 난 이후에야 터졌을까? 그동안은 정부, 학계, 업계가 모두 한 생태계 안에서 이해관계가 얽혀 있으니까 서로 봐주며 쉬쉬하다가, 이용 개발과 안전 규제가 분리되니 이제야 책임 소재가 분명해진 것이다. 그제야 그동안 이들이 왜 그토록 반대했는지 이해가 됐다. 원자력안전위원회는 후쿠시마 사건이 터지지 않았으면 우리나라에서도 큰 사고가 터지고 난 뒤에야 만들어졌을 공산이 크다.

05

저축은행 구속사건의
전말

살다 보니 이런 일이…

〔무죄 확정 후 국회본회의 신상 발언〕

존경하는 의장님, 그리고 선배 동료 의원 여러분!

잠시 화면을 봐주시기 바랍니다.

"그래서 저는 저에 대한 이 부당한 짜 맞추기 표적 수사, 물타기 수사에 대해 당당히 맞서 반드시 진실을 밝힐 것입니다. 물론 외롭고 험한 길이겠지만 반드시 승리하여 대한민국 국회의 자존심을 살리고 자유민주주의의 대의를 지키겠습니다."

2년여 전 여러분들은 여야를 떠나 압도적인 표차로 제 체포동의안을 부결시켜 주셨습니다. 그러나 그 후 저는 결국 법정구속이 되어 열 달을 감옥에 갇혀 있었지만, 이제 저를 믿어주신 여러분을 실망시켜 드리지 않고 이 자리에 다시 서게 된 것이 너무도 기쁘고 감사합니다.

여러분, 대한민국에서 사람들이 책을 가장 많이 보고 있는 건물이 어딘지 아십니까? 국립중앙도서관? 아닙니다. 제가 있던 의왕 국립 기도원입니다. 그곳에서는 하루 종일 책을 보고, 생각을 하는 게 일입니다. 저도 거기에서 꽤 많은 책을 봤습니다. 누가 그중에 베스트를 꼽아보라고 하더군요. 그럴 때마다 저는 두말 않고 이 책 《권력의 조건》을 듭니다. 다큐멘터리식으로 쓴 링컨의 평전이지요. 우리는 링컨이 매우 훌륭한 위인이라고 알고 있지만 사실 왜 그런지는 정작 잘 모르고 있다고 봅니다. 저는 이 책을 보고서야 비로소 링컨이 왜 훌륭한 지를 알게 되었습니다.

링컨은 연방 하원의원 초선 경력의 초라한 정치인이었습니다. 학력도 가문도 재력도 다 별 볼 일 없었지요. 그런 그가 쟁쟁한 공화당 스타들을 물리치고 대통령 후보가 되고 대통령까지 당선이 됩니다. 그때 그와 경쟁을 벌였던 라이벌들은 '저런 자가 대통령이라니' 하며 다 이민을 가고 싶었을 겁니다. 그러나 링컨은 그런 그들을 집요하게 설득하여 모두 내각으로 끌어들입니다. 하지만 차기를 꿈꾸는 그들은 모두 링컨에 호락호락하지 않습니다. 국무회의는 늘 난장판에 가깝게 난상토론이 벌어지고, 장관들은 자신의 입장과 소신을 굽히지 않습니다. 그런데 대통령 링컨이 밤에 주로 하는 일이 무언지 아십니까. 예고도 없이 장관들 집을 찾아가 저녁을 먹는 겁니다. 거기서 그는 장관들을 끈질기게 설득하여 동의를 얻어내거나 아니면 장관의 의견을 받아들입니다. 이게 지금으로부터 150년 전에 링컨이 한 일입니다. 나중에 그의 라이벌들 모두가 링컨을 진정으로 사랑하고 존경하게 됩니다. 링컨의 훌륭함은 두 마디로 요약됩니다. 바로 '관용과 인내'입니다.

저는 링컨의 전기를 읽으며 저 자신을 돌아보았습니다. 저의 정치 인생 아니 저의 인생 전체를 그와 비교해 보면 바로 '불관용과 불인내'더군요. 참 한심하지요. 그동안 제 딴에는 용기를 가지고 할 말 하고, 할 일을 한다고 했는데 언론을 비롯해 주변은 늘 그런 저를 권력 투쟁으로 몰고 갔습니다. 정말 억울하고 답답했었습니다. 하지만 곰곰 반성해보니 저의 언행에는 늘 경멸과 증오가 깔려 있었음을 인정하지 않을 수 없더군요. 그러니 그렇게 받아들여질 수밖에 없었겠지요.

그것뿐 아닙니다. 그곳은 시간만큼은 부자인 곳이라서 많은 생각을 하게 됩니다. 그런데 어쩌면 그렇게 지난 날 잘못한 일들이 많이 떠오르는지요. 나중에는 내가 여기에서 이러고 있어도 싸다는 생각이 들더군요. 저는 제게 성찰의 기회를 준 고난의 시간들이 제게 축복이었다고 믿습니다.

살다가 한꺼번에 모든 것을 다 빼앗기고 보니 그동안 가지고 있던 것들이 그렇게 소중할 수가 없더군요. 국회의원이란 자리도 마찬가지지요. 앞으로 이 귀한 자리를 정말 귀하게 사랑으로 쓸 수 있도록 선배 동료 의원 여러분들의 계속적인 지도편달 부탁드립니다. 경청해주셔서 감사합니다.

2014년 12월 9일

2012년 4월 제19대 국회의원 선거가 끝났다. 선거는 늘 전쟁이다. 심신이 지쳤던 나에게는 휴식이 필요했다. 재충전을 위해 아내와 북유럽으로 미술관·박물관 기행을 떠났다. 오래전부터 별렀던 일이었지만 비행기를 타는 마음이 편치는 않았다. 병원에서 요양 중이신 어머니의 상태가 좋지 않았기 때문이다. 하지만 어제오늘 일도 아니기에 일단 떠나기로 했다. 아니나 다를까. 덴마크에서 노르웨이로 넘어가는데 형에게서 빨리 들어오라는 전화가 왔다. 남은 일정을 생략하고 부랴부랴 귀국길에 올랐다. 덴마크 코펜하겐에서 독일 프랑크푸르트로 갔는데, 프랑크푸르트 공항에 도착했을 때 어머니가 돌아가셨다는 형의 문자를 받았다. 6월 22일이었다. 다리가 접혀지면서 허망함이 밀려왔다.

어머니 상을 치르고 삼우제가 끝난 날 저녁, 술에 취해 자고 있는데 〈조선일보〉 기자로부터 전화가 걸려왔다. 잠결에 전화를 받으며 시계를 보니 밤 11시가 조금 넘은 시각이었다. "내일 아침 신문에 검찰에서 정 의원을 저축은행 사건으로 수사할 것이라고 나오는데 어떻게 된 것이냐?"는 것이었다. 순간적으로 이상하다는 생각은 들었지만 심각하게 생각하지는 않았다. '임석 솔로몬저축은행 회장을 이상득에게 소개시켜준 기억밖에 없는데 왜 나를 수사하지? 참고인으로 조사하려고 하나?' 그렇게만 생각했다. 그런데 아침 신문 기사를 봤더니 1면 톱으로 나를 수사할 계획이라는 기사가 보도됐다. 정신이 번쩍 들었다. 무언가 조짐이 좋지 않았다. 그런데 도대체 기억이 나지 않았다. 어떻게 된 것인지 점검을 해야 했다. 내용을 알 만한 사람은 내 비서관으로 있던 김봉현이었다. 보좌관에게 김 비서관을 수소문하라고 했더니 경주 처갓집에 가 있었다. 김 비서관과 통화한 보좌관은 "김 비서관이 그때 돈을 돌려준 기억이 있으니 의원님은 걱정 안 하셔도 된다고 했다"라고 보고했다. "그럼 그렇지!" 하면서 안심했다. 7월 2일 의원총회에 참석한 나는 신상 발언을 통해 "대선 과정에서 오해 살 부분이 있었는데, 파악해 당사자를 찾아냈고 확인까지 했다. 삼척동자도 이해할 수 있게 해명할 준비가 되어 있다. 나는 떳떳하다"고 말했다.

당시 이상득이 구속된 것은 불가피한 측면이 있었다. 저축은행 사건이 터질 줄 누가 알았겠는가? 수사를 하다 보면 예기치 못한 것들이 튀어나온다. 검찰도 어떤 사안에 대해 조사할 때 그 건과 관련되어 있는 정관계 고위 인사를 이야기해 주면 구형을 할 때 참작하겠다고 말하는 경우가 많다고 들었다. 이상득이 저축은행과 관련이 있었기에 이름이 나올 수밖에 없었을 것이다. 하지만 한편으로는 내가 '이상득 구속'을 이끈 측면도 있다. 왜냐? 저축은행들이 잇따라 쓰러질 때도 솔로몬저축은행은 1차, 2차 퇴출 대상에서 빠지고 퇴출되지 않았다. 저축은행이 부도가 나면 갖다 안길 곳이 필요했기 때문이다. 피해자들에게 보상을 해줘야 하니 쓰러진 저축은행들을 인수할 곳이 있어야 했다. 솔로몬저축은행 임석 회장은 빠져나간 게 아니라 쓰러진 저축은행들을 떠안기기 위해 남겨놓은 것이었다. 하지만 결국 부동산 가격이 하락하면서 담보 가치가 떨어지고 BIS 비율을 못 맞추면서 솔로몬저축은행도 퇴출될 수밖에 없었다.

영업정지 대상 저축은행 3차 조사 결과가 발표되기 직전에 나는 권혁세 금감원장을 비롯해 조원동 등 친구들과 저녁을 먹었다. 금 감원 조사 결과를 일요일 날 발표한다기에 권 원장에게 솔로몬도 들어가는지 물어봤더니 대답을 안 했다. 나는 "솔로몬은 이상득이 봐줘서 계속 살아났다던데 만약 그런 것이면 나중에 혼난다"고 말했다. "이상득 때문에 봐준다고 하는데 조심해. 그러다가 네가 온전치 못할 수 있다"고 주의를 준 것이다.

오래전에 임석 회장이 나를 찾아와 자기가 옛날에 이상득한테 돈을 줬다는 이야기를 했다. 내 귀에는 협박으로 들렸다. 이상득에게 직접 할 수 없으니 나를 통해서 협박을 하고 있다고 느꼈다. 그래서 이상득에게 전달을 할까 말까 고민하다가 전달하는 것이 맞다는 생각이 들어 이상득의 보좌관인 문성곤을 불러서 임석이 한 이야기를 전했다. 그런데 얼마 뒤 전화를 걸어 온 문 보좌관은 "(이상득이) 전혀 상관없으니 걱정하지 말라"고 했다. 나는 문성곤에게 화를 내며 "그래? 알았어. 그럼 앞으로 알아서 하시라고 해!"라고 말했다. 나는 내 할 도리를 다 했다고 생각했다. 사안을 알려줬는데 아무 관련이 없다고 하니 어쩌겠는가.

나는 기자들과 사석에서 그 이야기를 공개했다. "임석이 찾아와서 (이런저런) 이야기를 해서 이상득에게 알렸더니 아무 문제가 없다더라." 당연히 그 이야기는 여의도에 회자되고, 증권가로 가고 검찰 정보망에도 포착됐을 것이다. 청와대 친인척 문제 담당자에게도 전화를 했다. 임석이 이렇게 말하는데 담당이 모르고 있으면 나중에 큰일 나니 파악을 해놓으라는 취지에서였다. 나중에 보니 그는 금감원 출신 국정원 직원을 불러서, 확인하는 등 나름대로 사안을 파악했다. 내가 솔로몬저축은행과 관련해 무언가 찜찜한 구석이 있었다면 이렇게 했을까? 나부터 솔로몬저축은행을 구제하려고 하고, 덮으려고 쉬쉬했을 것이다. 오히려 솔로몬저축은행을 왜 안 날리냐고 했으니 판을 키워놓고 내가 당한 셈이다.

여야를 막론 압도적 표차로
부결된 체포동의안 　　　　　　　7월 2일 의원총회에서 신상 발언을 한 다음 날 검찰에서 변호사를 통해 연락이 왔다. 5일 날 출두할 것인가, 6일 날 출두할 것인가를 묻는 전화였다. 나는 하루라도 빨리 가자고 했다. 빨리 가서 해명하고 싶었다. 나는 7월 5일 출두하여 조사를 받았다. 그러나 영장은 발부됐고, 7월 9일 결국 체포동의안이 국회로 왔다. 체포동의안이 처리되는 본회의는 11일 열렸다. 이한구 원내대표는 가결되는 게 정상이라고 말했다. 나는 착잡했다. 표결하기 전 주말, 나는 군 복무 중인 아들을 면회했다. 아들은 "아빠 명예는 손상이 됐네. 어떻게 하시려고요?" 물었다. 나는 "아빠 국회의원 그만두려고 하는데?" 그랬다. 아들은 "그러시죠" 하고 쿨하게 답했다. 그때 나는 욱 하는 심정에서 국회의원 지위를 내려놓고 수사를 받을 생각이었다. 안 좋은 버릇이지만 나는 가끔 욱한다.

당시 나는 친구가 운영하던 여의도의 미래전략연구원에서 장정수, 정태근, 이태규 등과 매일 대책회의를 했다. 내가 국회의원을 그만두겠다고 하니 다들 명예롭게 그만두자며 동의했다. 그런데 체포동의안 처리 전날인 10일 송태영과 친구 안기포가 찾아왔다.

기분도 그러니 산에 가자고 해서 갔다가, 산에서 내려오는 길에 막걸리를 마시며 국회의원을 그만두겠다는 이야기를 했다. 그랬더니 두 사람이 왜 가만히 앉아서 당하냐며 목소리를 높였다. 어떻게든 작업을 해서 체포동의안이 가결되는 것을 저지해야 한다고 핏대를 세웠다. 그러면서 자기들도 대책회의에 오겠다고 했다. 두 사람이 여의도 대책회의에 와서 성토를 하자 분위기가 바뀌었다. 김용태 의원도 송태영, 안기포의 말이 맞다며 맞장구를 치면서, 그때부터 움직이기 시작했다. 체포동의안 처리 하루 전이었다. 송태영이 내가 쓴 호소문을 들고 의원회관에 있는 국회의원들의 방을 돌았다. 김용태도 의원들을 만나면서 움직였다. 그래도 나는 사실 부결될 것이라고는 생각하지 않았다. 시간이 그날 오후부터 그 다음 날 오전까지밖에 없었다. 박근혜를 비롯한 친박 그룹은 가결되어야 한다는 입장이었다.

총선 도중 여야를 막론하고 기득권 내려놓기 경쟁을 벌인 직후라 시기도 좋지 않았다. 새누리당은 한 달쯤 전인 2012년 6월 8~9일 이틀간 충남 천안시 지식경제공무원교육원에서 의원 연찬회를 열고, 6대 쇄신안과 당의 발전 방안에 대해 논의한 뒤 결의문을 발표했었다. 이날 새누리당이 결의한 6대 쇄신안은 국회의원 불체포특권 포기, 의원연금 제도 폐지, 국회의원 겸직 원칙적 금지, 무노동 무임금 원칙 적용, 국회 윤리특별위원회 기능 강화, 국회 폭력에 대한 처벌 강화 등이었다.

김용태 의원은 "정두언에 대한 체포동의안 자체가 부당하다, 국회에서 구속영장이 오기도 전에 체포동의안을 판단하는 것 자체가 제도적으로 문제가 있다, 정두언도 출두를 하겠다는 데 체포동의 안을 가결하는 것은 부당하다"는 논리를 펴며 의원들에게 부결시 켜 달라고 호소했다. 현행법상으로는 국회의원이 불체포특권을 포 기하려고 해도 포기할 방법이 없다. 당시 나도 불체포특권을 포기 하며 검찰에 출두하겠다는 뜻을 밝혔다. 그러자 뜻하지 않은 원군 들이 나타났다. 윤상현은 친박 인사로 대선 당시 박근혜의 공보단 장을 맡고 있었다. 윤상현이 먼저 송태영에게 전화를 해왔다. "정 의원을 살려야 해. 나도 열심히 할 테니까 무엇이든 할 일이 있으면 알려 달라"고 했다. 송태영은 윤상현에게 "의원총회에서 체포동의 안을 부결시켜야 한다는 이야기를 해 달라"고 했다. 윤상현은 "하 겠다"고 답했다. 그러나 친박계 핵심인사가 박근혜의 뜻에 어긋나 게 행동하기는 쉽지 않았던 모양이다. 하겠다고 답은 했는데 윤상 현은 의원총회가 열리는 당일 아침까지 통화가 되지 않았다. 다급 해진 송태영은 윤상현의 사무실로 찾아갔다. 아니나 다를까, 여기 저기서 압력을 많이 받은 듯했다. 송태영은 "정치 길게 봐라. 이게 단순한 것이 아니다. 당신 정치에 중요한 것이다"는 논리로 윤상 현을 설득했다. 윤상현은 "알았다. 그 대신 누구한테도 이야기하지 말라"고 했다. 체포동의안이 부결된 뒤 윤상현은 이 일 때문에 박 근혜의 공보단장에서 물러났다. 의총을 앞두고 정태근, 송태영 등 은 윤상현, 조해진, 김성태, 김태흠, 남경필 등을 설득해 의총에서 발언하겠다는 동의를 얻는 데 성공했다. 애초에 당론 투표를 할 가 능성도 있었으나 당론 투표는 이루어지지 않았다. '친박'이 똘똘 뭉쳐 가결표를 던질 것이 예상됐으나 '친박'인 윤상현, 김태흠 등이 반대 토론에 나서면서 친박계의 전열은 흐트러졌다.

그래도 나는 부결될 것이라고는 생각하지 못했다. 표결 전 본회의장에서 신상 발언을 한 뒤 나는 장정수 원장이 운영하던 연구원으로 갔다. 마음이 착잡해서 연구원에서 TV를 켜놓고 대낮부터 폭탄주를 먹고 있었다. 그런데 자막에 '부결!'이라고 나왔다. 찬성 74 대 반대 197이었다(기권, 무효 포함). 이렇게 나온 배경을 보면, 찬성 74는 거의 한나라당이었다. 야당이 거의 반대를 했다. 야당은 왜 반대했을까. 박지원 변수도 있었다. 박지원이 체포동의안 다음 수순으로 예상되었기 때문에 나를 가결시키면 박지원도 꼼짝없이 가결시켜야 했다. 그러니까 박지원 일파에서는 부결을 시켜야 했다. 그래서 박지원과 가까운 이윤석이 부결 운동을 하기도 했다. 그리고 야당에는 내 팬들이 많았다. 김영주 의원은 정두언을 살려야 한다고 백방으로 나서서 전화를 했다. 같이 환노위를 2년 했는데, 상임위를 2년 정도 같이 하면 사람을 속속들이 다 안다. 2년 동안 자주 보고, 여행도 가기 때문이다. 그때 같이 상임위를 했던 의원들이 내 팬이 됐다. 노영민도 그 중 한 명이다. 새정치민주연합 최고위원이 된 전병헌도 오랜 술친구다. 그런 사람들이 부결표를 던진 것이다.

뉴스에서 '부결!' 자막을 본 순간 머리가 떵했다. 그 당시 지역에서 누가 전화를 했는데 나보고 여야 공동 원내대표라고 말했던 기억이 난다. 여야를 떠나 압도적인 지지를 받았다는 뜻이었다. 박근혜는 여기서 내게 일격을 당한 것이나 마찬가지다. 이한구 원내대표는 부결된 책임을 지고 사퇴를 선언했다. 이한구는 전형적으로 재승박덕인 사람이다. 그는 "정두언은 구속 수사를 받고 탈당하라"고까지 말했었다.

연구원에서 TV로 체포동의안이 부결된 것을 확인한 뒤 다들 술을 마시면서 환호성을 질렀다. 그때 정몽준으로부터 축하한다는 전화가 왔다. 그러면서 "정 의원 도와준 사람들 다 불러라, 내가 저녁을 사겠다"고 했다. 고마웠지만 나는 심신이 지쳐 있었다. 폭탄주도 많이 마셔서 갈 수 있는 상태가 아니었다. 그래서 정태근, 김용태를 보내고 집에 갔는데 아무도 없었다. 샤워를 하다가 나는 오열을 터뜨렸다. 꺼이끼이 소리 내어 한참을 울었다. 그날 나는 오랜만에 잠을 푹 잤다.

이 일로 박근혜가 대국민 사과도 했다. 박근혜는 소득세 증세안 통과 때 완패했고, 이때도 나에게 졌다. 나한테 두 번 진 셈이다. 그리고 '친박'임에도 부결에 앞장섰던 윤상현, 김태흠도 곤욕을 치르기는 했지만 나중에는 다 잘됐다. 2008년 조선일보 인터뷰 사건이 났을 때도 나는 이제 끝이라는 생각이 들었는데 살아난 적이 있다. 그 이후에도 전당대회 등 여러 차례 그런 고비를 겪었다. 재판 진행 중에 누가 나한테 그랬다. "정 의원은 오뚝이 같은 사람이니까 또 일어설 것입니다."

예상치 못한 충격,
법정 구속

알 수 없는 것이 인생이다. 사람들은 1심 재판 중 심리를 할 때마다 나에 대한 재판장의 애정이 느껴진다고 말했다. 내가 보기에도 그런 것 같았다. 그래서 11월 24일 선고일에 피의자 최후 진술을 3분만 했다. 한마디로 대충 했다. 판결 결과에 대해 별 걱정을 안 했기 때문이다. 우리가 대처를 다했고, 검찰 수사 자체가 짜 맞추기를 하다 보니 엉성했다. 청와대에서는 이 정도면 공소 유지가 힘들다는 이야기까지 나왔다고 들었다. 재판부는 선고하기 1주 전 토요일에 우리 변호사에게 변론서가 담긴 파일을 달라고 했다. 재판부가 우리 쪽 변론문을 인용하겠다는 뜻으로 해석한 나는 좋은 징조라고 생각했다. 선고 당일 나는 송태영과 북악산에 갔다가 내려와 햄버거를 먹고 법원으로 갔다. 양복에 푸른색 넥타이를 매고 가벼운 마음으로 재판정에 섰다.

그런데 그날 법정 구속이 됐다. 법정 구속이라니! 전혀 예상치 못한 충격이었다. 대단히 이례적이고 무리한 조치였다. 불구속 사건, 체포동의안 부결, 증거 부족…. 그랬는데도 법정 구속이라니! 판결을 내린 부장판사는 2주 후 지법 부장판사에서 고법 부장판사로 영전했다. 이것은 무엇을 말하는가. 판사들이 판결을 할 때 제일 우선순위로 놓는 게 자기 인사문제라고 한다. 특히 형사 재판에서는 더 그렇다. 사람들이 여론재판을 한다고 하는데 그건 무슨 뜻인가? 여론이 나쁘다, 여론이 시끄럽다는 것은 자기 인사문제에 영향을 미칠 수 있으니 여론에 거스르지 않게 판결을 한다는 뜻이다. 결국 자신의 인사문제를 걱정하는 것이다. 특히 판사들은 정치적인 사건에서 자기의 인사문제를 우선시하는 경우가 많다.

법정 구속되어 구치소로 가는데 멍했다. 10년 동안 끊었던 담배 한 대 피웠으면 하는 생각밖에 안 났다. 2013년 1월 24일 목요일이었다. 날이 매우 추웠다. 구치소에 들어갔더니 안에 4명 정도가 있었다. 그들이 옷이나 먹을 것 등을 챙겨줬다. 날은 춥고 찬바람은 불고 마음은 싱숭생숭해서 도무지 잠이 오지 않았다. 이것이 현실인가 꿈인가 하다가 일요일이 되어서야 정신이 들었다. 뭐할까 하다가 상을 가져오라고 해서 상을 놓고 "같이 예배 볼 사람 예배나 봅시다" 했다. 몇 사람이 옹기종기 모였다. 성경 – 말씀 – 기도 – 찬송으로 순서를 정해서 예배를 보았다. 그때 같이 예배했던 감방 동료 가운데 한 명은 그 후 얼마나 열심히 성경 공부를 했던지 지금 거의 목사가 되었다. 나는 감옥에 있을 때 결심했다. '여기 있는 동안에는 이곳이 기도원이라고 생각하자. 여기서 내 과제는 신앙에 도전을 해보는 것이다. 나도 신앙을 한번 가져보자.' 그날 예배를 시작해서 감옥에서 나올 때까지 아침, 점심, 저녁 세 차례 예배를 보면서 성경을 2회 반 정도 통독하고 나왔다.

나는 열흘 만에 독방으로 갔다. 혼자 가지 않고 같이 있던 사람 중 한 명과 같이 갔다. 독방은 양팔을 쭉 다 펼 수 없는 넓이다. 길이도 다리를 펴면 얼마 남지 않는데 거기에 둘이 있게 된 것이다. 왜 둘이 있었냐. 내가 원래 식욕이 없는 데다가 혼자 밥 먹을 자신이 없었다. 밥을 안 먹으면 기운이 빠지고 우울증이 생길 것 같아서 같이 가자고 했다. 그가 있으니 같이 예배도 볼 수 있었다. 그는 4개월 정도 나와 같이 있다가 나갔다. 나는 혼자 두 달인가 독방에 있다가 2심 선고를 받았다. 2심 선고하는 날 구치소에서는 다들 내가 나가는 날이라고 생각했다. 아무리 못해도 집행유예라고 생각했다. 교도소장부터 모든 재소자들이 그렇게 생각했다. 그런데 나는 다시 감옥으로 돌아왔다. 그렇게 되면 한동안은 심신이 거의 초주검이 된다. 나도 한동안 엄청난 스트레스에 시달렸다. 정신적으로 멘붕

이 왔다.

재판 과정에서 알게 된 사실이 있다. 변호사들은 재판할 때 제대로 말을 못한다. 그리고 세게 해야 하는 말은 최후진술 때 하라고 은근히 내게 미뤘다. 변호사가 왜 그렇게 하는 것인지 나중에야 알게 되었다. 변호사는 재판장과의 관계에서 보면 영원한 을이다. 그리고 한 재판관에게 한 건만 변론하는 것이 아니라 동시에 다른 몇 건을 같이 한다. 그래서 영화에서 보듯이 세게 변론을 하지 못한다. 재판장에게 완전히 찍히게 되면 다른 사건에도 악영향을 끼치기 때문이다. 이것이 변호사들의 한계이다. 또한 변호사들은 검찰과 대립해서 싸우지만 제대로 안 싸운다. 검찰 수사 사건도 맡아야 하기 때문이다. 그래서 재판에서는 피의자들이 절대로 불리하다.

내가 최후진술을 하기에 앞서 이상득의 변호사가 몇 시간 동안 변론하느라 기운을 다 빼놓았다. 나는 밤 9시가 되어서야 최후진술을 시작했다. 변호사들이 그동안 못했던 말을 거기서 다했다. 최후진술이 끝나니 판사들을 포함해 전체가 숙연해졌다. 설득력 있게 이야기를 잘했던 것이다. 그때 이동명 변호사가 "네가 변호사 해야되겠다"고 말했다. 끝나고 오는데 교도관들이 "정말 의원님 말이 다 맞네요, 의원님은 이길 것이에요" 하고 격려해 주었다. 심지어 이상득도 내게 "공부 많이 했네"라고 했다. 그러나 결국 혼거방으로 옮겨 4개월 정도 있다가 만기를 채우고 구치소를 나왔다.

어느 날 저녁 점호가 끝나고 책을 보고 있는데 동료 한 명이 부탁이 있다고 했다. 뭐냐고 했더니 노래 한 곡을 해달라고 했다. 무슨 노래? 이용의 〈잊혀진 계절〉이요. 그러고 보니 그날이 10월 31일이었다. 가사가 가물가물했다. '글쎄' 하다가, 그의 간절한 눈망울 때문에 '에라 모르겠다' 하고 일단 불렀다. 그런데 끝까지 불렀다. 감옥에 있으면 기억력이 좋아지는 게 분명하다. 스마트폰이 없는 덕이리라. 노래가 끝났는데 박수 소리가 안 들렸다. '이게 뭐야'하고 동료들을 쳐다보니, 둘 다 소리 없이 울고 있었다. 감옥에서 시월의 마지막 밤을 그렇게 보냈다.

감옥에서는 보통 저녁 5시에 밥을 먹는다. 사실 저녁은 일찍 먹는 게 좋다. 병원에서도 저녁을 일찍 주지 않는가. 그리고 교도소는 저염식이다. 당연히 혈압이 정상으로 돌아온다. 우리가 염분 때문에 살이 많이 찌는데 교도소 음식을 먹으면 날씬해진다. 그래서 내 체중이 65kg까지 내려갔다. 매일 뛰면서 운동도 꾸준히 했다. 돌이켜보면 정말 최고의 기도원이 감옥이었다. 그런 기도원이 없다. 재워주고, 입혀주고, 먹여주고, 건강도 관리해주고…. 또 거기 있으면 시간 부자가 된다.

나와서 하는 이야기지만 가끔 거기가 그립다. 왜? 그곳은 자신만의 자유를 누리는 곳이다. 자기 시간을 마음대로 할 수 있다. 역설적으로 감옥 밖에 나오면 자유가 없다. 바쁜 일정을 쫓아다니면서 하고 싶은 것도 못 하고, 보고 싶은 사람도 못 보고, 먹고 싶은 것도 마음대로 못 먹는다. 아이러니컬하지만 감옥은 자유가 있는 곳이다. 거기는 작은 감옥, 바깥세상은 큰 감옥이다. 이 감옥에 있다 보니 저 감옥이 그리워지고, 저 감옥에서 누릴 수 있었던 자유가 그리워진다.

감옥을 기도원 삼아
키운 신앙의 힘

감옥에서는 오후 5시에 밥을 먹고 나면 5시 반부터 TV가 나왔다. 7시에 뉴스를 보고, 드라마 1편, 불후의 명곡을 보고 나면 9시에 TV가 끊겼다. 일상이 그랬다. 그런 뒤에 9시에 점호를 하면 공식적으로는 자는 시간이었지만, 사람들은 점호가 끝나고도 이부자리 펴놓고 책을 보곤 했다. 나도 마찬가지였다. 이 시간은 평화의 시간이다. 평온 그 자체다. 출소하기 전날 밤 9시가 됐는데 감옥 동료 두 명이 나를 힐끗힐끗 쳐다봤다. 이불을 깔아야 하나, 말아야 하나 눈치를 봤던 것이다. 자정이 넘으면 내가 출소하기 때문이었다. 나는 이불을 깔라고 했다. 감옥에서의 마지막 평화를 누리고 싶었다. 이부자리를 깔고 각자 눕거나 앉아서 책을 보고 있는데, 9시 반쯤 그 중 한 사람이 내게 물었다. "의원님, 이 찬송가 310장 어떻게 부르죠?" 그는 내가 나가면 순서상 예배를 인도해야 했다. 이 때 제일 머리 아픈 게 찬송이다. 매일 같은 노래를 부를 수 없으니 레퍼토리를 다양하게 해야 한다. 그것이 걱정이 됐던 것 같다. 나는 내가 아는 찬송을 부르기 시작했다. 잠자던 또 다른 감옥 동료도 합세해 셋이서 찬송을 했다. 다른 방에서는 끽 소리도 안 했다. '잡시다 이제!' 이런 소리 하는 이가 없었다.

마지막 날이라 교도관이 배려한다고 밤 10시쯤에 왔다. 일찍 나와서 차도 마시고 그러다가 나가라는 이야기였다. 나는 "12시 되려면 아직 멀었으니 조금 있다가 오세요"라고 했다. 그리고 다시 찬송을 부르는데 10시 30분이 되니 교도관이 다시 왔다. 그래서 또 더 있다 오라 했더니 11시에 왔다. 나는 조금만 더 있다 오세요 하며 계속 찬송을 했다. 교도관이 11시 15분에 오더니 "이제 준비해야 한다. 나오시라"고 했다. 나는 이제 이들과 헤어질 시간이 왔다고 생각했다. 셋이 모여서 마지막 기도를 했다. 동료들은 울음을 터뜨렸다. 나도 마찬가지였다. 비록 험한 곳이었지만, 정든 것은 어쩔 수 없었다.

하지만 출소한 후 세상으로 돌아온 나를, 차마 글로 쓰지 못할 여러 가지 배신들이 기다리고 있었다. 그것들과 딱 마주치니까 그동안 나져온 마음의 평회가 와르르 무너져내렸다. 차라리 구치소에 있을 때가 나았는데, 나온 뒤에는 나락으로 더 떨어지는 기분이었다. 조금씩 좋아지기는 했지만 2014년 6월까지 거의 멘붕 상태로 지냈다. 그때 송태영이 매일 산으로 나를 끌고 다녔다. 밤에는 잠이 안 오고 불안하니 설교 동영상을 보면서 잤다. 얼마나 많이 봤는지 지금은 목사님보다 내가 설교를 더 잘할 것 같은 기분이다. 전에는 신앙이라는 게 하늘에서 뚝 떨어지는 것이라고 생각했다. 하지만 요즘은 신앙도 역시 노력 속에서 열매를 맺어가는 것이지 뚝 떨어지는 신앙은 이상한 것이라고 생각한다.

그러다가 딸의 결혼 문제가 닥쳤다. 나는 마음이 급해졌다. 대법원 판결이 나오기 전에 결혼시켜야겠다고 생각해 3, 4월로 예정하고 막 서둘렀다. 나중에는 딸이 울면서 나를 쫓아내려고 하느냐고 힘들다고 문자까지 보냈다. 그나마 닦달을 해서 7월 5일로 결혼식 날을 잡았다. 대법원 선고가 그 전에 잡히면 안 되는데 하면서 내심 조마조마했다. 그런데 아니나 다를까, 대법원 선고일이 6월 26일로 잡혔다. 마음이 편치 않았다. 만약 판결이 안 좋은 결과가 나오면 어떻게 하나 하는 걱정에 잠도 안 왔다. 그때부터 저녁 시간까지 약속을 잡고 놀러 다녔다. 6월 25일 대법원 선고 전날 저녁에는 친구들, 후배들과 압구정동에서 만났다. 10시 좀 넘어서 일어나는데 친구가 덕담한다고 "내일 하느님이 정 의원에게 기적을 베풀라고 기도하자"고 했다. 그런데 그것은 아니라는 생각이 들었다. 나는 "마지막 말이 걸린다. 하나님이 기적을 베풀어서 좋은 결과가 나오기를 기도하자고 했는데 만약 나쁜 결과가 나오면 하나님이 나쁜 분밖에 더 되냐, 그것은 아니다. 기도를 하려면 '내일 어떤 결과가 나와도 제게 순종하는 마음을 허락해주시고, 하나님의 계획이 있음을 믿고 받아들이도록 해 달라'라고 기도를 부탁한다"고 했다. 사실 그때쯤이면 우리가 모를 뿐이지 결과는 이미 다 나와 있는 것 아닌가. 그렇게 기도를 했을 정도로 내 신앙은 상당히 정리가 되어 있었다. 그동안 6개월 넘게 뮤지컬, 연기, 노래 공부를 했다. 영어학원에 다니고 등산도 다녔다. 어떤 때는 도산공원에서 리코더를 불었다. 그리고 백화점에 가는 즐거움도 배웠다. 시간 때우는 데는 백화점 가서 옷 구경하는 것 이상이 없다는 것도 알게 됐다.

세상에서 가장 미천한 자들에게 편지를 쓰다

또 한 가지 시작한 것이 지금은 좀 뜸해졌지만, 사형수들에게 편지를 쓰는 것이었다. 내가 사형수들에게 편지를 쓰겠다고 마음먹은 이유는 성경책을 읽을 때 제일 마음에 꽂힌 것이 복음서 중 최후의 심판 부분이었기 때문이다. 예수가 여러 가지 비유를 들어서 이야기한다. 양은 천국을 의미하고,

염소는 지옥을 의미한다. 어떤 사람에게 양이라고 이야기하면서 '너는 내가 주릴 때 먹을 것을 줬고, 목마를 때 마실 것을 줬고, 추울 때 입을 것을 줬고, 내가 아플 때와 감옥에 갔을 때 돌봐주었다' 하셨다. '주님, 저는 그런 적이 없거든요?' 그랬더니 '아니다. 가장 낮은 자에게 하는 게 나한테 하는 것이다' 하셨다는 구절이다.

구치소에서 나와 그 구절을 생각하면서 세상에서 가장 낮은 자가 누구일까 생각했다. 사형수라는 생각이 들어서 이 사람들을 위로해줘야겠다고 마음먹었다. 그런데 사형수들과 편지를 주고받다 보니 위로받는 건 그들이 아니라 오히려 나였다. 어느 사형수의 편지를 여기 소개한다. 그는 내 편지에 답장을 안 하다가 아주 오랜만에 이런 답장을 보내왔다.

은총과 평화를 기도합니다.

책 《용서》에는 이타심에 대하여 자세하게 기록하고 있습니다. "달라이 라마가 몸이 몹시 아팠을 때 자신의 고통에는 아랑곳하지 않고, 다른 배고프고 목마른 사람들에게 무엇을 해줄 수 있을까?를 기억하자 고통의 강도가 훨씬 줄어들었다"는 내용이었습니다.

바깥에서 살 때의 저는 생각나는 대로 행동하는 단순무식 그 자체였습니다. 그리고 남에게 무슨 어려운 일이나 슬픈 일이 생겼을 때 무너지는 그 마음이 어떤 것일지에 대하여 잠깐이라도 이해해보려고 노력하거나 배려할 줄을 몰랐습니다. 그랬던 제가 감옥에 들어와 오랫동안 신앙 안에서 살면서 달라졌습니다. 세월호 침몰 사건이 일어났을 때 자신을 잃은 부모와 가족들의 참담한 심정이 저에게 고스란히 전해져 한동안 잘 먹지도, 잠들지도 못하였습니다. 눈에서는 눈물도 자주 흘렸습니다. 제 일이 아니었는데도 정말 미안했습니다. 감옥에서 살지 않았더라면 절대로 회복할 수 없었을 저의 소중한 감정들입니다.(그렇다고 제가 사형수가 된 것이 잘됐다는 것은 아닙니다)

9월 25일 아침에 의원님께 편지를 부치고 나서 치과 진료를 나갔는데, 은인표 형님께서 먼저 대기실에 앉아 있었습니다. 2년 반 만의 만남이라 이런저런 이야기를 나누다가 의원님과 각별하게 지낸다는 말도 하였습니다. 그리하여 급호감이 생겼습니다.

이곳에 살면서 만난 수많은 사람들은 형제처럼 마음을 나누며 지내다가 돌아오겠다는 약속을 남기고 떠났지만, 저는 남았습니다. 이 얼마나 사람을 힘 빠지게 하는 일인지… 간혹 약속처럼 면회를 오거나 편지를 보내는 사람도 있었지만, 일정한 시간이 지나면 일방적으로 연락을 끊었습니다. 그래서 상처도 많았습니다. 그 후로 저는 신부님이나 수녀님, 봉사자 여러분들이 아니면 될 수 있으면 서신을 주고받지 않았던 것입니다. 그런 제가 의원님에게 두 번째 편지를 쓰고 있다는 것은, 오히려 저에게 의원님에 대한 호기심이 생긴 것은 아닐까? 하고 생각합니다.

이곳은 다양한 사람들이 오고 가는 곳입니다. 오래전에 의원님께서 이명박 대통령과 대립(?)하고 있을 때였던 것 같습니다. 청와대에 근무하다가 구속된 어떤 사람이 운동장에서 저에게 이런 말을 했습니다. '정두언 의원은 여야를 떠나서 말이 통하는 사람이다. 4차원 같은 면도 있지만 밀어붙이는 힘이 세다. 상대가 누구여도 할 말은 하는 사람이다.' 다 기억할 순 없지만 대충 이런 말들을 했습니다. 의원님과 같은 당이지만, 상대편 쪽 사람이었는데도 의원님을 아주 좋게 말하고 있었습니다.

저는 이곳에 살기 시작한 지 17년째이고, 64년생, 천주교 신자이며 세례명은 아우구스티노입니다. 바깥에 부모님과 아내와 딸, 아들이 있습니다. 다들 면회 오고 있습니다.

2014. 10. 7. ○○ 올림

나는 10월 21일 이○○에게 이렇게 답장을 썼다.

이○○ 님에게,

신은 어디 있을까요. 하늘에? 땅에? 우리 가슴 속에? 저는 우리가 서로 사랑할 때 특히 남의 아픔에 공감할 때 그곳에 신이 계시다고 생각해요, 요즘. 특히 그곳에 다녀와서 그런 생각을 하게 되었어요. 그리스 신화에 《일리아드》라고 있잖아요. 자기 동생을 잃은 아킬레스가 트로이의 장군 헥토를 죽이고 복수를 하지요. 그리고 시체를 끌고 왔어요. 그날 밤 아킬레스가 술을 먹고 있는데, 헥토르 아버지인 프리아모스 왕이 몰래 찾아오지요. 그러면서 자기 아들의 시체를 울면서 돌려달라고 합니다. 그때 아킬레스는 자기 아버지를 떠올리며 그의 손을 잡고 함께 웁니다. 그의 아픈 마음에 공감을 한 거지요. 영어로는 compassion이라 합니다. 나는 그 자리에 신이 함께한다고 믿습니다. 성경의 요한 일서 4장 12절을 보면 이렇게 쓰여 있어요. '어느 때나 하나님을 본 사람이 없으니, 만일 우리가 서로 사랑하면, 하나님께서 우리 안에 거하시고 그분의 사랑이 우리 안에서 온전하게 된다.' 놀랍지요? 우리는 서로 사랑하면 할수록 하나님을 만나는 거지요. 예수님뿐 아니라 석가모니나 마호메트, 공자님 같은 소위 성인들의 가르침도 결국 '공감', 이 한마디로 압축된다고 해요. 네가 남이 해주길 원하는 대로 남에게 하라! 황금률이라고도 하지요. 나는 님의 편지를 읽으며 님의 아픔에 마음이 아파 눈물이 났어요. 그리고 내게 신을 만나게 해준 님이 고마웠어요. 우리가 살면서 만나는 모든 게 헛된 거 아니겠어요? 헛되고 헛되니 모든 게 헛되도다. 하지만 남의 아픔을 함께 나누는 사랑만큼은 절대 헛된 게 아니겠지요. 우리가 살다 가면서 남는 건 아무것도 없지만, 우리가 나눈 사랑만큼은 영원히 남아 메아리친다고 생각해요. 신이 함께했으니까요. 그리고 그게 우리가 사는 이유가 아니겠어요? 님에게 편지를 쓰는 이유는 하나님을 만나고 싶어서라고 이해해 주세요. 그럼 주님 안에서 늘 승리하기를 빌며…

2014. 10. 21 정두언 드림.

내 사건에 대한 구체적인 전말은 최후진술서(부록)를 보면 상세히 알 수 있다. 2014년 6월 26일 대법원은 내 사건에 대해 '무죄 취지'의 환송 판결을 내렸고, 10월 21일 서울고법은 최종적으로 나의 무죄를 확정했다. 그 후 대한민국 법무부는 나의 억울함에 대해 6350만 원의 보상금을 보내왔고, 나는 그동안 인생 공부를 시켜준 신의 은혜에 보답하는 의미로 그 돈 전액을 '나눔문화재단'이라는 한 작은 장학재단에 기부했다.

피고인 최후진술서를 통해 본
정두언 무죄 사건의 전모

존경하는 재판장님과 두 분 판사님,

그동안 이 바쁘신 와중에서도 저의 재판을 자상하고 공정하게 진행시켜주셔서 감사합니다. 오늘 이 자리에서 저로서는 할 말은 태산같이 많으나, 재판장님의 깊고도 넓으신 지혜와 명철을 믿고 가급적 줄이도록 하겠습니다. 변호사들께서 하신 변론과 다소 중복되는 면이 있더라도 법에 문외한인 저는 법적인 논리가 아니라 세상의 상식적인 논리로 말씀드리고자 하오니 양해하여 주시기 바랍니다.

저는 지난겨울 중 가장 추웠던 날인 1월 24일 현역 국회의원의 신분으로 법정구속이 되어 지금까지 5개월 넘게 서울구치소에 구금되어 있습니다. 그동안 저는 구치소에서 오십 년이 넘는 지나간 세월을 되돌아보며 참으로 소중한 성찰의 시간을 가졌습니다. 처음에는 억울하고 분한 마음에 거의 숨도 못 쉴 정도였습니다만, 차츰 시간이 가면서 제가 믿는 하나님의 기준으로 보면 정말 많은 죄를 짓고 살았다는 사실을 새삼 절감한 시간이었습니다. 특히 제가 저의 인생의 주인인 양 교만에 빠져 산 것을 생각하면 하나님께서 제게 특별히 세상의 밑바닥에서 새롭게 단련할 기회를 주신 것이라 여겨집니다.

변양호 사건과
완전 판박이

그러던 중에 최근에 옛 재경부 고위관료였던 변양호 씨가 쓴 《변양호 신드롬》이라는 책을 읽게 되었습니다. 259일간의 구속기간을 포함하여 무려 4년 4개월간의 법정싸움 끝에 2가지 사건에 대해 모두 무죄를 받아내는 과정과 그 과정에서 신을 만나게 되는 이야기를 담담하게 쓴 책입니다. 변양호 씨는 저의 고교 및 대학교 학과 선배라는 인연도 있지만, 책을 읽다 보니 바로 제 경우와 흡사한 점이 너무 많아 정말 남의 일 같지 않았습니다.

어느 회계법인 대표가 대기업으로부터 수십억의 로비 자금을 받아 자신의 가족들 계좌에 입금시켜놓고는 그 용처를 꾸며대면서 무려 6명의 고위관리들이 무고하게 구속되고 재판을 받으며 고통을 당한 사건으로서, 물론 대검 중수부에서 맡았던 사건입니다. 모두 6명 중 5명은 무죄를 받았으나, 연원영 전 자산관리공사 사장만이 유죄를 받았습니다. 그는 당초 검찰에 체포되어 조사를 받는 과정에서 '사실을 인정해주면 불구속으로 해줄 테니 법정에 가서 싸우라'는 검찰의 제안을 순진하게 받아들였다고 훗날 법정에서 주장했지만 허사였습니다.

저도 공무원 출신이라 잘 압니다만, 공직사회에서 착하고 깨끗하기로 정평이 나 있던 연원영 씨는 선고 후 복역 중에 간암이 발생하여 형 집행정지 상태에서 작고하셨습니다. 결국 화병으로 돌아가신 것이겠지요.

변양호 씨는 그의 책을 마무리하면서 우리나라 검찰제도와 관행의 문제점에 대해 피를 토하는 심정으로 조목조목 지적하고 있습니다. 그중에서 그가 가장 강조한 대목은 우리나라는 검찰이 기소독점권뿐만 아니라 기소재량권까지 가지고 있어 피의자를 조사하는 과정에서 필연적으로 인센티브 구조가 발생한다는 것입니다. 이 말의 뜻을 구체적으로 설명해드릴 필요는 없으리라 봅니다. 그리하여 이런 구조 때문에 피조사자의 '진술의 임의성'이 항상 문제가 될 수밖에 없다는 것이지요.

변양호 씨는 저와 유사하게 3차례에 걸쳐서 돈을 받았다고 기소되었고, 돈을 받았다는 액수도 비슷합니다. 그리고 저와 같이 김모 씨의 진술만이 유일한 증거입니다. 그리고 또 저처럼 그 진술도 오락가락하여 전혀 신빙성이 없는 것들이었습니다. 더구나 당시 중수부 과장과 수사 검사는 이 사건의 부장과 과장이 되어 있습니다. 우연치고는 굉장한 우연이지요.

부끄럽습니다만 저는, 이명박 정부 출범의 일등공신이라는 소리를 듣다가 형님 불출마선언을 주도한 이후로 지난 정부의 사찰대상 1호로서 늘 감시와 내사의 대상이었습니다. 제가 고분고분했다면 저는 이명박 정부에서 누구 못지않게 영화를 누렸을 것입니다. 그럼에도 불구하고 저는 여당 내 소장개혁파의 리더라는 소리를 들으며 이명박 정부에 쓴 소리를 마다하지 않았으며, 특히 검찰 개혁에도 앞장을 섰습니다.

지난 18대 국회에서 대검 중수부 폐지 및 공직비리 수사처 신설 등 검찰 개혁을 끝까지 주장한 최후의 3인방 중에서 한 명은 과거의 불미스러운 일이 석연치 않게 갑자기 언론에 기사화되면서 스스로 불출마를 선언했고, 정태근 전 의원은 한나라당을 탈당하고 무소속으로 출마했다가 낙선함으로써 19대 국회까지 살아남은 사람은 유일하게 저 혼자였습니다.

그동안 검찰은 '눈엣가시'인 저를 단골 표적으로 삼고, 웬만한 기업인이 구속되면 저와의 관련성 여부를 추궁하곤 했던 것으로 알고 있습니다. 제가 정치를 하면서 몸가짐을 바로하지 않았다면 저는 이미 벌써 어떻게 되고도 남았을 것입니다. 그러다가 저축은행 사건이 터지고 이상득 씨가 조사를 받으면서 솔로몬 임석 회장을 그에게 소개시켜 준 저를 드디어 엮어 넣기 시작한 것입니다. 대검 중수부가 그동안 비난받아 왔던 전형적인 표적 수사, 물타기 수사, 짜 맞추기 수사가 시작된 것입니다.

여타 정치자금 사건과 다른 점 두 가지

제가 지금 이런 말씀을 드리는 것은 제 사건을 정치적으로 해석해 달라는 뜻이 전혀 아닙니다. 다만 이렇게 정치적인 의도로 시작되었기 때문에 제 사건에 대한 수사 자체가 부실 수사일 수밖에 없었다는 것을 말씀드리기 위한 것입니다. 솔로몬 임석 때문에 사법처리되었거나 사법처리 중인 사건이 여러 건인 것으로 알고 있습니다. 그런데 제 사건이 여타 사건과 뚜렷하게 다른 사항이 두 가지 있습니다. 이 점 재판장님께서 유념해 주셨으면 합니다.

첫째, 저는 2008년 1월말 유정 한정식집에서 임석으로부터 받은 홍삼세트가 돈인 것을 알자 총리실 후배인 이〇〇을 통하여 돈을 돌려준 사실이 확인된 바가 있습니다. 또 저를 통하여 이명박 후보를 돕겠다는 임석의 요청에 응하지 않고 그를 이상득 부의장에게 소개시켜 주었다는 것입니다. 즉, 임석과 관련된 다른 사건과 달리 확실하게 거절한 행위와 함께 일종의 회피한 행위가 있다는 것입니다. 이 점에 대해서는 뒤에서 좀 더 자세히 말씀드리겠습니다.

둘째, 제 사건은 임석의 진술 이외에는 다른 어떠한 증거도 없으며, 심지어는 임석의 부하 직원 등 그 어떠한 관계자의 관련 진술이 전혀 없다는 것입니다. 검찰은 조사 중에 주〇〇, 이〇〇, 박〇〇, 이△△ 등 임석의 비자금과 관련된 부하 직원들에게 정두언에게 돈이 전달된 사실을 아느냐고 물었으나 모두가 모른다고 일관되게 진술하고 있습니다. 저희가 1심 재판에서 이렇게 주장을 하자 1심 재판부는 판결문에서 '비서실 과장이었던 고〇〇이 돈을 준비해 가면서 정두언과 만나는 사실을 확인했다고 진술했다'며 저희 주장을 일축했습니다. 그런데 놀랍게도 고〇〇이 진술한 그 사건은 2008년 1월말 유정에서 임석과 만난 후 돈을 돌려준 사건입니다. 다시 말씀드려서 그것은 사실이었기에 고〇〇이 알았던 것입니다. 만약 제게 돈을 주었다는 다른 3건도 사실이었다면 고〇〇의 경우처럼 누군가는 반드시 알 수 있는 것이 자연스러운 이치입니다. 그런데 어느 누구도 저에게 돈을 갖다 준 것을 안다고 진술한 사람이 없습니다. 즉, 1심 재판부는 저에게 유리한 사실을 가지고 오히려 불리한 판단 근거로 삼은 것입니다.

1심 판결의
지나친 편파성

어쨌든 저희들은 당시 궁박한 처지에 빠진 임석 단 한 사람의 진술만을 토대로 꾸며짐으로써 부실하기 짝이 없는 기소 내용에 대해 1심에서 조목조목 반박을 하였습니다. 그런데 1심 재판부가 만든 100페이지가 넘는 판결문을 분석해 본 결과 저는 도저히 납득하기 어려웠습니다. 저희가 검찰의 주장 중에 모순이나 불일치나 의문이 있다고 지적한 사항들에 대하여 1심 판결문은 무려 27군데에 걸쳐서 3가지 유형으로 검찰의 주장을 옹호합니다.

① 5년 전 일을 기억하는 과정에서 착각을 일으켰다거나, ② 일부 세부사항에 대하여 진술 변경이 있으나 전체 공소 사실에 영향을 미칠 정도는 아니라거나, ③ 시간의 경과와 부정확성에 따른 자연스러운 결과라는 식으로 검찰의 주장을 옹호하며 지극히 편향된 논리를 펴고 있습니다.

제가 얼마 전에 '오판을 두려워하지 않는 판사들'이라는 제목의 주요 일간지 칼럼을 본 적이 있습니다. 재판장님께서도 아시겠지만 1, 2심에서 유죄 판결을 받은 전 안산시장의 뇌물수수사건에 대하여 대법원이 '검찰의 주장 중 모순이나, 불일치나, 의문이 있는 사항에 대해서는 애써 눈을 감고, 피고인에 대하여는 현미경의 잣

대를 들이대며 입증을 요구하는 것은 형사재판부가 취할 태도가 아니다'는 취지로 파기 환송한 예를 들면서 '열 도둑 놓쳐도 억울한 한 사람이 없도록 해야 한다'고 지적하고 있습니다. 저는 그 칼럼을 통해 제가 1심 판결문을 보고 도저히 이해할 수 없었던 저의 심정이 비단 내 자기편의적인 사고의 소산이 아니었구나 하는 생각을 하며, 많은 위로를 받았습니다.

임석의
당초 진술 번복   제 사건의 유일한 증거라고 할 수
있는 임석의 진술이 본 2심 공판에서 상당 부분 바뀌고 있습니다. 사실 제 입장에서는 바뀐 것이라기보다는 사실대로 밝히고 있는 것이며, 그것도 핵심사항에 대해서는 진실을 밝히지 못하고 주변사항만 눈치를 보며 진실을 밝히고 있어 답답하고 안타깝기 그지없습니다. 하지만 한편으로 저로서는 임석의 처지를 충분히 이해는 합니다. 저도 막상 난생 처음 수감생활을 해보니 '형을 1년만 줄여주면 친구라도 팔며, 5년만 줄여주면 마누라라도 팔겠다'는 감방의 속설이 실감이 납니다. 이제야 1심이 끝나고 추가 고발 건도 있는 임석의 입장에서는 저 정도라도 진실을 밝히려고 애를 쓰는 것이 참으로 보기에 안쓰러웠습니다. 임석은 이 2심 법정에서 과거에 검찰과 1심에서 그렇게 진술할 수밖에 없었고, 또 진술을 바꾸는 이유로서 다음과 같은 취지의 이야기를 한 것으로 기억합니다.

① 그 당시는 너무 힘들었기 때문에… 자포자기 심정으로 진술한 것 같다.

② 사실 검찰에서 그런 증언을 했기 때문에… 여러 가지 일관성이라든지 이런 부분에서 제가 그렇게 진술했다.

③ 제가 이야기하는 취지나 의도와는 다르게 진술된 부분들을 수정하고 그러기엔 저의 힘이 너무 미약했다.

④ 물론 제가 다른 점이 분명히 있었다. 근데 제가 다른 차원으로 이야기하면 더 어떤 그런 부분에 대한 것들이 돌아왔기 때문에 제가 수정을 요구하고 원하는 대로 작성하기에는 어려움이 있었다.

⑤ 공무원이라는 게 징계를 받고 그러면 장래에 씻을 수 없기 때문에 제3의 피해자는 만들지 않았으면 좋겠다 해서 총리실 이○○ 실장이 하는 이야기에 맞는 거 같다고 말씀드렸다.

⑥ 제가 죄책감도 느꼈기 때문에 이번 2심이 마지막 재판이고 해서 추정 내지 정확치 않은 진술에 대해서는 올바르게 말씀드려 역사적 진실을 밝히는 게 제 본분인 것 같아 말씀 드리는 것이다.

정말 어렵게 돌려서 말하고 있지만, 이 정도면 이 사람이 무슨 이야기를 하고 싶어 하는지 누구든 알 수 있는 게 아닙니까? 결국 검찰의 의도에 맞춰서 진술을 했다고 해석할 수밖에 없다고 봅니다. 임석은 왜 자신에게 돌아올 불이익을 두려워하면서도 이렇게 힘들고 어렵게나마 그리고 일부나마 진실을 밝히려고 할까요? 그 이유는 하나님만이 아실 것입니다. 지난 주 6월 20일 오전 재판에는 당시 중수부 2과장께서 지금은 CJ그룹 수사를 맡아 눈코 뜰 새 없이 바쁘실 텐데도 불구하고 이 법정에 직접 나오셨습니다. 그 분을 보는 순간 제 마음이 철렁했는데, 임석은 오죽했겠습니까? 그 분이 왜 직접 나오셨겠습니까? 그래서 그런지 마지막 증인 신문 날인 지난 6월 27일에 임석은 그 이전보다 많이 위축된 모습을 보인 것이 사실입니다. 하지만 재판장님! 그렇게 말도 많고 탈도 많던 대검 중수부는 이제 역사의 뒤안길로 사라졌습니다. 검찰 개혁의 상징으로 왜 하필 중수부가 제일 먼저 폐지되었겠습니까? 그만큼 문제가 많았다는 것을 반증하는 게 아닙니까? 그런데 아이러니컬하게도 저는 제가 폐지를 주장한 중수부 열차의 막차를 타고 있는 마지막 승객인 셈입니다.

이제는 구체적인 사안에 대해서 가급적 간략히 말씀드리겠습니다. 저는 당초에 이번 사건을 신문 보도를 통해 처음 알았습니다. 이상득 씨를 수사 중인데 곧 저와 민주당 박○○ 의원도 수사할 예정이라는 것이었습니다. 당시 이 사건과 관련해서, 저는 언젠가 임석을 알게 되었는데, 2007년 대선 기간 중에 그를 이상득 씨에게 소개시켜준 사실밖에 기억하지 못했습니다. 그래서 저는 내가 무슨 잘못이 있다고 수사를 한다는 것인지 궁금하기 짝이 없었습니다. 그때 마침 제 수행 비서였던 김○○이 지방에 가 있다가 저의 이○○ 보좌관에게 전화를 하여 '의원님은 걱정 안 하셔도 된다. 2008년 초에 3000만 원을 받았다가 돌려준 적이 있기 때문이다. 그 이외에는 아무 일도 없었다'고 했다는 이야기를 들었습니다. 저는 그 이야기를 듣고 '그러면 그렇지' 하고 있던 차에 대검 중수부에서 7월 5일이나 6일에 출두했으면 좋겠다는 연락이 왔습니다. 저는 도대체 무슨 일인가 궁금도 하고, 언론에서 하도 떠드니까 하루라도 빨리 결백을 밝혀야겠다는 생각에 7월 5일에 출두하였습니다. 그리고 검찰 조사 도중에 저의 혐의를 알게 되자 저는 '나는 뭔가 했더니, 그런 거였어요? 그렇다면 안심이 되네요'라고 말했고, 검찰 조서에도 그런 취지의 진술이 남아 있습니다. 그런데 겨우 그런 거였냐고 터무니없다고 생각했던 일이 결국은 유죄가 되어 여기까지 오게 되었습니다.

임석을 이상득 씨에게
소개한 것이 공범이 되다

먼저 3억 공모 부분입니다.

저는 임석을 이상득 씨에게 소개시켜준 일이 죄가 되리라는 것은 꿈에도 생각 못했었습니다. 앞서 제가 이 일에 대하여 일종의 회피행위였다는 말씀을 드렸는데, 그런 표현을 쓰게 된 배경을 잠깐 설명 드리겠습니다. 당시 캠프 외부에는 제가 캠프의 핵심실세로 알려져 있었기 때문에 제게도 많은 사람들이 이명박 후보를 돕겠다고 찾아왔습니다. 그러면 저는 적당히 처리하거나, 이 정도면 중요한 인사다 싶으면 종교단체 등 외부직능 조직의 인사들을 주로 챙기고 계시던 원로 분들에게 소개를 시켜주곤 했었습니다. 저는 당시 캠프 내부의 전략 및 기획과 관련된 일만 전담하고, 캠프 외부의 일들은 대부분 원로 분들이 챙기셨습니다. 이를테면, 당시 정○○ 의원이 직능본부장을 맡았지만, 국내의 대부분 직능단체장들은 정○○ 의원보다는 이상득 씨를 만나기를 원했습니다. 그래서 이상득 씨는 주로 종교단체를 비롯해서 직능 관련 일을 도맡다시피 하셨던 게 사실입니다. 임석도 그런 과정에서 이상득 씨에게 소개시켜준 사람 중의 하나였습니다. 저의 전 직장인 총리실 후배를 통하여 알게 된 임석이 언젠가인지 이명박 후보를 돕고 싶다고 하기에 통상적으로 그랬듯이 말을 자르고 이상득 씨를 소개시켜주면 어떠냐라고 했더니 무척 좋아했습니다. 그러고 말았습니다. 검찰 조서를 보면 임석이 제게 '이명박 후보를 돕고 싶다고 했다'고만 진술되어 있습니다. 검찰은 애초부터 저를 공범으로 몰고자 했기 때문에 검찰 조서에 얼마든지 경제적 도움이니, 재정적 도움이니 하는 표현들을 기재할 수 있었습니다. 그럼에도 불구하고 그런 표현이 기재되지 않은 이유는 실제로 임석 자체도 제게 그렇게만 이야기했기 때문입니다. 그리고 임석이 그렇게 이야기할 수밖에 없었던 이유는 제가 그 이상의 이야기를 할 여지를 주지 않고 이상득 씨를 소개시켜주겠다며 말을 잘랐기 때문입니다. 그 후, 저는 그 일을 차일피일 미루었으며, 아마 임석으로부터 몇 차례 더 채근을 받았던 것 같습니다. 그때마다 우리의 대화는 '이상득 씨 언제 소개시켜 줄 거예요?', '미안해요 조금만 기다려보세요' 하는 정도 이상이 전혀 필요치 않았습니다. 굳이 경제적이니 뭐니 하는 이야기가 나올 여지도 없었다는 것입니다. 지난 주 이 법정에서도 임석은 당초 경제적인 취지의 이야기 정도도 없었다고 하다가, 나중에 계속 추궁을 당하자 얼결에 그렇다고 시인했다고 저는 생각합니다. 더구나 미래저축은행 김찬경 사건에서 김○○ 씨는 김찬경으로부터 '피고인 이상득에게 돈을 주겠다'는 제안을 받고도 만남을 주선한 걸로 알고 있습니다. 그럼에도 불구하고 김○○ 씨는 입건조차 되지 않았습니다. 이 점 또한 고려하여 주시길 바랍니다.

그리고 조금 전에 적법하게 하는데 왜 부담스럽게 생각했느냐

하는 이야기가 나왔습니다. 저는 공무원 생활을 20년 넘게 했기 때문에 조심하는 것이 몸에 배어 있습니다. 또 적법하게 하더라도 정치인들은 괴로움을 당합니다. 왜냐하면 굉장히 친한 척 팔고 다니는 경우가 많습니다. 그런 귀찮은 상황이 많이 발생하기 때문에 적법하게 처리해도 제가 믿는 사람이 아니면 저는 기본적으로 부담스럽게 생각합니다. 그래서 임석은 제가 그를 잘 모르기 때문에 부담스럽게 생각했던 것입니다. 그 점 이해해 주시기 바랍니다.

이렇게 차일피일 미루던 저는 소개시켜준 총리실 후배의 체면도 있고, 또 저렇게까지 하는데, 한나라당이 취약한 호남 출신인 임석이 대형 저축은행 회장이기 때문에 대선에 뭔가 도움이 되겠지 하는 마음에 임석을 국회부의장실에서 만나자고 한 것입니다. 저는 그때만 해도 이상득 씨를 만나려면 직접 사전약속을 할 필요가 없었습니다. 수행 비서인 김○○에게 '부의장님 언제 뵐 수 있는지 알아 봐라' 하면 되는 것이지요. 그날도 임석을 바로 부의장실에서 만났기 때문에 사전에 이런저런 이야기를 주고받을 상황이 아니었습니다. 임석에게 시간, 장소를 알려준 것도 당연히 김○○이었을 것입니다. 그리고 지난번에 말씀드린 바와 같이 임석 회장이 돈을 준비해오는 것을 알면서도 소개시켜주려 했다면, 감히 약속 장소를 국회부의장실로 잡지 못했을 것입니다. 제 생각으로는 임석은 평소에 어떤 식으로 하는지는 몰라도 '그날 어떻게 될지 모르니 일단 돈을 준비해가자'고 생각했던 게 아닌가 싶습니다.

검찰은 '이명박 후보를 돕고 싶다'는 임석의 발언 취지를 재정적인 도움으로 이해했을 것이라고 주장하고 있으나, 저는 1심 법정에서 '정확하게 당시 상황이 기억나지 않지만, 임석 입장에서 여러 가지 도움이라는 게 있을 수 있고, 설령 그 말을 재정적인 도움을 준다는 것으로 이해했다 치더라도 특별당비, 후원금 등 적법한 절차에 따라 돈을 받으면 문제가 없는 것이며, 저는 어쨌든 처음부터 끝까지 관여하지 않으려 했기 때문에 이상득 씨를 소개시켜주겠다고 한 것이다'라고 진술했듯이 당시 제가 임석의 발언 취지를 반드시 재정적인 도움으로 이해했다고 단정할 수는 없다고 믿습니다. 세 진술은 기억에 의한 진술이 아닙니다. '그럴 수 있지 않겠느냐'는 지금의 생각을 이야기한 것이지, 그때 상황은 기억나지 않습니다. 그래서 그때 어떤 생각을 했는지 기억할 수 없습니다. 그런데 검사나 변호인이나 판사님께서 물어보면 '그것은 그럴 수 있다고 생각합니다' 이렇게 대답을 한 것이지 제가 그것을 시인한 기억은 없습니다. 이를테면 이○○은 1심 법정에서 '임석한테 경선 전에 돈을 주는 게 낫겠다'라고 이야기했음에도 불구하고 '절대 재정적인 도움이라고 생각하지 않았습니다. 정두언 의원이 훌륭하고 임석도 훌륭하기 때문에 알고 지내는 것이 좋을 것 같아서 소개시켜주었습니다'라고 이야기하는데 저는 이렇게 이야기하는 게 더 신뢰할 수 없다고 생각합니다. 기억은 안 나지만 그럴 수도 있겠으면 '그럴 수 있다'라고 대답하는 것이 옳다고 생각해서 그렇게 대답한 것이지 시인한 것은 아닙니다.

그리고 설령 임석이 당시에 경제적인 도움이라는 취지의 이야기를 했다손 치더라도, 제가 듣기를 원하지 않는 이야기를 할지 모르니 제 귀를 막고 있을 수도 없는 노릇이 아니겠습니까? 그런 이유를 들어 '결국 공모의 정이 있는 것'이라고 한다면, 당시 대선의 핵심적인 지위에 있던 저는 지금과 같은 이런 일을 당하지 않으려면 이렇게 했어야 한다는 이야기가 됩니다. ① 가급적 아무도 만나지 말아야 하고, ② 누굴 만나더라도 가급적 아무 이야기도 듣지 말아야 하고, ③ 나아가 무슨 이야기, 특히 경제적 운운의 이야기를 들으면 절대로 아무도 소개시켜주지 말아야 한다는 이야기밖에 안 되는 것이라고 생각합니다. 선거라는 게 결국 사람을 만나고 사람을 소개시켜주는 사람 장사라고 할 수도 있는데, 이런 현실을 고려한다면 제게 책임을 지우는 것은 너무 억울한 일이라고 생각합니다. 마무리하자면, 저는 임석으로부터 이명박 후보를 돕고 싶다는 이야기 이상을 듣지 않았으며, 그런 상태에서 이상득 씨를 소개시켜준 것이 진실이라는 것을 하늘을 걸고 말씀드립니다.

검찰의 무리한
짜 맞추기 수사

최초의 검찰 조서를 보면 검찰은 3억 부분에 대해서 저를 공범으로 만들기 위해서 당초에 3가지 장치를 만들어 놓았습니다. ① 임석이 사전에 돈 이야기를 했다. ② 임석이 있는 데서 이상득이 정두언한테 권○○에게 돈을 전하라고 했다. ③ 돈을 정두언 차에 실을 때 정두언이 있었다. 그런데 ③번은 나중에 김○○ 진술을 들어보면 너무 신빙성이 없는 이야기입니다. 제 카니발은 뒤 트렁크에 그런 것을 실을 수 있는 구조가 아닙니다. 임석이 대질신문 때 '그때 정두언의 인기척이 있었던 것 같다'고 대답했습니다. 그런데 카니발은 뒤에 트렁크 문을 열면 제

머리가 딱 보입니다. 너무 말이 안 되니까 ①, ②번의 신빙성에까지 나쁜 영향을 줄 것 같아서인지 나중에 검찰은 '임석이 기억이 안 나는 것'으로 물러섰습니다. ①번 사전에 돈 이야기가 없었다는 것은 임석이 이 법정에서 어렵게나마 이미 진술했고, ②번 이상득 씨가 임석 앞에서 제게 권○○에게 돈을 전하라고 했다는 이야기는 현역 정치인들이 들으면 모두 소가 웃을 소리라고 할 정도로 정치권의 상식으로는 어처구니가 없는 이야기입니다. 임석은 2011년 말에 제게 이상득 부의장이 권○○에게 전화하는 걸 들었다고 이야기한 적이 있습니다. 권○○ 이야기를 하기에 어떻게 권○○을 아느냐고 물었더니 '이상득 부의장님이 권○○한테 전화하는 것을 제가 들었거든요'라고 저한테 분명히 이야기를 했습니다. 그러고 나서 저의 변호인이 임석한테 물어보니까 임석은 이 법정에서 '당시 이런 말씀을 전혀 안 드렸는데 제가 그런 이야기를 들었기 때문에 제가 정 의원님께 그런 이야기를 했던 것 같습니다'라고 시인하기도 했습니다. 제 추측은 임석이 처음 검찰 진술에서 저에게 이야기한 대로 진술을 했는데, 완전하게 저를 공범으로 만들기 위해서 제가 있는 자리에서 이야기를 한 것으로 조작한 것이 아닌가라고 생각합니다. ③번 돈을 차에 실은 경위와 관련해서 수행비서 김○○이 임○○로부터 임석이 뭘 주면 권○○ 의원에게 전하라는 지시 내지 부탁을 받았다는 사항은 이미 김○○, 임○○ 등의 증인 신문을 통해서 보셨습니다. 임○○는 1심에서 그런 사실이 없다고 부인하면 될 것을 굳이 김○○을 잘 모른다며 '도둑이 제 발 저린' 식으로 이야기를 했다가, 나중에 김○○의 결혼식 때 낸 그녀의 축

의금 봉투가 나오는 바람에 거짓말한 것이 들통이 났습니다. 사실 임○○는 제가 잘 압니다. 김○○을 몹시 예뻐했습니다. 그렇게 동생처럼 예뻐하던 김○○을 '김○○인가, 김△△인가'라는 식으로 진술을 하기에 저는 굉장히 놀랐습니다. 임○○는 본인이 떳떳하지 못하니까 거짓말까지 해가며 과잉 부인한 것이라고 볼 수밖에 없습니다.

상식이 통하지 않는 재판정

재판 과정에서 제가 참으로 답답했던 부분 중의 하나는 검찰이나 상피고인 변호인들이 임석에게 '돈 전달된 것을 왜 확인하지 않았느냐', 김○○에게 '정두언이나 임○○ 등에게 왜 보고하지 않았느냐'고 추궁했던 것입니다. 이것은 현실을 몰라도 너무 몰라서 하는 질문들이라는 것입니다. 이상득 부의장이 권○○에게 돈을 지원하려면 당연히 당사자끼리 통화를 하지요. 그러면 심부름하는 사람은 전하기만 하면 되는 것이지 무엇을 보고하고 확인하겠습니까. 만약에 배달사고가 나면 권○○이 왜 안 오냐고 해서 금방 들통이 날 텐데 그걸 굳이 보고하고 확인할 필요가 전혀 없다는 것입니다. 그리고 기동대가 있다고 하는데 김○○이 전달한 것은 돈이 아닙니다. A4 박스입니다. 아마 A4 박스는 여의도 사무실에 하루에도 수십 통씩 들어갈 겁니다. 그러니 그게 기동대와 무슨 상관이 있겠습니까. 저는 그런 이야기를 들을 때마다 정말 답답했습니다. 더구나 김○○이가 저에게든 누구에게든 제가 이러이러 해서 저러저러 했습니다라고 보고하는 것이 더 이상합니다. 왜냐면 그 말을 듣는 사람은 불안해집니다. '이 친구 봐라. 왜 이렇게 아는 척을 하지? 이 친구 좀 이상한데…' 라고 의심하기 쉽기 때문입니다. 오히려 그런 언행으로 인하여 인간적인 신뢰가 떨어지게 된다는 것입니다. 김○○이 이상득 부의장실과 당시 대선의 실질적인 회계책임자였던 김XX 씨와의 사이에서 수차례 돈 심부름을 했다는 것 아닙니까? 그리고 돈 심부름을 김○○만 한 것이 아니라 다른 사람도 했습니다. 그중 한 사람의 사실확인서는 1심에 제출된 바 있습니다. 그런데 저는 김○○이 그런 심부름을 한 것을 1심 재판 중에 처음 알았습니다. 만약 그 당시 김○○이 저한테 일일이 그 사실을 보고해서 제가 알았다면 저는 당장 중단시켰을 것입니다. 그렇게 떠벌리고 다니는 친구에게 그런 일을 시키는 것은 불안하기 때문입니다.

저는 2002년 한나라당 서울시장 후보 경선 때부터 이명박 전 대통령 옆에 있었던 유일무이한 현역 정치인이었습니다. 당시 서울 시내 48개 지구당 위원장들 중에 이명박 후보를 돕는 위원장은 저 혼자밖에 없었습니다. 그때 전부 저한테 말했습니다. 이명박이 지는 선거인데 왜 거기 가서 돕느냐며 저희 집사람까지 말렸습니다. 그런데 결국 저희가 이겼습니다. 한나라당 대선후보 경선 때도 이명박 후보를 돕는 현역 국회의원은 2006년 말까지 유일하게 저 혼자였습니다. 이상득 씨도 드러내놓고 도와줄 수 없었습니다. 그래서 2007년 당시까지만 해도 이상득 씨는 저의 후원회장이자 아버지요, 큰 형님 같은 존재였습니다. 한마디로 이명박 대통령 후보, 이상득 씨, 저는 가족이나 마찬가지였다는 말씀입니다. 특히 김○

○은 인사성이 밝고 성격이 좋아서 당시 대선캠프에서 인기가 최고였습니다. 전부 '○○아, ○○아' 할 정도였습니다. 그리고 이상득 부의장실 보좌진들과는 당연히 한 식구처럼 지냈을 때입니다. 그것은 부의장실 식구들이 더 잘 알 것입니다. 김○○이 그런 심부름을 하는 것은 하등 이상한 일이 아니었다는 게 당시의 현실이었습니다. 그리고 당시 저는 전략기획 총괄팀장이었기 때문에 캠프 아니면 당 사이에서 왔다 갔다 했지 차를 탈 일이 거의 없었습니다. 이상득 씨가 이야기한 것처럼 김○○은 기사가 아니라 캠프 요원으로 여기저기 심부름 다니고 사람들이 부르면 가고 그랬지, 저를 태우고 운전할 일은 퇴근할 때 집에 바래다주는 정도였습니다. 그런 현실은 잘 모르니까 참 답답하다고 느끼는 것입니다. 그러나 어찌 되었든 제가 소개시켜준 사람으로 인하여 이상득 씨가 지금 고통을 받고 계시는 점에 대해서는 정말 죄송하게 생각합니다. 그 분도 구경도 못해본 돈 때문에 이런 고충을 겪는 것은 정말 억울한 일일 것입니다. 그런데 이상득 씨가 무죄가 되려면 둘 중 하나입니다. 하나는 상피고인 변호인이 주장하는 것처럼 제가 파렴치한이 되어야 합니다. 돈을 중간에서 가로채야 하기 때문입니다. 그것은 말이 안 되는 게 제가 처음부터 임석에게 '너 도대체 왜 그러느냐' 물었을 때 돈 이야기를 하면 그냥 제가 받으면 되지, 복잡하게 일을 만들어 가로채겠습니까. 변호인들도 저를 그렇게 생각해서 이야기하는 것은 아니라고 생각합니다. 하도 답답하니까 그렇게 이야기를 한 것일 겁니다. 제가 파렴치한이 되던가 아니면 너무 많은 거짓말을 해야 합니다. 저부터 시작해서 김○○, 임석, 다 거짓말을 해야

하는데, 거짓말을 하려면 서로 맞춰야 하는데 그럴 수가 없지 않습니까. 그러니까 사실대로 이야기할 수밖에 없습니다.

그리고 아까 유세지원단 이야기가 나와서 말씀드리겠습니다. 당시 예비등록을 했기 때문에 이미 선거는 공식적으로 시작을 했습니다. 유세지원단도 벌써부터 움직이고 있습니다. 이런 이야기도 피고인이니까 말은 못하고 답답하게 앉아 있는 것입니다. 사실 전혀 다릅니다. 제가 너무 잘 알지 않습니까. 그런데 공식 선거 운동 기간 이전이기 때문에 그럴 수 없다며, 엉뚱한 이야기들을 하고 있는 것입니다.

3000만 원 수수 건의
공소시효 조작

다음으로 나머지 개인 부분 3건에 대해서는 워낙 사실무근의 실체가 없는 사안들이기 때문에 간략하게만 말씀드리겠습니다. 첫째, 3000만 원 선물세트 부분은 임석과 제가 만난 횟수, 만난 시기, 같이 만난 사람, 선물세트를 전달한 시기 및 방법 등 어느 한 가지도 분명한 게 없이 오락가락합니다. 심지어 임석은 이 법정에서 둘만 만났을 때 주었을지도 모른다는 이야기까지 합니다. 완전히 헷갈립니다. 저는 선물세트를 건네준 시기에 관한 검찰의 조사 내용이 제 사건의 백미라고 생각합니다. 임석에 대한 검찰의 3회 진술 조서를 보면, 검사가 법인카드 내역을 보여주며 2007년 9.12, 7.3, 6.26, 6.18이 있는데 어느 거냐고 묻자, 임석은 한나라당 후보가 확정되기 전에 돈을 준 것은 명확하게 기억이 난다고 하며 2007. 9. 12은 아닌 것 같다고 진술합니다.

그러면 나머지 남은 게 7.3, 6.26, 6.18이 남지 않습니까. 법인카드만 썼다고 하더라도 현금을 쓰거나 다른 카드를 쓰거나 다른 사람이 낸 경우를 다 제쳐놓고 7.3, 6.26, 6.18이 남는데, 이 조사를 한 날짜가 2012. 6. 23입니다. 이미 시효가 지난 것입니다. 조사는 했으나 쓸모없는 물건이 나온 것이지요. 그날 전후로 아마 검찰 내부에서는 소동이 일어났을 것이라고 상상이 됩니다. 그러고는 검찰은 2012. 7. 2에 총리실 이○○을 불러 조사를 하면서 경선 후에 만났다는 그의 진술을 통해 이 문제를 해결코자 합니다. 임석은 이 법정에서 이○○의 징계 문제 등을 걱정해서 그의 진술에 동의해주었다는 취지로 진술했습니다. 여기서 분명히 말씀드리고 싶은 것은 저는 지금 공소시효를 주장하고 있는 것이 아닙니다. 검찰이 이처럼 짜 맞추기 수사를 했다는 점을 강조하고 싶은 것입니다. 임석이 왜 이○○의 신상 문제에 대해 걱정을 했는지 그 배경에 대해 잠깐 설명 드리겠습니다. 임석과 이○○은 오래된 절친 사이입니다. 이○○은 제가 동생처럼 아끼던 제 전 직장인 총리실의 후배이고요. 그런데 문제는 이 사건이 터지고 난 직후 이○○의 태도입니다. 상식적으로 생각하면 이○○으로부터 먼저 '형, 큰일 났어. 어떻게 됐어?'라고 걱정하는 전화가 와야 되겠지요. 그런데 연락은커녕 제 연락조차 안 받는 것입니다. 연락을 해달라고 해도 안 해주고 연락 두절이었습니다. 그때부터 낌새가 이상했습니다. 이○○이 무슨 곤란한 상황에 있는 모양이구나 하고 직감을 했지요. 곤란한 상황이라는 게 결국 임석과의 관계에서 발생한 것 아니겠습니까? 그래서 임석은 이○○의 진술에 맞추어주지 않고 부인하면 이○○이

곤란해질 거라고 걱정했을 것입니다. 그런데 이○○은 이미 공무원으로서는 최고직위인 차관급으로 승진해 있습니다. 임석이 더이상 이○○에 대해 우려할 필요가 없어진 것이지요.

검찰 측 증인도 부인한
1억 수수

둘째, 2008년 총선 무렵의 1억 부분입니다. 이와 관련해서 임석은 그의 운전기사 주○○과 진술이 너무 많이 다릅니다. 임식은 당초 1회 갔다고 했다가 이○○과 함께 간 사실이 드러나자, 혼자 1회 더 갔다고 한 반면에 주○○은 계속 1회 갔다고 합니다. 주○○은 따라간 차가 검정색 카니발이라고 거듭 진술한 반면에 임석은 모르고 있다가 나중에 누구의 귀띔을 받았는지 은회색, 하늘색이라고 합니다. 임석은 자신의 차를 앞에 댔다고 한 반면에 주○○은 뒤에 댔다고 하면서, 임석이 A4박스를 차에 둔 채 내렸고, 돈을 전달하는 것을 목격하지 못했다고 합니다. 앞서 말씀드렸다시피 궁박한 처지에서 인센티브 구조 하에 있던 임석의 진술과 아무런 이해관계가 없는 주○○의 진술 중 누구의 말을 믿어야 합니까. 더구나 주○○은 1심에서 검찰 측의 증인으로 나온 사람이었습니다. 주○○은 1심에서 왜 당시 검찰에서 그런 식으로 진술을 했냐고 하니까 '임석 회장이 이미 진술했다고 해서 제가 진술을 하게 되었습니다'라고 증언합니다. 주○○도 가급적 임석의 진술에 맞추려고 노력을 했을 것입니다. 임석이 저희 사무실에 갔다거나, 차를 따라 갔다거나 하는 큰 부분에 대해서는 주○○도 가급적 맞추려고 하고 있습니다. 그런데 구체적인 부분에서는 도저히 안 맞는 것입니다.

셋째, 2012년 총선 당시 1천만 원 부분입니다. 임석은 이와 관련해서도 3차례의 진술 내용이 다릅니다. 결국은 돈을 돌려주기에 놓고 나왔다고 했는데 그게 사실이라면 다시 돌려주었거나 많은 돈도 아니니 후원금 처리를 하였을 것입니다. 당시는 고액후원금도 많이 들어왔었고 후원금 한도에서도 여유가 있었을 때입니다. 이 자료는 1심 재판부에 이미 제출을 했습니다. 참고로 비슷한 시기에 이△△ 의원은 임석으로부터 1천만 원인가를 받아서 후원금 처리했다고 지난 주 그의 재판에서 증언했습니다. 참고하여 주시기 바랍니다.

그리고 저희 변호인께서도 말씀하셨지만 비서실 과장 고○○이 1억 원 박스를 준비했다는 진술을 토대로 저에게 1억 원을 전달했다는 것인데 이△△ 재판이나 박△△ 재판이나 제 재판에 고○○의 박스가 공통적으로 활용되고 있습니다. 변호인이 관련해서 문제 제기를 했습니다. 이 부분은 재판장님께서 유심히 봐 주시기를 바랍니다.

마무리: 변양호 신드롬

존경하는 재판장님! 줄이고 또 줄였는데도 불구하고 이야기가 길어져서 죄송합니다. 이제 마무리하겠습니다. 제가 모두에서 언급한 변양호 씨는 그의 책을 마무리하면서 이렇게 이야기합니다. '지금 우리 곁에 연원영 사장이 안 계신 것도 슬프지만, 우리 사회에 특히 관가에 '변양호 신드롬'이란 이야기가 통용되고 있는 현실이 슬프다'고 말입니다. 잘 아시겠지만, '변양호 신드롬'이란 공직사회에서 '무언가 잘 해보려고 개혁적인 일을 하다가는 꼭 뒤끝이 안 좋다. 그러니 대강 안전하게 가자'는 의미로 쓰이는 말입니다. 외람된 말씀입니다만, 저는 우리 정치권에서 그래도 할 말은 하고, 여당 내에서 쓴 소리도 마다않는 국회의원으로 알려져 있습니다. 최근의 언론기사나 사설에 '여의도 정치가 사라졌다', '여당은 눈치 보기만 한다' 등등의 지적들이 종종 눈에 띕니다. 실제 지금 여당에서 소장개혁파는 사라져버렸습니다. 동료의원들도 제게 면회를 와서는, 물론 덕담이겠지만, 정두언이 없으니 여의도가 너무 조용하다고들 합니다. 제가 과대망상인지는 모르겠으나 혹여나 제 사건으로 인하여 정치권에서 '정두언 신드롬'이라는 용어가 통용된다면, 그것은 저 개인의 불행을 넘어 정치권 전체, 그리고 국가 전체에 크나큰 손해라고 감히 말씀드립니다. 재판장님께서 이 점 깊이 혜량하여 주시기 바랍니다.

살다 보니 가장 고통스러울 때가 억울하게 누명을 쓸 때와 나를 대적하는 누구를 원망하며 증오할 때인 것 같습니다. 저는 제가 지금 겪고 있는 고난을 통해 거듭날 수만 있다면 오히려 이 고난이 축복이 될 거라고 믿습니다. 또 저를 이런 궁지에 몰아넣은 사람들에 대해서도 오히려 고맙게 생각해야 한다고 믿습니다. 얼마 전 구치소에서 이름도 모르는 어느 교도관이 지나가는 제게 흰 종이로 곱게 싼 네잎 클로버를 주고 가셨습니다. 저는 순간 천사가 왔다 갔나 생각하며 망연히 서 있었습니다. 지금 저의 가족과 지인뿐 아니라 국회에 있는 동료들과 지역구에 있는 주민들이 제가 돌아오기를 학수고대하고 있습니다. 제가 예뻐서라기보다는 제게 부여할 사명이 그만큼 많아서 일 것이라고 생각합니다. 부디 재판장님께서 공정하고 현명하게 판단하실 수 있도록 지혜와 명철을 주라고 하나님께 간절히 기도하고 있습니다. 저의 결백을 밝혀주시면 반드시 '용기와 소신을 가진 괜찮은 정치인'이 되어서 꼭 보답하겠습니다. 두서없는 저의 이야기를 경청하여 주셔서 감사합니다.

2013. 07. 01.

난세에 희망을 품다

조선역사 일천 년래
제일대 사건

　　　　　　　　　　이 글을 마치는 시점인 2016년 11월 초 대한민국은 이른바 최순실 게이트로 온 나라가 분노, 절망과 함께 위기감에 휩싸여 있다. 나는 이 글에서 주로 이명박 정권의 경험을 토대로 역대 정권이 거의 비슷한 과정을 거치면서 탄생과 몰락의 길을 걷는 모습을 보여주고 싶었다. 그러면서 가급적 박근혜 정권에 대해서는 언급을 삼갔다. 현재진행형이기도 했지만, 박 정권이 그 어느 때보다도 이 세 가지가 극명하게 드러난 정권이라는 사실을 독자들이 미루어 짐작하리라 믿었기 때문이다. 그러나 그런 나 자신도 이 정도까지인 줄은 정말 몰랐다.

　이 글을 통해 고백하는데, 나는 새누리당 국회의원이면서도 대선 투표에서 박근혜를 찍지 않았다. 그리고 대선 과정에서 이 핑계

저 핑계를 대며 선대위에서 아무런 직책을 맡지 않았다. 2007년 한나라당 대선 후보 경선과정에서 박근혜 측의 모질고 모진 네거티브 공세를 견디면서 나는 박근혜 후보의 검증 책임까지 맡고 있었기에 그 누구보다도 그를 잘 알고 있었다. 그래서 그가 집권을 하면 나라가 어찌될까 심각하게 걱정을 했다. 오죽하면 그 당시 '박근혜와 최태민과의 관계가 드러나면 온 국민이 경악할 것이고, 박근혜를 좋아하는 사람들은 며칠 동안 밥도 못 먹을 것'이라고 이야기했겠는가. 그리고 그가 집권 후에 보여준 정윤회 사건, 권력 사유화의 모습, 그리고 오만과 독선의 자세 등을 보면서 많은 지인들에게 '이 정권이 과연 제대로 끝을 내겠는가' 수없이 의문을 표시하곤 했다.

불행히도 이 정권은 내 예상대로, 아니 그 이상으로 흘러왔다. 나는 이 과정에서 간단하게나마 내 목소리를 내보았다. 그 중 대표적인 것이 2015년 11월 13일자 중앙일보 인터뷰 "벌거벗은 왕에 '옷 아름답다'만 연발, 국가적 위기상황"이다. 그러나 극히 일부를 제외하고는 아무도 내 이야기에 귀를 기울이지 않았다. 권력도 이상하게 유승민만 타깃으로 삼아 두들겨 패면서 나는 마치 유령 취급을 했다. 아마도 권력은 내가 자신들을 소상히 알고 있다는 것을 알았던 모양이다. 그러니 섣불리 건드리지 않은 것이다. 그러면서 2016년 총선에서 독자 공천자인 나를 무리하게도 살생부에 올렸었다. 나는 투쟁 끝에 공천 과정에서 살아남긴 했지만, 결국 엽기적인 공천 파동으로 낙선하고 말았다. 차라리 그때 살생당했더라면 오히려 총선에서 살아남았을지도 모른다고 생각한다. 어쨌든 권력의 입장에서는 '눈엣가시' 하나가 사라진 셈이다.

최순실 사태가 터지고 수없는 기자들이 시도 때도 없이 전화를 걸어왔다. 이야기 좀 해달라고. 아니, 내가 그렇게 오랜 세월 그렇게 많은 이야기를 했는데, 그때는 귓등으로도 안 듣더니 이제 와서 왜 이 난리들인지 어이가 없고 허망했다. 이 황당한 사태가 도대체 당사자들만의 책임일까. 분명히 말하지만, 벌거벗은 임금님을 그냥 지켜보며 아무 말도 못한 우리 모두의 책임이다. 나는 이런 이야기도 했다. 박근혜가 우리 정치사에 엄청난 반면교사의 기회를 제공할지도 모른다고. 그렇다. 이제는 우리가 빨리 충격에서 벗어나 이 위기를 국가 대개조를 위한 전화위복의 계기로 삼아야 한다. 지지부진하기만 한 우리나라의 현 상황을 새롭게 세울 절호의 기회로 삼자는 이야기다.

단재 신채호 선생은 고려시대 때 묘청의 서경 천도 실패를 '조선역사 일 천 년래 제 일대 사건'이라 주장했다. 나는 감히 주장한다. 이번 박근혜 - 최순실 게이트가 '조선역사 일천 년래 제일대 사건'이라고. 아니, 그래야 한다고. 상상컨대 박근혜 드라마는 앞으로 100년 후, 500년 후, 1000년 후 각종 영화나 연속극의 소재가 될 것이다. 그러면 이 드라마를 즐기는 우리 후손들은 어떠한 대한민국에서 살고 있을까? 지금 우리가 통렬하게 고민해야 될 지점이 바로 여기다. 우리 모두는 이 끔찍한 비극의 드라마를 '끝이 좋으면 모든 것이 좋다'는 희극으로 바꾸어야 할 역사적 사명 앞에 놓여 있는 것이다.

지금은 잠시 중단되었지만, 개헌 논의가 다시금 재개될 것으로 보인다. 개헌 논의의 핵심은 역시 권력구조 개편이다. 권력구조를 개편하고, 우리 정치체제의 틀을 바꾸면 지지부진하기만 한 우리 사회의 모든 적폐 해소가 빨라지는 것일까? 나는 이에 대해 매우 회의적이다. 주로 하드웨어에만 관심을 가지는 우리의 촌스러움이 여기서도 드러난다. 바야흐로 4차 산업혁명의 시대가 본격화되는 이 시점에서 우리는 산업 분야는 물론 정치 분야에서도 소프트웨어의 중요성을 간과하고 있는 것이다.

정치 후진국의 악순환을 어떻게 풀 것인가

우리 정치의 흑역사를 만들었던 정치자금 문제, 권력의 사유화, 지도자의 오만과 독선, 이 세 가지 문제에 대한 대안과 청사진을 제시할 차례다.

첫째, 정치자금 문제를 어떻게 풀 것인가. 우리 모두가 알다시피 지금의 정치자금 제도는 대통령을 비롯해 모든 정치인을 잠재적인 범죄자로부터 벗어날 수가 없게 만든다. 특히 대선에서 '대선자금의 위험성 → 친인척이 관리 → 견제받지 않는 권력실세로 등장 → 호가호위 세력의 국정농단'이라는 악순환의 고리에서 벗어나지 못한다. 언제까지 이런 시행착오를 반복할 것인가. 이제 우리도 정치선진국처럼 정치자금의 한도를 없애야 한다. 거기에는 물론 투명성의 강화가 반드시 뒤따라야 한다.

정치자금의 한도를 없애려면 정치자금의 상한선을 철폐하고 정당 후원회 제도를 부활시켜야 한다. 소위 오세훈법이라는 현행 정치자금 제도는 정치자금의 입출입에 대한 투명성을 강화했다는 면에서 평가받아야 하지만, 반면에 많은 폐해를 안고 있다는 점에서 비판받아야 마땅하다. 후원금의 한도를 낮게 정하고 정당 후원회 제도를 폐지하다 보니 상대적으로 재력이 풍부한 사람과 정당의 경쟁력이 부당하게 높아진다. 더구나 당초 법 취지와는 달리 정치 자금의 한도와 정치 현실과의 괴리가 좁혀지기는커녕 더욱 커지면서 모든 정치인을 잠재적인 범법자로 만들어버렸다. 이에 따라 정치인들은 늘 전전긍긍 수사당국의 눈치를 보면서 점점 자율성마저 잃어가고 있다.

둘째, 권력의 사유화는 어떻게 해야 할 것인가. 우선 시급한 일은 각 부처 장관이 청와대에 빼앗긴 인사권을 돌려받아야 한다. 이미 여러 차례 언급한 것처럼 청와대의 장관 인사권 침해는 명백한 위헌 위법 행위이다. 또한 나는 우리나라는 이미 군정은 종식되었으나 왕정은 종식되지 않았다고 주장한 바 있다. 우리 국민 상당수는 여전히 대통령을 군주로 생각하는 경향이 남아 있다. 제왕적 대통령제는 제도적인 면보다는 우리 국민들의 이러한 의식 수준에서 기인한 면이 적지 않다. 그러나 작금의 경악할 만한 사태는 이를 겪는 우리 국민들에게 뼈아픈 반면교사 역할을 할 것으로 기대되며, 또 그렇게 될 것이라 확신한다.

그러나 왕정 종식을 제도적으로 확보하는 길은 역시 지금의 제왕적 대통령제를 바꿔야 하는 것이 아닐까 한다. 그동안 권력구조 개편에 대한 수많은 논의가 있었지만 대체적인 중론은 분권형 대통령제로 압축되는 듯하다. 대통령제를 하되, 대통령은 외교 안보 국방 등 외치를, 그리고 국회에서 선출되는 국무총리는 국정의 내

치를 맡는, 현행 대통령제에 내각제적 요소를 강하게 혼합한 방식이다. 아무래도 국무총리의 권한이, 즉 국회의 권한이 강화되는 방식이라 국민들의 거부감이 강한 것이 큰 걸림돌이다. 국민들은 국회의 존재에 대해 매우 부정적인 인식이 크기 때문이다. 따라서 국회가 국민들의 신뢰를 회복하는 것이 선결과제다.

셋째, 대통령제든 내각제든 지도자의 오만과 독선 문제는 어떻게 풀 것인가? 지도자가 오만해지고 독선에 빠지는 것은 권력의 횡포가 가능한 힘을 가지고 있기 때문이다. 과거 군사독재 시절을 생각해 보면 그들의 힘의 원천은 군사력이었다. 그러면 민주화가 진행된 이후 권력의 힘의 원천은 무엇인가? 바로 공천권과 검찰 권력이다. 이 둘을 손에 쥐고 있는 한 여야 모두 권력의 눈치를 보지 않을 수 없는 것이 우리의 현실이 아닌가. 그래서 이 둘을 권력에서 분리 독립시켜야 한다.

정치 선진국의 예를 들면, 오바마, 캐머런, 트뤼도 등은 개인적인 자질과 매력과 능력으로 국민들의 지지와 인기를 얻으며 일국의 지도자가 되었다. 그러나 우리의 경우는 그것들보다는 공천권이라는 공식적인 폭력을 가지고 지도자가 된다. 과거 군사독재 시절에 권력의 바탕을 이루었던 군대라는 폭력에 비하면 많이 발전한 것이긴 하지만, 우리 권력의 후진성이 아직도 여전하다는 징표 중의 하나다. 친이, 친박, 친노라는 것이 무엇인가. 이명박, 박근혜, 문재인이 공천권을 가지고 있다는 이야기 아닌가. 그래서 선진국의 국민과 정치인들은 자국의 지도자를 존경하고 사랑하는 반면에 우리나라는 지도자를 무서워하는 쪽에 가깝다. 공천권이 권력의 손아귀에 있는 한 정치인들은 국민보다는 권력을 의식하며 행동하지 않을 수 없다.

권력의 또 다른 전가의 보도가 검찰 권력이다. 우리나라 검찰은 수사권과 기소권을 모두 가지고 있는, 소위 무소불위의 권력이다. 대통령은 인사권을 손에 쥐고 이들을 사병처럼 부려온 것이 우리의 현실이었다. 이런 검찰이 대통령 단임제 하에서 임기 말의 레임덕 시기만 되면 권력 주변을 향해 칼을 들이댄 것도 우리가 늘 보아온 장면이다. 이런 검찰을 제도적으로 독립시키기 위해서는 검찰과 경찰의 수사 인력을 모아 국가 수사처를 신설해서 수사는 국가 수사처가, 기소는 검찰이, 치안은 경찰이 하는 방식으로 제도를 개편해야 한다. 아울러 각 지검장의 선출제도 검토해야 한다.

이제, 우리에게는
어떤 리더가 필요한가

최근의 박근혜 최순실 사태가 우리 사회에 순기능을 보인 첫 사례가 등장했다. 대한민국 검찰이 제 기능을 발휘하기 시작한 거다. 지금까지 권력의 시녀로 치부되어 왔던 검찰이 이젠 권력 그 자체를 향해 돌진하고 있지 않은가. 이래서 세상일은 다 명암이 있는 법이다. 권력 사유화의 극치로 인한 국정농단 사태가 오히려 우리 사회의 쌓이고 쌓인 적폐를 해소할 수 있는 전화위복의 계기가 될 수도 있다. 그리고 지금 주말마다 커져가는 촛불시위가 그것을 가능케 하는 힘의 원천이다. 사실 대한민국의 피플 파워는 전 세계적으로 봐도 막강하다. 멀리는 3.1 운동부터 4.19, 6.3, 5.18, 6.10 항쟁까지 우리는 국가가 누란의 위기에 빠질 때마다 시민들이 들고 일어나 이를 바로 잡아왔다.

결론부터 이야기하면 나는 작금의 국가적인 누란의 위기에서 희망을 본다. 결국 지금의 혼란은 시간의 문제이지 정리가 될 것이다. 그 과정에서 수많은 제도적, 또 의식적인 개선들이 이루어질 것이다. 수차례 이야기한 '군정은 종식됐으나, 왕정이 종식되지 않은' 우리나라도 이제 왕정이 종식될 것이다. 희대의 시대착오적인 여군주가 물러가면서, 우리 사회에 남아 있던 황국의 신민들도 거개가 사라질 것이다. 국민들의 정치적 의식 수준이 선진화되면서 이제는 그럴듯한 정치꾼들이 설 땅도 점차 좁아질 것이다. 난세에 영웅 난다고 이런 기반 위에서 괜찮은 지도자가 등장하게 될 것이다.

그는 우리 현대사를 살면서 세상사 만고풍상을 겪으며 동화 속 '큰 바위 얼굴'처럼 내적 성장을 충실히 이룬 사람이다. 당연히 명철하면서도 겸손하고, 온유하면서도 강단이 있는 사람일 것이다. 아울러 넓은 포용력을 갖추고 늘 유머를 잃지 않는 사람일 테고. 주변에는 그를 따르고, 또 그가 따르는 괜찮은 사람이 많이 있어 풍족한 인재 풀을 가진 사람이다. 무엇보다도 그는 언행일치, 시종일관, 선공후사가 분명한 늘 당당하고 떳떳한 삶을 살아온 사람이다. 더구나 그는 인문학적인 상상력과 문화적인 소양을 풍부히 갖춘 채 항상 자기다운 삶을 추구해온 사람이다.

우리가 잘 아는 줄리어스 시저는 전쟁만 천재가 아니라 정치도 천재였다. 그는 갈리아에서 몇 년간 전쟁을 치르다가 로마로 돌아와 잠깐 지내는 동안에 제국의 운영에 필요한 몇 가지 중요한 조치들을 취하고 다시 전쟁터로 돌아갔다. 그런데 그가 취한 조치들은 제국의 모습을 바꾸어 놓았다. 그리고 그 시스템은 2000년이 지난 지금도 지구에서 통용되고 있다. 우리가 일상에서 무심히 쓰고 있는 달력이 대표적인 예 중의 하나다. 우리의 새 지도자도 국가 운영에 필요한 문제의 본질과 핵심을 꿰뚫고 있는 사람이다. 그는 지금까지의 우리나라 여느 지도자들처럼 만기친람을 하지 않는다. 웬만한 일들은 적재적소에 인재를 뽑아 그에게 전권을 주고 맡긴다. 그는 하루 종일 바쁘게 일하지 않고, 충분한 휴식을 취하며 묵상과 대화에 많은 시간을 할애한다. 특히 그는 지금 지구촌에 휘몰아치고 있는 제4차 산업혁명의 의미와 과제에 대해 정통하다.

그가 집권하면, 그는 자기에게 충성하는 사람보다는 다소 불편하더라도 능력과 소신이 있는 사람 위주로 내각을 꾸릴 것이다. 심지어는 반대파 중에서도 국가에 필요한 사람이라면 설득하여 국정에 참여시킬 것이다. 그가 주재하는 국무회의 등 각종 회의는 늘 난상토론이 벌어지고 심지어는 격한 언쟁도 벌어질 수 있다. 지금처럼 회의에서 받아 적기만 하는 장관이 있다면, 그는 이렇게 말할 것이다. 그렇게 받아 적기만 할 거면 차라리 대신 누굴 대참시키고 그 시간에 자기 일을 하시라고. 그는 가끔 불시에 어느 장관 집을 저녁에 찾아가 술잔을 나누며 반대 의견에 대해 설득을 시도하고, 그래도 안 되면 그 장관의 의견을 흔쾌히 수용도 한다. 그는 이런 자부심을 가지고 있다. '왕다운 왕은 항상 자기를 낮춘다. 왜냐? 아무리 낮추어도 자기는 왕이니까. 그러나 왕답지 않은 왕은 항상 자기를 높인다. 왜냐? 아무리 높여도 자신이 없으니까' 그는 야당의 지도자뿐 아니라 평의원과도 수시로 만나거나 전화를 걸어 국정의 협조를 구한다.

그는 과거의 정부를 부정하지 않는다. 역대 정부에서 잘한 일들은 적극 수용하여 계승하고, 잘못된 일들은 비난하지 않고 겸허하게 반면교사로 삼는다. 그리하여 역대 지도자들과의 화해는 물론 그 경륜들을 국정에 긍정적으로 활용한다.

국정 운영의 핵심은 누가 뭐래도 '먹고 사는 문제'다. 바로 경제란 이야기다. 우리 경제의 본질적 과제는 민생 회복과 성장을 위한 산업의 구조조정이다. 모두가 알다시피 우리 사회의 양극화 현상은 전 세계적으로 볼 때도 심각한 상황이다. 소득 상위 1%가 전체 국민소득의 12%, 소득 상위 10%가 국민소득의 48%를 가져간다. 즉 소득 상위 10%가 국민소득의 반을 가져가고, 90%의 국민이 그 나머지 반을 나누어 가진다. 그나마 성장이 지속될 때는 경제의 파이 자체가 커지니 그만큼 견딜 만하다고 할 수 있으나, 성장이 멈추어 가는 요즈음은 서민의 삶이 갈수록 각박해진다. 우리의 새 지도자는 이 문제를 최우선적으로 주목한다.

당연한 이야기지만, 성장이 정체되면 가진 사람들은 별 문제가 없으나 서민들의 고통이 가중된다. 이럴 때 정부가 할 일은 서민 가계의 생활비용을 줄이는 데 전력을 다해야 한다. 가계비용 중에 가장 부담이 큰 사교육비, 주거비, 의료비 등을 줄이는 데 집중한다는 말이다. 가계의 생활비가 줄어들면 가처분 소득이 늘어나는 효과가 생겨 생계로 겪는 고통을 줄일 수 있다. 우리의 새 지도자는 말뿐이 아닌 진정한 서민 대통령으로서 이 문제의 해결에 혼신의 힘을 다한다.

일찍이 박정희 대통령은 전통적인 농업국가로서 최후진국이었던 우리나라를 공업국가와 무역대국으로 탈바꿈시킴으로써 선발 중진국의 앞 대열에 서게 했다. 저임금을 바탕으로 한 경공업부터 시작하여 발 빠르게 중화학공업을 육성하는 등 국가의 산업 구조 조정에 선견지명을 가지고 임했다. 우리의 새 지도자도 국가의 미래 성장 동력을 확보하기 위해 온 경제 역량을 4차 산업혁명 시대에 알맞은 산업 구조조정에 쏟아 부을 것이다. 좀 더 구체적으로는 인공지능, 사물인터넷IoT, 로봇, 드론, 신서비스 산업에 국가 R&D 역량을 집중시킨다. 그리고 지금까지 역대 정부가 해내지 못한 공공개혁, 금융개혁, 노동개혁, 재벌개혁을 완수해야 한다. 그는 이 일들이 우리나라의 가장 시급한 당면과제인 일자리 창출과 사회 양극화를 해소하기 위해서도 필수 불가결한 것임을 절감하고 있다.

하지만 앞서 이야기했듯이, 우리의 새 지도자는 이 모든 일을 자기가 친히 하려 나서지 않는다. 널리 인재를 발탁하여 적재적소에 배치하고 그들에게 전권을 주어 책임 있게 일을 하도록 한다. 단지 지도자가 도와줄 일이 무엇인지 잘 살펴서 음으로 양으로 밀어주고 조정해준다. 사실 국정 운영의 성패는 관료사회를 여하히 잘 통제하고 관리하느냐에 달려 있다. 그러기 위해서 각 부처의 책임자는 전문성도 중요하지만, 조직의 장악력이 매우 긴요하다. 그래서 그는 청와대가 부처 인사에 개입하여 장관을 무력화시키는 그런 권력남용을 절대 금한다.

지금까지 우리의 역대 지도자들은 거의 준비되지 않은 지도자였다. 집권과정이 정치 투쟁의 연속이었고 그 과정의 정치적 역량에만 집중하다 보니 국정과제나 그것을 담당할 팀워크가 준비되지 않은 채 국정을 시작함으로써 당일치기식의 국정 운영에 급급하다가 시행착오만 되풀이하곤 했다. 우리의 새 지도자는 진정한 준비된 지도자로서 당선 직후부터 취임 전까지 모든 준비를 완료한 상태에서 국정을 시작할 것이다.

무릇 모든 개혁이 어려운 것은 기득권의 저항 때문이다. 위에서 언급한 민생 개혁과 구조 개혁은 결국 엄청난 기득권과의 싸움이다. 우리가 번번이 개혁의 문턱을 넘지 못하고 좌절하고 마는 것은 우리의 정치권이 소득순위 10%의 기득권을 대변하고 있기 때문이다. 친박으로 대표되는 수구우파들은 기업의 기득권을, 친노로 대표되는 수구좌파는 귀족노조의 기득권을 대변하고 있다. 이러한 우리나라의 양당 구도로는 사회의 양극화와 산업의 구조조정을 개선하기는커녕 악화시키는 역할만을 해온 것이 작금의 현실이 아닌가. 우리의 새 지도자는 이러한 문제의식을 분명히 가지고 있다.

되돌아보면, 우리나라는 대통령보다 높은 사람이 있다. 바로 대통령 당선자다. 대통령은 투표자의 과반수를 조금 넘는 지지를 받고 당선되지만, 당선이 된 직후에는 일시적이나마 온 국민의 새로운 기대 덕분에 압도적인 지지도를 구가한다. 우리의 새 지도자는 이 기회를 적극 활용한다. 열렬한 국민적인 지지를 기반으로 기득권의 격렬한 저항을 극복하고, 여야 지도자의 적극적인 협조를 얻어 위에서 언급한 국가적 난제에 대해 정치적인 합의를 도출한다. 겸허하면서도 열정적이고, 또 타협적인 그의 자세는 온 국민의 열화와 같은 성원을 받을 것이고, 그는 마침내 새 정부의 주요 국정과제에 대한 대타협을 이끌어낼 것이다.

새로운 리더가 만들어갈
교육혁명의 길

자원빈국인 우리나라가 한강의
기적을 만들어낸 원동력은 결국 인적자원의 힘이었다. 그런 의미
에서 우리의 현재와 미래는 인적자원의 개발에 달려 있다 해도 지
나친 말이 아니다. 그러나 지금 우리 교육의 현실은 어떤가. 구구절
절 설명할 필요도 없이 이런 식의 교육이면 우리의 현재와 앞날은
암담할 수밖에 없다. 이런 면에서 우리의 새 지도자는 스스로 교육
혁명가를 자처할 것이다. 그리하여 교육 문제만큼은 지도자의 어
젠다로서 직접 관장하여 임기 내에 교육혁명의 완수에 전력을 다
한다.

그가 우리의 교육에 대해 갖고 있는 문제의식과 처방은 다음과
같이 매우 근본적이고 구체적이다.

우리가 몸이 아프다 치사. 일단 왜 아픈지, 즉 문제가 뭔지 알아
야 한다. 우리 교육이 아프다. 그럼 왜 아픈가, 즉 문제가 뭔가? 거
두절미하고 바로 들어가자. 우리 교육은 가르쳐야 할 학교나 선생
은 경쟁이 없고, 배워야 할 학생만 경쟁을 그것도 지독한 경쟁을 시
킨다. 한참을 자유롭게 뛰놀며 자라야 할 아이들을 말이다.

학교나 선생은 왜 경쟁을 안 하나? 거두절미하면, 교육과정 즉
가르치는 내용이 같기 때문이다. 교실에서 가르치는 내용이 딱 정
해져 있으니 학교가 어딘들 선생이 누군들 큰 차이가 없다. 그럼 우
리는 왜 교실에서 획일적으로 같은 내용을 가르쳐야 하나? 거두절

미하면, 석차를 내야 하기 때문이다. 이걸 상대평가라 한다. 전교생이 다 90점 이상이더라도 90점 맞은 학생은 250명 중 250등이어야 한다. 전교 석차를 내려면 같은 시험을 봐야 하고, 같은 시험을 보려면 같은 내용을 가르쳐야 하지 않겠는가. 한 학년에도 영어 선생이 여럿인데, 가르치는 방식은 다를지 몰라도 같은 내용을 가르쳐야 한다. 지나친 이야기인지 모르지만 선생이 노력할 일이 별로 없다. 같은 내용을 가르쳐도 얼마나 잘 가르쳤는지, 학생들의 학업 성취가 얼마나 향상되었는지 다른 학교와 비교하지 않는다. 같은 학교 내에서 등급과 석차만 따진다.

문제는 거기에서 끝나지 않는다. (요즘 사교육의 핵심은 내신 선행학습과 시험문제 찍기, 그리고 자기소개서와 소논문 대필이다) 학교에서 가르치는 내용이 정해져 있으니 학교 시험에 대비하는 내신 사교육이 가능하고 유용하다. 중학교 2학년 말에 학원엘 처음 다녔다. 그 학원에 우리 학교 국어 선생이 나오셨다. 다른 건 몰라도 국어 시험은 거의 매번 백점을 맞았다. 대학교의 경우는 왜 사교육이 없을까? 민법총칙 과목을 보자. 교수들마다 교재가 다르다. 같은 교재를 써도 교수들마다 시험이 다르다. 그러니 사교육이 무슨 소용이 있겠는가? 아마 모든 대학의 민법총칙 교재가 같고, 시험도 같다면 틀림없이 대학교에도 사교육이 창궐할 것이다.

그런데 우리나라 교육당국은 사교육을 없앤다며 입시에서 내신 비중을 높인다. 내 참! 앞에서 보듯이 학교 시험을 중시하면 중시할수록 학생들은 학원으로 더 가게 되어 있다. (그렇다고 창의력 등 고급사고력이 길러지는 것도 아니다. 학교 내신시험이 수능이나 논술보다 더 지식 중심의 시험이다. 지금까지의 실증적 결과도 그렇다) 그래도 교육당국은 학생부 내신을 높여야 공교육이 정상화된다는 이 잘못된 전제를 바꾸지 않는다. (심지어 비교과 중심이라는 학생부종합전형의 비중을 계속 높여 대치동을 살찌우면서 학부모들을 괴롭히고 있다. 학생부종합전형의 확대로 대입에서의 부정 가능성도 커지고 계층간 불평등도 더 커지게 된다) 왜냐? 잘못된 상식을 가진 윗분의 생각을 바꾸지 못하기 때문이다.

그럼 교육과정을 자율화하고 절대평가(성취평가)를 도입하면 되겠네. 즉 선생마다 자기가 개발한 교재를 쓰고, 선생마다 자기가 낸 문제로 시험을 봐서 자기 학생들을 절대평가를 하면 되겠네. (여기서 절대평가란 학생들이 다 90점 이상이면 전원 다 '수'를 주는 것이다) 그렇다. 된다. 한마디로 결론을 지으면 교육과정의 자율화와 절대평가(성취평가) 도입이 교육개혁의 핵심이다. 하지만 그걸 실행하는 게 지금 불가능하다. 왜냐? 크게 3가지 이유 때문이다.

첫째, 교사들의 반발이나. 교사들 본래의 순수한 교육 열의와는 별개로 지금의 획일적 교육과정이 자율적으로 바뀌면 교사들의 근무환경도 무경쟁 체제에서 경쟁 체제로 바뀐다. 이에 대해서는 교총이든 전교조든 좌우와 상관없이 반대한다. 즉 대부분의 교사가 반대하는 것이다. 교사가 반대한다고 왜 못하냐고? 정치적으로 불가능하다. 우리 사회에서 퇴출까지 가능한 중간 평가가 없는 집단이 딱 한 군데 있다. 그게 교사들이다. 그걸 조금이라도 가능케 하는 것이 학생과 학부모가 참여하는 교원능력개발평가인데, 교원평가 관련 법률개정안은 야당의 죽기살기식 반대로 국회를 통과하지 못하고 있다. 야당의 지지기반인 전교조가 절대 반대하기 때문이다.

둘째, 소위 SKY 등의 일류 대학들의 방해다. 우리 사회의 고질적인 병폐인 학벌사회의 표상이 소위 SKY대학이다. SKY대학은 왜 일류 대학인가? 학생을 잘 가르쳐서가 아니라 잘 뽑아서다. 그동안 이들 대학은 전국의 우수한(학교 석차가 상위인) 학생들만 잘 선발하면서 일류 대학의 지위를 고수해왔다. 그리고 이 일류 대학 출신들이 우리 사회의 상류 기득권층을 형성해왔다. 그런데 초중등학교에서 상대평가를 없애고 절대평가를 하면 일류 대학들은 그동안 손쉽게 우수학생을 선발하던 우월적 지위가 흔들리게 된다. 이들이 가만히 있을 턱이 없다. 교육부는 그동안 초중등교육을 왜곡시키는 일류 대학의 입시제도를 바로잡으려고 온갖 수단을 강구했으나 결국은 실패했다. 대학 자율화라는 명분을 앞세운 이들 일류 대학들의 반발 때문이다. 더욱이 대학 자율화를 앞세워 학생부종합전형(종전의 입학사정관제)을 확대함으로써 객관성과 공정성은 포기하면서 특목고 · 자사고 등의 상류층 자녀들을 더 뽑아가고 있다. 교육부가 일류 대학에 진다고? 일류 대학과 묵시적인 연대를 이루고 있는 우리 사회의 기득권 구조는 일류 대학의 위기에 맞서 조직적인 거부감을 암암리에 방해행위로 표출한다. 그래서 원래가 한통속이기도 한 교육부가 지는 것이다.

셋째, 우리 국민들의 잘못된 선입견이다. 유교 전통의 사회는 서열구조에 익숙하다. 그래서 우리는 별 이유도 없이 모든 일에 순위를 매겨야 속이 편하다. 공부는 물론 싸움도, 잘생긴 것도 심지어는 인간성도 짱을 찾는다. 그러다 보니 개성보다는 일등에 집착한다.

소위 일등병이다. 학교에서 성적을 안 매긴다고? 그럼 누가 열심히 공부하겠어? 일류대는 여기를 파고든다. 학교에서 상대평가를 않고 절대평가만 하면, 우리 같이 '좋은 게 좋은' 문화에서는 대부분의 선생들이 다 '수'나 '우'를 줄 거 아닌가. 물론 그런 측면도 있다. 하지만 그것도 얼마든지 가려낼 수 있다. 1년에 한두 번의 전국적인 학력평가 시험을 거치면 각 학교가 정실평가를 하는지 여부가 이내 드러난다. 물론 학력평가의 개별적 결과는 본인 이외에는 공개하지 않는다. 그런데도 교사들은 그 결과를 가지고 자신들의 교육성과가 적나라하게 비교될까 봐 두려워하기에 전국적인 학력평가 시험을 절대 반대한다. 특히 전교조의 반대가 더 심하다.

교육 개혁을 가로막아온 3대 요인을 살펴보았다. 이들 모두 어느 하나 쉬운 게 없이 견고하다. 그래서 지금까지 교육 개혁이 안 된 것이기도 하다. 이 걸림돌들을 없애고 교육 개혁의 핵심인 교육과정의 자율화와 내신 절대평가(성취평가)에 성공하면 우리 교육의 그림이 달라진다.

학교 현장이 바뀌면 학교와 선생들의 경쟁이 불가피해진다. 결국 학생들은 국어, 수학, 영어 성적을 위한 무한 경쟁에서 해방되고 자기 삶에 진정으로 의미 있는 공부를 할 수 있다. 그래야 사교육은 설 땅을 잃는다. 사교육을 해도 자기에게 도움이 되는 사교육이 가능하다. 대학은 선발 경쟁이 아닌 교육 경쟁으로 일류대가 가능해진다. 따라서 대학의 서열화가 깨지고 대신 전공별, 학과별 우수 학교가 나타날 것이다. 아울러 학벌 사회의 폐해가 줄어들 것이다.

위의 3대 걸림돌을 타개하기 위해서는 국민적 지지가 필요하다.

그러기 위해서는 국민적 인식과 이해가 선행되어야 한다. 엄청난 의지와 노력, 그리고 시간이 필요하다는 이야기다. 그런데 늘 메시지보다 메신저가 더 중요한 법이다. 우리나라에서는 대통령 정도가 메신저가 되어야 한다. 그것도 국민적 신뢰가 두둑한 대통령이. 그런데 우리나라는 대통령에 대한 신뢰도가 그리 높지 않다. 기껏해야 50%를 상회한다. 그러나 우리나라에서 대통령보다 높은 지지를 받는 사람이 있다. 대통령 당선자다. 대통령 당선자는 일시적이나마 보통 70-80%의 지지도를 구가한다. 이 때 국민적 합의를 만들어내야 한다. 그러고 나서 대통령 임기 내내 이를 추진해야 할 것이다. 이를 성공해낼 때 그는 역대 대통령들이 그렇게 갈구해 마지않던 '역사에 남는 성공한 대통령'이 될 것이다. 이의 성공은 사회의 전 부문에 긍정적인 여파를 미쳐 우리나라가 비로소 선진 사회로 업그레이드 될 것이 분명하기 때문이다.

이렇게 하여 우리의 새 지도자는 헌정사상 처음으로 박수 받으며 떠나는 지도자가 될 것이다. 국민들로부터 존경받고 사랑받는 전임 지도자는 퇴임 후에도 본인의 의사와는 상관없이 권위 있는 국가의 원로로서 우리 사회의 튼튼한 버팀목이 되어줄 것이다. 상상만으로도 가슴이 벅차오르지 않은가.

***

이 책의 기반이 된 나의 글이 언론에 연재되는 동안 많은 지적과 충고를 받았다. 그중에서 가장 뼈아픈 것이 가까운 지인들로부터 받은 질책이었다. "아니, 무슨 참회록을 쓴다더니, 결국은 자기가 잘 났다는 거네." 이에 대해 뭐라 변명하려다 말았다. 그들이 그렇게 느꼈다면 그 책임은 나에게 있는 것이다. 아울러 나의 글로 인하여 상처를 받은 사람도 꽤 있었으리라 본다. 물론 최대한 줄여 보려고 여러 사람의 노움을 받아 줄이고, 또 고쳤는데도 어쩔 수 없는 부분이 있었다. 이 자리를 빌어 사죄와 용서를 구한다. 그리고 이 잘난 글에 도움을 준 수 많은 지인들에게 한꺼번에 감사의 인사를 드린다. 특히, 이 책의 탄생에는 시사저널의 편집국장을 지낸 영원한 청년기자 소종섭 님의 도움이 절반 이상이었음을 밝힌다.